크리스천 스트럭처
Christian Structure

기독교 신앙의 기초

크리스천 스트럭처

Christian Structure

이 재 근 지음

kmc

머리말

다섯 살, 초등학교 6학년, 고등학교 2학년. 남들은 한 번이면 될 서원을 저는 세 번이나 했습니다. 목사가 되겠다는 서원입니다. 할아버지, 아버지가 감리교 장로님이셨기 때문에 선택의 여지없이 감리교 계통의 신학교에 진학하게 되었습니다. 그러나 신학교는 제가 생각했던 모습과 전혀 달랐습니다. 시대적으로 군부독재 시절이라 데모도 많았고, 자유주의 신학의 세례를 받을 수밖에 없었습니다. 더 심각한 것은 신학교를 졸업할 즈음에는 거의 무신론자가 되어 버렸다는 것입니다. 주의 종이 되겠다는 오직 하나의 목표를 가지고 달려온 저로서는 삶의 방향과 구심점을 잃어버리고 방황할 수밖에 없었습니다. 목사가 되지 않는다면 저에게 인생은 아무런 의미가 없는 것이었습니다. 죽고 싶었지만 그럴 용기는 없었습니다. 그래서 선택한 것이 철학이었습니다. '인생이라는 무덥고 무의미하고 짜증나는 여름을 철학이라는 독서삼매에 빠져서 훌쩍 지나보자' 는 심사였습니다.

어차피 급할 것도 없고 시간도 많으니 기초부터 천천히 배우자는 생각으로 철학과 학부부터 공부하기 시작했습니다. 학위를 받기 위해서가 아니라 그저 삶의 고통을 잊기 위해서, 죽지 않고 살기 위한 방편으로 철학을 한 것입니다. 그래서인지 철학을 하면서 선생님들에게 칭찬도 많이 받고 좋은 결과들이 있었습니다.

그 당시 저는 '새는 하늘을 날고, 물고기는 물속을 헤엄치고 나는 철학을 하는구나! 나는 철학을 하기 위해서 태어난 사람이구나!' 하는 생각을 했습니다. 아브라함이 늦게 얻은 자식 이삭에게 푹 빠져 하나님께 전심(全心)을 두지 못한 것처럼 저는 하나님께 전심을 두지 못했을 뿐만 아니라 오히려 철학에 전심을 둔 사람이 되어 버렸습니다.

그러다 귀에서 피가 나고 건강이 악화되어 더 이상 철학을 공부하기 곤란한 지경에 이르렀습니다. 학업을 계속할 수 없어 난감해 하고 있을 때 10여 년 동안 연락도 없었던 신학교 선배로부터 "목회로 나오지 않겠느냐?"는 전화를 받고 그 길로 목회로 나가게 되었습니다. 귓병은 씻은 듯 나았고, 다시 신학으로 귀환하여 박사(Ph. D.)학위 과정을 공부하게 되었습니다.

돌이켜볼 때 철학을 공부하며 깨달은 점이라면 '뛰어난 사람들, 천재라는 사람들도 이 정도밖에 사유할 수 없구나. 인간이 결국 이것밖에 안 되는구나.' 하는 것이었습니다. 결국 '논리와 과학이 아무리 발달해도 인간의 근본적인 문제는 해결해 주지 못 한다.'는 생각과 더불어 이러한 인간의 유한성에 대한 깨달음이 저로 하여금 영원한 것을 사모하게 만들었고 신앙의 지평에 새로운 안목을 갖게 해 주었습니다. 저는 이런 과정을 겪으며 기독교의 진리를 재발견했고 그 진리에 대한 절대적인 확신을 갖게 되었습니다.

합력하여 선을 이루시는 하나님께서는 이 같은 내 신앙의 방황과 세상 학문인 철학을 공부한 것까지도 도구로 사용하셔서 기독교의 진리를 옹호하고 변증하도록 하셨습니다.

철학과 조직신학(교리신학)을 전공한 저의 고민은 '철학적이고 신학적인 어려운 언어를 어떻게 하면 대중적이고 쉽게 표현할 수 있을까?' 하는 것이었습니다. 그런데 목회를 하기 시작하면서 당장 '새신자 양육교육'이나 '세례교육', '제자훈련', '사역자 훈련', '교리교육'을 하게 되었는데, 때마침 그 주제들이 전부 제가 전공한 조직신학의 주제들이었습니다.

그래서 신학자들의 용어를 목회 현장에서 실용적으로 사용할 수 있게끔 대중적이고 쉬운 언어로 바꾸려고 노력했습니다. 이 책은 목회 현장과 괴리감 있는 전문 조직신학의 아카데미즘과 신학적 사색 및 성찰이 결여된 가벼운 신앙에세이 양자를 지양하고 그 중간 지점인 '경계선'을 변증법적으로 지향했습니다.

이 책은 기독교 잡지 월간 〈신앙세계〉에 2003년 5월부터 2005년 4월까지 24개월 동안 '평신도를 위한 이야기 신학'이라는 코너에 실린 글을 편집, 수정, 보완하여 단행본으로 만든 것입니다. 인체에 골격이 있고 건물에 뼈대가 있는 것처럼 기독교 신앙의 골격과 뼈대를 이루는 기본 진리와 교리를 총 10장으로 구성하여 평신도들이 이해하기 쉽게 풀어 썼습니다.

우리의 영원한 대제사장이신 예수님은 하나님과 사람을 만나게 해 주는 중보자이십니다. 제사장이란 뜻을 가진 라틴어 '폰티펙스(Pontifex)'는 영어로는 '브릿지 빌더(Bridge Builder)', 우리말로는 '다리를 놓는 사람'입니다. 하나님은 우리를 '왕 같은 제사장'으로 부르셨습니다. 그리스도인, 즉 예수님의 사람이 된다는 것은 사람과 하나님 사이에, 세상과 천국 사이에 다리를 놓는 사람이 되는 것입니다. 이 책이 이러한 '제사장의 중보 사역'에 조금이나마 도움이 되었으면 합니다.

저는 찰스 스펄전 목사님의 일화를 늘 마음속에 새기면서 목회를 하고 있습니다. 미국의 목사님들이 유명한 목사님들의 설교를 직접 들어 보려고 영국을 방문했습니다. 먼저 조셉 파커 목사님이 시무하는 교회를 방문해 예배를 드렸습니다. 소문대로 파커 목사님의 설교는 감동적인 명설교였습니다. 예배당을 떠나며 목사님들은 이구동성으로 "조셉 파커 목사님은 정말 위대한 설교가!"라고 칭찬했습니다.

그날 저녁에는 찰스 스펄전 목사님이 시무하는 교회에서 예배를 드렸습니다. 익히 듣던 대로 스펄전 목사님의 목소리와 웅변술은 단연 최고였습니다. 그러나 목사님들은 곧 교회 건물이나, 교인 수, 목사님의 목소리, 설교 테크닉 같은 것들은 다 잊어버렸습니다. 드디어 예배가 끝났을 때 목사님들은 이구동성으로 딱 한 마디 말을 했습니다. "예수님은 정말 우리의 구원자이셔!"

저는 제 자신이 목자라고 생각하지 않습니다. 목자는 오직 우리 주님밖에 없습니다. 저는 양들이 오직 선한 목자 되시는 주님만 바라보고 잘 따라가도록 돕는 셰퍼드에 불과합니다. 우리 주님이 피 흘리신 십자가를 가리키는 손가락일 뿐입니다.

자신의 이름이나 영광이 아니라 오직 주님의 이름, 주님의 영광만이 드러나도록 하는 사람이 '성공한 목회자'요 '성공한 그리스도인'입니다. 저의 꿈이 아니라 주님의 꿈을 이루어 드리는 성도야말로 복음에 굳게 서 있는, 건강한 성도입니다.

"너희가 먹든지 마시든지 무엇을 하든지 다 하나님의 영광을 위하여 하라"(고전 10:31)는 말씀이 모든 그리스도인의 삶의 목적인 것처럼 이 책을 통해 오직 주님의 영광만이 드러나기를 기도합니다.

2011년 8월

이 재 근

차례

제 1 장

신앙론

믿는다는 것은 무엇을 의미하나? | 기독교 신앙

믿는다는 것은 무엇을 의미하나?

덴마크를 순회하던 한 곡예단에서 공연 중 화재가 났다. 단장은 관중 앞에 나서기 위해 모든 치장을 다 마친 광대를 서둘러 이웃 마을로 보냈다. 추수가 끝난 전답에 불씨가 옮아 번졌다가는 그 마을에도 불이 번질 위험이 높았다. 광대는 마을 사람들에게 곡예장의 진화작업을 도와달라고 호소했다.

그런데 마을 사람들은 구경꾼들을 끌어들이려는 기발한 홍보수법으로만 여기고 손뼉을 치며 요절하는 것이었다. 광대에게는 울 일이지 웃을 일은 아니었는데 말이다. "내 말은 진담이며 장난도 계교도 아니라고, 정말 불이 붙고 있다."고 아무리 애걸하듯 설득했지만 모두가 허사였다.

오히려 호소를 거듭할수록 웃어 대기만 했고, "연극 한번 그럴싸하게 잘한다."고 더욱 흥겨워할 뿐이었다. 결국 불길은 그 마을에까지 번져 손쓸 겨를도 없이 곡예장과 마을 할 것 없이 잿더미가 되고 말았다.

이 이야기는 철학자 키에르케고르의 유명한 〈어릿광대와 불타는 마을〉 비유이다. 세속화된 오늘의 시대에 믿음을 이야기하려는 사람이라면 누구나 어릿광대와 같은 심정을 경험할 것이다. 그래서 우리 주님께서는 이러한 세대를 "우리가 너희를 향하여 피리를 불어도 너희가 춤추지 않고 우리가 슬퍼 울어도 너희가 가슴을 치지 아니하였다."(마 11:17)라고 진단하셨고, 이러한 시대에 믿음의 도를 전하는 우리는 "뱀같이 지혜롭고 비둘기같이 순결하라."(마 10:16)고 처방하셨다.

〈파스칼의 내기〉는 철학자 파스칼이 '하나님을 믿는 것이 왜 더 유익한가?' 라는 물음에 대해 하나님을 안 믿는 것보다 믿는 것이 우리 인생에 더 유익하고 합리적이라고 논증한 것이다. 파스칼은 하나님을 믿거나 혹은 믿지 않는 것을 선택하는 일은 모든 인생을 건 가장 큰 내기라고 말한다.

내가 하나님을 믿을 경우, 내 믿음대로 하나님이 계시면 천국에 가고, 만약 하나님이 안 계셔도 아무것도 잃어버릴 게 없다. 반면에 내가 하나님을 믿지 않을 경우, 내 믿음대로 하나님이 안 계시면 아무것도 얻을 게 없지만, 만약 하나님이 계시면 나는 지옥에 가게 된다. 그러므로 하나님이 계시다는 쪽에 내기를 거는 편이 합리적이고 유익하다는 말이다.

물론 이것이 하나님을 믿어야만 하는 본질적인 이유라고 할 수는 없다. 더구나 인간의 기초적인 믿음은 단순히 논리와 논증으로 얻거나 변경되는 것이 아니다. 그렇다고 인간의 믿음 체계가 비논리적이라는 말은 아니지만 논리 이상의 것을 포함하고 있다. 특히 '철학자의 신' 이 아니라 '기독교의 하나님' 을 믿는 경우는 단순히 논증이나 중세 스콜라철학의 '신(神)존재증명' 에 의해 이성적으로 설득되어 믿게 되는 것이 결코 아니다.

따라서 칸트는 '신존재증명의 불가능성' 을 증명했다. 즉 이성적으로 아무리 생각해도 하나님이 계시다는 사실을 증명할 수 없다는 것이다. 신은 결코 이성적으로 증명될 수 없다고 주장한 것이 바로 '순수이성비판' 이다. 칸트가 10년에 걸쳐 저술한 이 책은 2천 년을 흘러내려온 고대철학과 중세철학의 형이상학 전체를 기반부터 붕괴하는 폭탄 같은 책이다. 그러나 칸트는 바로 하나님이 이성적으로 증명될 수 없기 때문에 믿는다고 말한다. 터툴리안(테르툴리아누스, 초대 교회의 교부이자 평신도 신학자. 약 155~약 230년) 역시 "불합리하기 때문에 믿는다."고 하였다.

기독교의 하나님은 이성을 초월하는 하나님이시다. 이성적으로 하나님이 증명되지는 않지만 자신의 삶과 실천이성에서 하나님을 믿을 수 있다는 것이다. 그래서 칸트는 "나는 신앙에 자리를 내어 주기 위해서, 언제든지 이성적인 지식을 폐기할 수 있다."고 당당히 고백한다.

파스칼 역시 평생을 두고 신을 연구하고 생각했지만 이 같은 사색으로 하나님을 만나고 체험하지 않았다는 사실을 죽기 직전에 이렇게 설파했다. "내가 믿는 하나님은 철학자들의 신이 아니라 아브라함의 하나님, 이삭의 하나님, 야곱의 하나님이다."

예수님의 지상명령인 복음전파, 즉 복음에 대한 믿음을 잘 전하기 위해서는 과연 믿는다는 것이 무엇을 의미하는지를 우리 자신부터 먼저 분명하게 인식하고 있어야만 한다. 믿는 사람들 대부분이 수십 년 동안 신앙생활을 하면서도 '믿는다는 것'과 '아는 것'을 혼동하는 경우가 종종 있다. 즉 '믿음(faith)'과 '지식(knowledge)'의 범주를 지혜롭게 분별하지 못한다. 우리는 이러한 분별의 실마리를 16세기 갈릴레이와 브루노 두 사람의 종교재판을 통해 얻을 수 있다.

갈릴레이는 천동설에 반대하는 지동설을 내놓아 종교재판에서 생명을 위협받자 자신의 주장을 포기했다. 그러나 브루노는 자신이 생각하는 참다운 종교를 포기하지 않고 종교재판을 통해 화형 당했다. 브루노는 재판관의 회유를 물리치고 "만약 내가 믿는 것을 포기한다면 나는 아무것도 아니다. 차라리 나는 내가 믿는 것을 위해 죽겠다."며 자신의 믿음을 지켰다.

진리를 어떻게 정의하느냐에 따라 여러 가지 진리관이 있다는 사실을 우리는 잘 알고 있다. 그러나 적어도 종교적 진리라면 그것을 지키기 위해 자신의 목숨까지도 바칠 수 있어야 한다. 내가 믿는 것을 위해 내 목숨까지도 내놓을 수 있는 것이 바로 믿음의 진리다.

따라서 믿음의 세계에서 진리는 '객관적인 것이 아니라 주체적인 것'이다. 그렇다고 믿음의 진리가 반드시 객관성이 없다는 뜻은 아니다. 단지 자연과학에서 말하는 물리적 증명의 진리치와 그 영역이 동일하지 않다는 의미이다.

자연과학이 보이는 것을 그 대상으로 한다면 믿음은 보이지 않는 것을 그 대상으로 한다. 예컨대 우리는 일상적으로 "내 앞에 있는 텔레비전이 사각형임을 믿는다."라고 말할 수는 있다. 그러나 좀 더 엄밀한 의미에서 보자면 '증명 가능한 것', '보이는 것'에 '믿는다.'라는 말을 쓰는 것은 '범주적 오류(Categorical Fallacy)'를 범하는 셈이다. 우리는 텔레비전이 사각형임을 '아는 것'이지 '믿는 것'은 아니다.

이런 의미에서 "보는 것이 믿는 것이다."라는 세상의 격언은 "보는 것이 아는 것이다."라고 바꾸어야 논리적으로 타당하다. 또한 신앙적으로는 "믿는 것이 보는 것이다."라고 말해야만 옳은 것이다. 즉 믿음은 보이지 않는 것에 대한 믿음이요, 물리적 증명이 불가능한 것에 대한 믿음이다. 보이는 것에 대해서는 믿음이 필요하지도 않을뿐더러 믿음이 설 자리도 없다. 오히려 믿을 때 비로소 영적인 세계가 보인다. 진실로 우리는 믿음으로써 하나님의 놀라운 역사와 그분의 계획을 보아야 한다. 히브리서 기자는 "믿음은 바라는 것들의 실상이요 보이지 않는 것들의 증거니 선진들이 이로써 증거를 얻었느니라."(히 11:1, 2)고 고백한다.

그렇다 해서 지식과 믿음이 반드시 대치된다는 말은 아니다. 믿음에 이르도록 돕는 지식도 있고, 이미 가진 믿음을 설명하는 지식도 있기 때문이다.

본질적으로 우리의 믿음은 성령님의 감동으로 가능하지만 그 믿음을 풍요롭게 하고, 믿음의 도를 효과적으로 전하기 위해서는 여러 가지 지식을 활용해야만 한다.

예수께서 우리의 의로운 행실이 율법학자들과 바리새파 사람들의 의로운 행실보다 더 낫기를 명하셨던 것(마 5:20)과 유사하게 세속적인 지식에서도 믿지 않는 사람보다 나을 때 우리가 가진 믿음은 더욱 빛을 발하며, 복음 전파에도 더 많은 결실을 맺을 것이다.

솔로몬은 일천번제와 기도를 통해 하나님으로부터 지혜와 총명(왕상 4:29), 명철(대하 2:12)을 얻었다. 하나님이 솔로몬에게 주신 지혜는 우리 삶의 모든 부분을 지배하며 이끄는 원동력이 되는 종교적 지혜였다. 그리고 총명과 명철함은 통치자에게 요구되는 세속적인 명석함이었다. 이러한 명석함은 세상적인 지식이 없이는 불가능하다. 솔로몬은 자신에게 품부된 이 지식과 믿음의 균형으로 하나님이 주신 직분과 사명을 감당할 수 있었다.

또한 모세는 당시 최강국이며 선진국인 애굽의 왕실교육을 통해 그 학술을 40년간 다 배웠는데, 그것이 훗날 하나님의 구속 사역을 감당하는 데 활용되었으며, 사도 바울은 백성에게 존경받는 가말리엘 문하에서 배운 지식을 활용하여 부활하신 주님을 더욱 효과적으로 증거하였다.

믿음은 이성이 아닌 '비(非)이성'도, 이성에 반대되는 '반(反)이성'도 아니다. 믿음은 지식과 이성을 포함하여 그것을 뛰어넘는 더 깊고 높고 풍부한 '초(超)이성'의 지평에 있다. 그러므로 하나님께서 우리에게 원하시는 믿음은 이성과 지식의 도움을 받아 이단에 빠지지 않는 균형 있는 '건강한 믿음'이며, 우리에게 맡겨진 사명을 온전히 감당할 수 있는 '능력 있는 믿음'이다. 그러나 우리가 명심해야 할 것은 우선순위다. 즉 믿음이 우선이고, 지식은 나중이다.

성령님의 도우심으로 하늘의 비밀을 소유한, 믿는 자들은 참으로 큰 축복을 받은 사람들이다. 그러나 믿음이 없는 세대에 그 복음을 전하려 할 때 우리는 어릿광대와 같은 암담한 심정을 느낄 수도 있다. 그러나 그럼에도 불구하고 심판의 불길을 피할 수 있는 기쁜 소식을 알려야 하는 것이 우리의 사명이며 십자가다.

이러한 어려움에도 불구하고 우리가 하나님의 살아 계심을 믿음으로 주님의 복음을 전파할 때, 말할 수 없는 탄식으로 우리를 위해 친히 간구하시고 도우시는 성령님의 역사로 말미암아 믿지 않는 자들이 그리스도께로 돌아오는 기적이 일어나는 것이다.

그리할 때 우리는 주님을 만날 그때에 의와 영광의 면류관을 받아쓰며 주님의 부활의 영광에 동참하게 된다. 믿음이 없는 세대에 복음을 전해야만 하는 '십자가의 고난' 이 없이 '부활의 영광' 에만 동참하는 길을 기독교는 도무지 알지 못한다.

기독교 신앙

내가 철학과 학부시절 가장 인상 깊었던 과목은 논리학이었다. 지금은 은퇴하셔서 연세대 명예교수로 계시지만 당시에는 현역교수 중 최고참 선생님으로부터 논리학을 배웠다. 철학 초년생들과 철학에서 산전수전을 다 경험하신 노(老)교수의 만남 자체가 흥미로웠다. 그분의 깊은 사색과 고뇌로부터 뿜어져 나오는 강의는 우리를 매료시켰다.

많은 내용 가운데 아직도 생생하게 기억에 남는 것은 "항상 기본이 문제야, 베이직(basic)이 문제라니까. 철학에 들어가려는 너희들에게도 논리학의 기본전제가 문제되지만 철학 강단을 떠나려는 나에게도 끝까지 문제가 되는 것은 기본전제야."라는 말씀이셨다.

그렇다면 기독교인들에게 기본은 무엇인가? 신앙생활을 처음 시작한 초신자도, 신앙생활을 오랫동안 해 온 신앙인에게도 중요한 베이직은 무엇인가? 그것은 다름 아닌 성경이다. 성경은 기독교 신앙의 가장 기본이면서 동시에 가장 고급이다. 즉 기독교 신앙과 신학의 절대적인 기준은 성경이다.

신앙 혹은 믿음이라는 것이 기독교의 전유물은 아니라는 사실을 우리는 잘 알고 있다. 인본주의적인 차원에서도 믿음은 있다. 그래서 "사람은 신용이 있어야 한다."는 말과 "친구지간에는 믿음이 있어야 한다."는 세상의 격언이 존재한다. 그리고 타종교에도 기독교 신앙인들이 부끄러워할 정도로 신실한 믿음의 사람들과 믿음의 행위들이 있다.

그럼에도 불구하고 기독교 신앙이 이 같은 신앙들과 구별되고 차별화되는 이유는 그 근거를 하나님의 계시된 말씀인 성경에 두고 있다는 점이다. 즉 기독교 신앙의 정체성은 성경에 기초할 때만 찾을 수 있으며, 성경에 근거할 때에 비로소 '기독교 신앙' 이라고 말할 수 있다.

그렇다면 성경에서는 믿음을 어떻게 설명하고 있는가? 먼저 구약에서는 신앙을 하나님에 대한 신뢰라고 말한다. 다시 말해 신앙은 '하나님께 자기를 맡기는 것' 이다. 그리고 '하나님을 향해 아멘을 말하는 것, 자기의 실존을 완전히 여호와께 세우는 것' 이다. 즉 하나님의 약속의 말씀을 전(全)존재를 걸고 절대적으로 신뢰하는 것이다. 하나님만을 의지하고 그분에게만 소망을 두며 그분에게로 피하는 것이다. 그러므로 이사야 선지자는 "너희가 굳게 믿지 아니하면 너희는 굳게 서지 못하리라."(사 7:9)고 선포했다.

신약의 복음서에서는 '신앙하다' 혹은 '믿다' 라는 말은 주로 병 고침의 기적과 관련해 나타난다. 여기서 '믿는다' 는 말은 자기의 무력함을 인정하고 예수님 안에서 활동하시는 하나님의 능력을 신뢰한다는 뜻이다. 그래서 예수님은 '병 고침의 기적' 을 일으키시기 전에 '신뢰의 믿음' 을 확인하셨고, "네 믿음이 너를 구원하였다."고 말씀하신 것이다. 복음서에서 말하는 신앙이란 예수님을 성육신하신 하나님의 아들로 믿는 것과, 그리할 때에 구원받는다는 사실을 믿는 것이다.

이렇듯 구약성경과 신약성경의 복음서에서 말하는 신뢰는 차이점을 가지고 있다. 구약에서의 신앙이 말씀하시는 하나님에 대한 신뢰라면, 신약에서의 신앙은 성육신하셨고 십자가에서 모든 피조물을 위한 구원을 이루셨으며, 성령을 통해 현존하는 삼위일체 하나님에 대한 신뢰이다.

예수님은 하나님에 대한 신뢰를 가르치기만 하신 것이 아니라 자신의 삶 속에서 신뢰를 실천하셨으며 신뢰의 궁극적인 모습을 보여 주셨다. 또한 신약성경에 따르면 예수 그리스도 자신이 신뢰의 대상이다. 선포하던 분이 선포의 대상이 된 셈이다.

그러므로 신약성경에서 하나님을 믿는다는 것은 예수님을 믿는 것과 결합되어 있다. 즉 예수님을 우리를 구원한 하나님의 아들이시요 주님이시며 그리스도로 신앙하는 것을 말한다. 또한 그것은 하나님의 아들인 예수 그리스도 안에서 일어난 구원에 대한 믿음이다. 예수 그리스도에 대한 믿음은 그리스도와 함께 시작한 하나님 나라에 대한 믿음과 결합되어 있는 것이다. 그리스도를 믿는다는 것은 그분께서 선포하셨고 약속하셨으며 그분의 몸으로써 체현하신 하나님 나라에 소망을 두고 이를 위해 살며 헌신하는 것이다.

바울서신에서는 예수 그리스도를 믿는 것이 하나님과 올바른 관계를 맺는 유일한 길이다. 바울은 이것이 인간의 행위로는 이루어질 수 없고 오직 하나님의 은혜로만 된다고 강조한다. 즉 원죄 때문에 하나님과 인간의 깨어진 관계는 오직 예수 그리스도를 믿음으로 올바른 관계로 회복될 수 있다. 이러한 믿음은 인간의 노력의 결과물이나 합리성을 추구한 결론이 아니라 하나님께서 은혜로 주신 선물이다. 이 선물의 가치를 깨닫고 응답하는 사람을 우리는 기독교 신앙인이라고 말할 수 있는 것이다.

이 같은 기독교 신앙의 기본성격을 토대로 성경에서 기독교 신앙의 내용(콘텐츠)을 간추린다면 김중기 교수의 분석처럼 '창조신앙', '임마누엘신앙', '십자가신앙', '부활신앙' 이라고 말할 수 있다. 창조신앙이란 기독교의 하나님이 천지만물을 창조하신 하나님임을 믿는 것이다. 즉 무에서 유를 창조한 창조자이신 하나님을 믿는 것이다.

인간의 근본물음은 '나는 누구인가?', '나는 어디로부터 왔는가?' 하는 것이다. 철학자 사르트르는 그의 책 「구토」에서 인간존재의 시작이 우연하다는 '존재의 우연성'에 대해 기술하고 있다. 따라서 그는 인생을 맹목적인 것으로 설정할 수밖에 없었고, 자연 그러한 인생에 구토를 느끼게 되었다. 따라서 현대 인간들이 안고 있는 존재의 무의미성과 허무주의는 '내던져진 존재'의 우연성이라는 의식에서 기인한다고 하겠다.

그러나 기독교는 우리의 인생이 창조자 하나님으로부터 기인한다고 믿기 때문에 인생의 목적을 하나님 뜻에 합당한 데에 두고 있다. 창조신앙을 가진 성도는 우리 인생이 하나님께로부터 와서 하나님께로 돌아간다고 믿는다. 그래서 바울은 "만물이 주에게서 나오고 주로 말미암고 주에게로 돌아감이라."(롬 11:36)고 고백한다.

임마누엘신앙이란 문자 그대로 하나님이 항상 나와 함께 계신다고 믿는 것이다. 이러한 신앙을 통해 기독교 신앙인은 무슨 일이든 결코 자기가 해낸다고 생각하지 않고 하나님이 함께하시기 때문에 내가 이 일을 감당할 수 있다고 믿고 행한다.

또한 하나님이 항상 함께하신다는 신앙은 기독교 신앙인들이 하나님 앞에 항상 노출된 인간실존임을 의식하게 해 준다. 그러므로 죄의 유혹으로부터 벗어날 수 있는 힘과 용기를 얻고 도덕적인 삶의 역동성을 잃지 않게 되는 것이다.

십자가신앙은 인간의 원죄로 파괴된 하나님과 인간의 관계를 회복할 수 있는 유일한 길이 예수 그리스도의 대속의 죽음에 있다고 믿는 것이다. 유대인에게 십자가는 하나의 거침돌로 되어 있지만 기독교 신앙인에게 예수 그리스도의 십자가사건은 구원사건으로 선언되고 있다.

부활신앙은 십자가에서 죽으신 예수님이 사망과 죽음의 권세를 물리치시고 다시 살아나셨다고 믿는 것이다. 부활은 죄와 죽음에 대한 승리를 뜻하고 구원의 확실성을 보증한다. 예수 그리스도의 부활은 첫 열매가 되심으로 우리의 미래의 부활을 확증하는 '선취사건(先取事件, 앞당겨 온 일)' 이다. 이는 허구도 상징도 아니다. 실재적이고 역사적인 사건이다. 천지창조를 하신 창조주 하나님을 믿는다면 부활의 사실성을 믿지 못할 이유가 없다. 우리는 부활의 소망을 통해 현재의 모든 고난을 기쁨으로 이겨 나갈 수 있는 것이다.

참으로 기독교 신앙인은 히브리서 기자의 고백처럼 "믿음이 없이는 하나님을 기쁘시게 하지 못하나니 하나님께 나아가는 자는 반드시 그가 계신 것과 또한 그가 자기를 찾는 자들에게 상 주시는 이심을"(히 11:6) 분명히 믿어야 한다.

제 2 장

하나님

삼위일체 하나님 | 하나님의 자연적 속성 | 하나님의 도덕적 속성

삼위일체 하나님

베스트셀러 기독서적을 읽다가 눈에 띈 글이다. "기독교는 유신론(theism)이지 이신론은 아니다. 유신론은 이신론과 범신론의 중간이다. 유신론은 이신론처럼 하나님의 초월성을 강조하며, 범신론처럼 하나님의 내재성을 강조한다."

문맥으로 볼 때 저자는 기독교의 하나님이 초월성과 내재성 양자를 모두 가지고 계신 분임을 강조하려는 의도였던 것 같다. 기독교가 유신론임은 틀림없다. 기독교의 하나님이 초월성과 내재성을 가지고 있다는 말도 맞다. 그러나 저자가 가지고 있는 기독교의 하나님에 대한 개념이 상당히 빈약하고 부족하다는 생각을 지울 수 없었다.

유신론과 대조되는 개념은 무신론이지 이신론과 범신론이 아니다. 이신론과 범신론은 신이 존재하지 않는다고 주장하는 무신론이 아니다. 오히려 이신론과 범신론도 유신론의 한 종류다. '이신론(deism)' 이란 시계를 만든 시계공이 현재 시계가 돌아가는 데 개입하지 않아도 저절로 시계가 돌아가는 것처럼, '신이 세상을 창조는 했지만 지금은 관망하고 계시며 세계는 자연의 법칙에 따라 굴러간다.' 는 것이다. 이신론은 18세기 계몽주의 시대의 대표적인 기독교 사상이다. 이처럼 이성적인 종교관을 피력하고 있다 하여 이신론을 '자연신론' 이라 부르기도 한다.

'범신론(pantheism)' 이란 '모든 것이 신' 이라고 하여 신과 우주를 동일시하는 사상이다. 범신론에서 강조하는 바는 신의 '내재성' 이라기보다는 '동일성' 이다. 즉 '만물이 곧 신이고, 신이 곧 만물' 이라는 뜻이다. 따라서 범신론은 '만유신론(萬有神論)' 이라 부르기도 한다. 내재성을 강조하는 것은 오히려 '만물 안에 하나님이 계신다.' 라고 보는 '범재신론(panentheism)' 이다.

유신론이란 신의 존재를 인정한다는 뜻인데, 기독교의 하나님을 단순히 유신론의 시각에서 바라본다면 유대교와 이슬람교, 철학적 유신론 등의 신관과 차이점을 드러낼 수 없다. 기독교의 하나님의 독특성을 보장하고 성서의 계시에 근거한 신관은 '삼위일체 신론' 에 있다. 따라서 기독교의 하나님은 삼위일체의 하나님이라고 말해야만 정확한 표현이다.

실제로 삼위일체만큼 우리에게 어려움을 주는 개념은 찾아보기 힘들다. '셋이면서 하나이고, 하나이면서 셋이다.' 는 가르침은 우리의 자연이성에 비추어 볼 때 납득할 수 없기 때문이다. 삼위일체는 우리의 이성으로 다 납득할 수 없는 하나님의 신비다.

도저히 하나님이 살아계신다는 사실을 받아들일 수 없어 괴로워하던 어거스틴은 어느 날 꿈을 꾸었다. 꿈속에서 바닷가를 거니는데 한 소녀가 조가비로 모래구덩이에다 바닷물을 떠서 담고 있었다. 어거스틴이 소녀에게 뭘 하고 있느냐고 묻자 "모래구덩이에 바닷물을 다 떠서 담을 거예요. 계속 떠서 담다 보면 언젠가 바닷물이 다 마를 거예요." 라고 대답했다.

어거스틴은 "엄청난 바닷물을 작은 모래구덩이에 담기란 불가능하단다. 네가 떠서 담는 바닷물보다 강에서 바다로 흘러들어오는 물이 훨씬 더 많고 네가 모래구덩이에 바닷물을 떠서 담아도 바닷물이 모래 속으로 스며들잖니? 해도 저무는데 부모님이 걱정하실 테니 빨리 집으로 돌아가렴." 하고 타일렀다.

그러자 소녀가 말했다. "바다보다 더 거대한 하나님의 세계를, 조가비보다 더 작은 아저씨의 생각으로, 모래구덩이만한 아저씨의 머릿속에 담는 일이 훨씬 더 어렵지 않을까요? 아저씨의 인생이 저물고 있어요. 하나님 앞으로 돌아갈 때가 가까워지고 있어요."

어거스틴은 깜짝 놀라 꿈에서 깨어나 자기의 보잘것없는 생각을 다 내려놓고 하나님의 말씀을 겸손히 받아들였다.

이처럼 무한자를 유한자가 인식하기란 원칙적으로 불가능하며 무한자 하나님께서 스스로 자신을 알려 주시는 '자기계시' 를 통해 부분적으로 알 뿐이다. 그래서 기독교 역사에서는 삼위일체 하나님에 대해 많은 논쟁이 있어 왔고, 많은 오해가 있었다. 어떤 사람들은 삼위일체란 인위적으로 만든 논리라고 비판한다.

그러나 삼위일체란 성경을 정리하고 체계화시킨 것이다. 인간의 이해를 돕기 위한 논리가 아니라, 이해가 다소 어려움에도 불구하고 성경을 그대로 정리한 것이다. 인위적으로 만들어진 논리가 아니라, 초대 교회 시절에 성행하던 이단들에 대항하여 기독교 진리를 변증하기 위해 만들어진 이론이다.

삼위일체란 '성경에 계시된 하나님은 성부와 성자와 성령의 세 위격(位格)을 가지며 그 각각은 동일한 본질을 공유하되 하나의 실체로서 존재한다는 교리' 이다. '삼위일체' 라는 용어를 가장 먼저 사용한 사람은 터툴리안이었다. 비록 성경에서는 직접 '삼위일체' 라는 말을 사용하고 있지는 않지만, '삼위일체 하나님' 에 대한 생각은 분명히 성경에서 유출된 교리로 교회가 신학적으로 사용한 용어다.

예컨대 창세기 1장 2절에 천지창조 이전에 이미 "하나님의 영"이 운행하신다는 사실과 창세기 1장 26절에 "하나님이 이르시되 우리의 형상을 따라 우리의 모양대로 우리가 사람을 만들고"라는 문장에서 알 수 있듯이 하나님은 '단수' 가 아니라 '복수' 임이 분명히 드러나고 있다.

신약성경에서는 삼위일체이신 하나님의 모습이 더욱 뚜렷하게 나온다. 마태복음 3장 16, 17절에 "예수께서 세례를 받으시고 곧 물에서 올라오실 새 하늘이 열리고 하나님의 성령이 비둘기같이 내려 자기 위에 임하심을 보시더니 하늘로부터 소리가 있어 말씀하시되 이는 내 사랑하는 아들이요 내 기뻐하는 자라 하시니라."고 나온다.

예수님이 세례 받으신 장면은 삼위일체 하나님을 볼 수 있는, 성경에 계시된 대표적 장면 가운데 하나다. '성자 하나님' 예수 그리스도 위에 '성령 하나님' 이 강림하고 있고, 하늘로부터 '성부 하나님' 의 "내 사랑하는 아들"이라는 선언이 나타나고 있다. 예수님은 하나님 아버지의 사랑하는 아들이며 하늘이 열리면서 성령이 예수님 위에 강림하신 것이다. 이 장면에서 우리는 성부와 성자와 성령, 세 분 하나님의 모습을 뚜렷이 인식할 수 있다.

마태복음 28장 19절에 나오는 예수님의 마지막 지상명령에서도 세 분 하나님이 언급된다. "그러므로 너희는 가서 모든 민족을 제자로 삼아 아버지와 아들과 성령의 이름으로 세례를 베풀고" 신약성경은 아버지 하나님만이 아니라 아들이신 성자 예수 그리스도와 성령이신 하나님을 언급한다. 초대 교회는 마태의 가르침에 따라 세 분 하나님의 이름으로 세례를 베풀었고, 바로 이 세례를 베푼 자리가 초대 교회의 삼위일체론이 형성된 삶의 자리였다.

그렇다면 이제 우리에게 또다시 제기되는 물음은 '하나님이 세 분이시라면 결국 기독교는 삼신론(三神論)을 말하고 있는가?' 하는 것이다. 그러나 그렇지 않다. 삼신론은 고대교회에서 이미 이단으로 규정되었고 성경적으로도 옳지 않은 이론이다. 성부와 성자와 성령은 상호간에 아무런 관계도 없이 독자적으로 존재하는 세 신(神)이 아니라 하나로 존재하는 하나님이기 때문이다. 하나님은 삼위일체이신 하나님이다.

그러나 그 상호관계의 동등성에 대해서는 여러 가지 주장이 있었다. 예컨대 '종속론'은 성자와 성령이 성부에 종속된다는 이론이다. 즉 성부 하나님이 본래 하나님이고 성자 하나님과 성령 하나님은 성부에 의해 정립되었으며 성부에게 종속되어 있다는 주장이다. 그런데 이렇게 본다면 성자와 성령은 성부와 동일한 신성을 가지고 있다고 할 수 없다.

특히 '아리우스와 아타나시우스의 삼위일체논쟁'은 유명하다. 결국 325년, 니케아 공의회에서 성부만이 참 하나님이고 성자와 성령의 신성을 부정한 아리우스를 이단으로 정죄하고 교부 아타나시우스의 주장대로 예수 그리스도가 성부 하나님과 동질 및 동등한 존재임을 확정했다. 이러한 '니케아 신조'를 교회의 공식적인 신앙고백으로 채택하게 된다.

그리고 시벨리우스는 한 실체에 세 현현양식이 있다는 '양태론'을 주장했다. 즉 양태론은 하나님은 한 분이신데 성부와 성자와 성령, 이 세 가지 양태(Mode)가 있다는 말이다. 예를 들어 한 남자가 회사에서는 부장, 교회에서는 권사, 집에서는 가장의 역할을 한다는 의미이다. 결국 하나님은 한 분이시지만, 상황에 따라서 여러 가지 양태(형태)로 나타나셨다는 주장이다.

시벨리우스에 따르면 성자와 성령은 성부 하나님의 또 다른 양태일 뿐이다. 즉 한 인격의 하나님이 구약에서는 성부로, 신약에서는 성자로, 십자가 이후로는 성령으로, 이 세 양태로 나타난다는 것이 양태론이다. 그런데 이러한 주장은 성경에서 언급되는 삼위간의 인격적인 교통에 대해서는 도저히 설명할 수가 없으므로 비성경적이다. 양태론에 따르면 예수 그리스도의 인성이 부정되고 성육신이 무의미해진다. 따라서 381년, 콘스탄티노플 공의회는 시벨리우스를 이단으로 정죄하고 양태론을 비성경적인 논리로 확정짓는다. 이후 다시 451년, 칼케돈 공의회는 이러한 내용을 종합해 추인(追認)하면서 삼위일체 교리는 명실 공히 기독교의 정통 신앙고백이 되었다.

성부와 성자와 성령, 세 인격의 사역을 설명하는 관점에 따라서 '내재적 삼위일체[본질적(존재론적) 삼위일체]' 와 '경륜적 삼위일체(경세적 삼위일체)' 로 구분할 수 있다. 내재적 삼위일체는 피조물과의 관계나 세상에서의 활동과 상관없이 하나님의 내재적이고 본래적 모습으로서의 삼위일체를 설명하며 '자기 자신에 있어서의 하나님' 이라고 한다. 반면에 경륜적 삼위일체는 '우리에 대한 하나님' 이라고 한다. 그러므로 내재적 삼위일체와 경륜적 삼위일체는 분리될 수 없다. 단지 관점에 따라 설명이 다를 뿐이다.

내재적 삼위일체는 크게 두 가지 사역을 가진다. 첫째 사역은 성자가 성부로부터 '태어난' 것이다. 둘째 사역은 성부가 숨을 '내어 쉼(spiratio)' 을 통해 성령이 나온 것이다. 하나님의 본질 안에서 일어나는 생명의 움직임은 성부로부터 성자와 성령이 나타나며, 서로에게 서로를 완전히 내어주고 또 완전히 받는, 사랑의 상호내재 관계로 이해된다.

또한 성부 하나님으로부터 나오는 성자와 성령께서는 모두 동일한 신성을 가지나, 각기 다른 고유성을 가진다. 즉 한 본성이지만 각기 다른 위격을 가진다는 뜻이다. 다시 말해 삼위일체 하나님께서는 타자와의 관계에서 상대 안에 온전히 일치되고 내주하여 창조와 구원과 성화와 같은 대외적인 공동 활동을 함께 하지만, 각 위격들의 고유성으로 각 위격에 귀속된다. 서로에게 완전히 일치되지만 자신의 고유한 위격 안에서 고유성을 간직한다는 뜻이다.

삼위일체의 세 위격과 영광은 동등하고 영원히 공존하지만, 우리의 구원을 위해 삼위 간에 구분이 존재한다. 경륜적 삼위일체의 사역은 '성부의 창조', '성자의 구원', '성령의 성화' 로 구성된다.

즉 성부 하나님은 '창조사역' 에 주도적이시고 성자와 성령께서 동역하신다. 성자 하나님은 '구원사역' 에 주도적이시고 성부와 성령께서 동역하신다. 성령 하나님은 '성화사역' 에 주도적이시고 성부와 성자께서 동역하신다. 성부는 '우리를 위한(for us)' 하나님이시고, 성자는 '우리와 함께하시는(with us)' 하나님이시며, 성령은 '우리 안에 계신(in us)' 하나님이시다.

구원론적 관점에서 보면 성부께서는 구원에 대한 계획을 세우시고, 성자는 보내심을 받아 이 구원을 이루시며, 성령은 성부와 성자의 보내심을 받아 구원을 적용하신다.

또한 그 활동시기에 대해서도 구약시대는 성부시대, 예수님의 지상활동시대를 성자시대, 오순절 이후를 성령시대로 구분한다. 그러나 이러한 구분들은 편의상의 구분이지 엄격한 의미의 구분은 아니다. 실제로 성삼위의 역할은 동시적이며 그 활동은 어느 시대에든 볼 수 있기 때문이다.

역사를 돌아볼 때 삼위일체론은 일신론과 투쟁과 대립을 하면서 형성된 교리였다. 또한 예수 그리스도께서 참 하나님(神性)이요 참 인간(人性)이라는 데에 반대하고, 신성만 강조하며 인성을 부정한 단성론자(單性論者)들에 대한 변증을 통해 정교화된 교리이다.

삼위일체론은 일신론과 삼신론의 중간에 있는 교리가 아니라, 성부와 성자와 성령께서 똑같은 하나님이심을 강조하려는 교리다. 성자 예수 그리스도의 역사와 오순절 이후 성령의 경험을 통해 얻게 된 세 분 하나님에 대한 인식과 경험이 바탕이 된 교리다. 그런 까닭에 삼위일체론은 성부 하나님의 경험밖에 없는 유대교의 일신론과 근본적으로 구별되는, 기독교의 독특한 신관이다. 따라서 역사를 통틀어 모든 교회는 성부와 성자와 성령의 이름 곧 삼위일체 하나님의 이름으로 세례를 베풀고, 예수 그리스도의 은혜와 하나님의 사랑과 성령의 교통하심으로 축도하는 것이다.

가톨릭교회에서 한 사람이 성인(Saint)으로 추대되기까지 조사 기간은 1세기나 그 이상 걸릴 수도 있다. 이는 교황청에서 성인 시성절차를 대단히 엄격하고 세밀하게 적용하기 때문이다. 보통 교회를 위해 순교하거나 놀라운 이적이 있거나 모범적이고 영적인 삶을 산 사람들에게 주는 최고의 영예가 성인이다.

토마스 아퀴나스는 순교자도 아니고 이적을 베푼 사람도 아니다. 그런데 그가 성인으로 추대될 수 있었던 까닭은 그의 책 「신학대전」 때문이다. 「신학대전」을 저술한 것 자체가 이적이라는 데에 아무도 이의를 제기하지 않았다. 「신학대전」은 스콜라철학을 집대성한 신학의 최고봉이라고 할 수 있다.

그런데 1273년 12월, 신비체험을 한 후에 신학사상 전무후무한 명저인 「신학대전」 제3부의 집필을 중단하고 비서에게 자기의 저작 생활이 끝났다고 말했다. 그리고 그 이유로 "내가 여태껏 쓴 모든 것은 내가 보고 나에게 계시된 것에 비하면 짚북데기처럼 보인다."는 말만을 남겼다.

하나님에 관한, 인간이 가질 수 있는 최고의 지식을 설파한 성(聖) 토마스 아퀴나스조차도 자신의 삼위일체 하나님에 관한 지식이 '짚이 아무렇게나 엉클어진 뭉텅이' 같다고 하여 글쓰기를 멈추었다. 우리가 삼위일체 하나님을 알아 간다는 것은 역설적이게도 '내가 그동안 하나님을 이만큼 몰랐었구나.' 하고 모른다는 것을 알아 가는 작업이다. 그러므로 우리는 삼위일체 하나님에 관한 지식을 알아 가고 끊임없이 이성적인 연구와 노력은 하되, 삼위일체 하나님을 인격적으로 만나는 '아!(Ah)의 경험(Experience)' 을 통해서 '아!' 라는 감탄사 이외에는 인간의 어떤 언어나 말로 표현할 수 없는 삼위일체 하나님의 신비를 깨달아야 한다.

그리고 "우리가 지금은 거울로 보는 것 같이 희미하나 그때에는 얼굴과 얼굴을 대하여 볼 것이요 지금은 내가 부분적으로 아나 그때에는 주께서 나를 아신 것 같이 내가 온전히 알리라."(고전 13:12)는 사도 바울의 고백을 나의 고백으로 삼아 겸손한 태도를 견지해야 한다.

하나님의 자연적 속성

하나님은 기독교인에게 믿음의 대상이요, 기독교가 전파하는 모든 말씀의 내용이다. 즉 하나님을 믿는 것이 기독교 신앙의 처음이요 나중이다. 하나님이 누구신지 안다는 것은 하나님의 부르심을 받은 그리스도인들의 첫 번째 의무다. 자식이 아버지를 알려고 하지 않고 외면할 때 불효자가 될 수밖에 없듯이 하나님을 올바로 알지 못하는 그리스도인은 결국 하나님과 무관한 사람이 될 것이다. 하나님을 아는 지식은 믿음의 필수요소다.

그러나 문제는 그리 간단하지가 않다. 눈에 보이는 육신의 아버지도 제대로 알기가 쉽지 않은데 어떻게 유한한 인간이 무한하신 절대자 하나님을 완전히 알 수 있겠는가. 육체를 가진 인간이 영이신 하나님을 온전히 안다는 것은 장님이 손으로 더듬어 코끼리를 완전히 알려는 것처럼 불가능한 일이다. 자신이 유한한 존재임을 망각한 채 하나님의 한 부분을 전체로 착각하는 데서 인간의 잘못과 독단이 생겨난다.

따라서 우리는 하나님께서 당신 자신을 계시해 주신 성경을 통해, 그리고 우리와 함께하시고 안내하시는 성령님의 조명을 따라 끊임없이 겸손하게 그분의 높이와 깊이 그리고 넓이를 알아 가는 노력을 일평생 게을리해서는 안 된다. 이러한 사실을 깨닫지 못하면 '내가 하나님을 다 알았다.' 는 자만에 빠질지도 모르며, 그 순간이야말로 실은 우리가 하나님께로부터 가장 멀어져 있는 셈이다.

그러므로 하나님이 누구신지 그 해답을 구하려 하기에 앞서 우리는 먼저 "하나님이 누구신지 알 수 없음을 잊지 말라. 이것이 하나님에 대한 인간의 최종적 지식"이라는 성 토마스 아퀴나스의 말을 가슴에 새겨야만 한다. 이 같은 겸손한 마음으로만 하나님을 바로 알아 갈 수 있다.

첫째, 하나님은 모든 것을 아시는 분이다. 이를 '하나님의 전지성(全知性)'이라고 한다. 사람의 지식에는 한계가 있다. 아무리 과학이 발달해도 그 흔한 감기의 원인이나 치료방법을 잘 알지 못한다. 뿐만 아니라 현재 이 세상에 벌어지고 있는 무수히 많은 일들을 우리는 알지 못한다. 우리가 아는 것이란 고작 우리 주변의 일들과 신문과 텔레비전 등을 통한 약간의 정보에 불과하다. 또한 내일의 일과 잠시 후에 어떤 일이 닥칠지 무지한 인간은 알 수가 없다.

우리의 지식이 우리가 모르는 것에 비하면 이렇게 보잘것없고 초라하기에 "우리가 무엇을 알아 간다는 것은 '내가 이만큼이나 몰랐었구나!' 하는 사실을 알아 가는 것이다."라는 격언이 존재하는가 보다. 인간의 '무지에 대한 자각'은 모든 것을 아시는 전지자(全知者) 하나님을 향하게 한다.

하나님의 지식은 현재에 일어나는 모든 일만이 아니라 과거와 미래에 속한 일까지도 철저하고 완전하게 아시기에 모든 것을 아시는 '전지하신 하나님'이라고 부르는 것이다. 하나님께서는 "내가 시초부터 종말을 알리며 아직 이루지 아니한 일을 옛적부터 보이고 이르기를"(사 46:10)이라고 말씀하신다.

한 치 앞도 못 보는 우리는 내일 일을 몰라도 나보다 나를 더 잘 아시고 우리를 사랑하시는 하나님께서 우리의 내일과 미래를 주장하시기에 믿는 자들은 하나님을 믿고 의지함으로 두려움 없이 하나님께서 인도하시는 새로운 하루하루를 살아갈 수 있는 것이다.

하나님의 지식은 시간을 초월할 뿐 아니라 공간도 초월한다. 즉 과거와 현재, 미래의 일을 아실뿐 아니라 천지에 충만하신 하나님께서는 존재하고 있는 모든 무생물과 동식물 그리고 인간과 그의 모든 행위를 모르시는 바가 없으시다.

이러한 하나님의 전지하심은 믿는 자들에게 큰 위로와 힘이 된다. 아무리 가까운 사람과 가족도 나를 몰라줄지라도 전지하신 하나님께서 나를 알아주시기 때문이다. 실로 나보다 나를 더 잘 아시는 우리 하나님이시다.

둘째, 하나님은 모든 것을 하실 수 있는 분이다. 이것을 '하나님의 전능성(全能性)'이라고 한다. 하나님은 아브라함에게 나타나셔서 "나는 전능한 하나님이라."(창 17:1)고 말씀하신다. 욥기 42장 2절에는 "주께서는 무소불능하시오며 무슨 경영이든지 못 이루실 것이 없는 줄 아노라."고 기록하였다. "무소불능(無所不能)"이란 '능치 못한 바가 없으시다.'는 뜻이다. 즉 전능성을 가리킨다. 하나님은 그 능력으로 천지만물을 만드셨고 사람이 하지 못하는 일을 하실 수 있다.

그러나 이 같은 하나님의 전능성은 아무것이나 다 하실 수 있다는 의미는 아니다. 하나님은 그분의 성품에 어긋나는 일은 하실 수 없다. 즉 거짓말을 하실 수 없고 죄를 지으실 수 없다. 스스로 계신 영원하신 하나님이므로 당신 자신을 부정하실 수도 없다. 하지만 이러한 것들은 그분의 본성에 반대되기에 하나님의 전능하심을 제한하지는 않는다.

무엇보다 하나님의 전능성이 가장 극명하게 드러나는 부분은 죄인 된 인간을 살려서 새사람이 되게 하시고 구원받게 하시는 데 있다. 하나님은 영원히 죽을 수밖에 없는 죄인인 우리를 구원해 내신다. 오직 전능하신 하나님만이 우리를 구원하실 수 있다.

셋째, 하나님은 어느 곳에나 계시는 분이다. 이러한 사실을 다윗은 "내가 주의 신을 떠나 어디로 가며 주의 앞에서 어디로 피하리이까 내가 하늘에 올라갈지라도 거기 계시며 음부에 내 자리를 펼지라도 거기 계시니이다."(시 139:7, 8)라고 고백한다.

교회에서 기도할 때 '무소부재(無所不在)하신 하나님' 이란 표현을 종종 사용한다. 이 말은 '존재하지 않는 장소가 없다.' 는 뜻이다. 즉 하나님이 계시지 않는 데가 없다는 말이다. 이러한 하나님의 속성을 신학에서는 '하나님의 편재성(遍在性)' 이라고 부른다.

하나님이 어느 곳에나 계신다는 사실은 그분의 자녀들에게 큰 위로와 평안을 준다. 자기를 죽이려는 형을 피해 도망가던 야곱이 빈들에서 잠을 자다가 꿈에 하나님을 만나고 음성을 듣게 되었다. "내가 너와 함께 있어 네가 어디로 가든지 너를 지키며 너를 이끌어 이 땅으로 돌아오게 할지라. 내가 네게 허락한 것을 다 이루기까지 너를 떠나지 아니하리라"(창 28:15).

외롭고 불안하게 도망가던 야곱에게 나타나신 하나님은 무한한 위로와 평안을 주셨다. 야곱은 너무나 감격하여 "여호와께서 과연 여기 계시거늘 내가 알지 못하였도다."(창 28:16)라고 고백한 뒤 자기가 잠자던 루스 성 밖의 들판을 '하나님의 집' 이라는 뜻으로 '벧엘' 이라 불렀다.

아무도 나를 몰라주는 것 같고 자기 혼자서 견딜 수 없을 정도로 고통 받고 있다고 느낄 때도 하나님은 가까이 계셔서 위로하시고 도움을 베푸신다. 매일의 생활에서 우리를 인도하시고 지켜 주신다는 하나님의 편재성은 신자들에게 무한한 격려와 안도감을 준다.

또한 하나님이 어디서나 우리와 함께하신다는 '하나님의 편재성' 은 믿음의 사람들이 범죄하지 않도록 막아 주는 역할도 한다. 왜냐하면 어느 곳이나 계시고 언제나 함께하시는 하나님의 눈은 피할 수 없기 때문이다.

사람들이 쉽게 죄를 범하는 까닭은 "누가 우리를 보랴 누가 우리를 알랴."(사 29:15) 하고 생각하기 때문이다. 하지만 혈기왕성한 청년 요셉은 여인의 성적 유혹을 받았을 때 하나님의 눈을 의식했다. 요셉이 "내가 어찌 이 큰 악을 행하여 하나님께 득죄하리이까."(창 39:9) 하고 죄의 자리를 떠날 수 있었던 까닭은 하나님이 늘 나를 보고 계시고 함께하신다는 믿음 때문이었다.

그리스도인의 삶은 '코람데오(coram Deo)'의 삶이어야 한다. 코람데오는 '하나님 앞에서'를 뜻하는 라틴어이다. 종교 개혁자 칼빈 또한 "'하나님 앞에서' 나의 마음을 당신을 위하여 기꺼이 즐겁게 드리기를 원합니다."라는 말을 일평생 모토로 삼고 살았다. 하나님의 편재성을 믿고 '하나님 앞에서' 산다는 믿음의 자세는 환난 날에 큰 위로와 용기를 얻고, 악의 유혹으로부터 우리를 온전히 지킬 수 있는 힘을 준다.

하나님의 도덕적 속성

기독교 역사를 보면 하나님을 더 잘 이해하려는 시도들을 통해 하나님의 속성을 분류하는 다양한 체계들이 고안되었다. 속성이란 어떤 대상을 이해할 때 그것 없이는 생각할 수 없는 성질을 말한다. 따라서 하나님이 어떤 분인지 알기 위해서는 반드시 그분의 속성에 대한 이해가 전제되어야만 한다.

학자들마다 신학적인 견해에 따라 하나님의 속성에 대한 분류 방법에는 다소 차이가 있다. 하지만 열거된 하나님의 속성에는 거의 차이가 없다. 정상적인 신학자라면 모두 성경에 근거해서 하나님의 속성을 말하기 때문이다.

전통적인 분류 방법은 하나님 당신만이 가지고 있는 속성과 세계와의 관계에 관한 속성이다. 이에 따라 자연적 속성과 도덕적 속성, 절대적 속성과 상대적 속성, 내재적 속성과 유출적 속성, 비공유적 속성과 공유적 속성 등으로 분류한다.

이러한 분류 가운데 나는 자연적 속성과 도덕적 속성의 분류 방법을 따랐음을 밝혀 둔다. 앞서 다룬 하나님의 '전지성', '전능성', '편재성'은 자연적 속성이다. 그렇다면 하나님의 도덕적 속성은 무엇인가?

첫째, 하나님은 거룩하시다. '거룩하심'은 우리가 하나님을 생각할 때 우리 마음에 가장 먼저 떠오르는 생각이다. '거룩한' 을 뜻하는 히브리어 단어 '카도쉬' 는 '구별된' 혹은 '일반적이고 흔하게 사용되는 것으로부터 분리된' 것을 가리킨다. 여기서 파생된 동사는 '구분하다' 혹은 '잘라내다' 이다. 그래서 거룩함이 지닌 기본적인 뜻은 구별(separation)이라는 의미를 내포하고 있다. 즉 하나님은 악이나 죄와 관계가 없으시며, 불결함도 없으시고 모든 더러움에서 떠나 계신다.

이 '거룩함' 은 하나님의 별명이라고까지 할 수 있다. 그래서 다윗은 "여호와께서 그 백성에게 구속을 베푸시며 그 언약을 영원히 세우셨으니 그 이름이 거룩하고 지존하시도다."(시 111:9)라고 말하였다. 또한 이사야 선지자는 "지존무상하며 영원히 거하며 거룩하다 이름 하는 자"(사 57:15)에 대해 기록하고 있다. 예수님도 성부 하나님을 가리켜 "거룩하신 아버지"(요 17:11)라고 부르셨으며, 제자들에게 "이름이 거룩히 여김을 받으시오며"(마 6:9)라고 기도하라고 가르치셨다.

구별의 의미를 내포하고 있는 하나님의 거룩성 때문에 죄를 짓고 타락한 아담과 하와가 거룩하신 하나님과 교제를 계속하지 못하고 에덴동산에서 쫓겨날 수밖에 없었던 것이다. 지금도 죄인은 하나님과 사귈 수 없고 하나님과 교통할 수 없다. 그러나 이렇게 단절된 둘 사이를 연결시켜 주시는 이, 즉 중보자로서 예수님이 세상에 오셔서 인간의 죄와 악을 씻는 구속의 역사를 이루어 주셨다.

예수님은 죄가 없으신 분이지만 인간의 죄를 대신 지시고 죄의 값을 치르시기 위해 죽임을 당하셨기에, 예수님을 믿고 그분의 공로를 의지하는 자는 값없이 죄를 용서받을 수 있다. 이처럼 예수님의 속죄의 은혜로만 죄인이 용서를 받고 거룩하신 하나님께 나아갈 수 있게 되었다. 그러므로 깨졌던 하나님과의 교제가 회복된 것이다.

예수님을 구주로 영접하여 죄를 용서받고 하나님의 자녀가 된 신자들은 우리를 부르신 하나님의 거룩하심같이 거룩해져야 한다. 신자가 거룩해야 하는 것은 하나님의 명령이다. "내가 거룩하니 너희도 거룩할지어다."(레 11:45; 벧전 1:16)라는 명령처럼 신자들은 말과 행실이 거룩한 자가 되어야 한다.

또한 "하나님의 뜻은 이것이니 너희의 거룩함이라."(살전 4:3) 하셨으니 신자가 거룩해야 하는 것은 하나님의 뜻이다. 따라서 믿는 자는 세상의 가치와 잣대로부터 구별된 하나님의 기준에 맞추어 사는 성별된 삶, 거룩한 삶, 성화의 삶을 살아가는 성도(聖徒)가 되어야 한다.

둘째, 하나님은 사랑이시다. 기독교를 '사랑의 종교'라 부른다. 사랑은 하나님의 속성 중 하나일 뿐 아니라 하나님 자체가 사랑이시기 때문이다. 따라서 사도 요한은 요한일서 4장 8절에서 "하나님은 사랑이심이라."고 하나님을 정의하고 있다.

사랑은 하나님께 속한 것이기 때문에 사랑하는 자마다 하나님께로서 나서 하나님을 알게 된다고 했다. 즉 하나님의 자녀들은 사랑하는 것이 특색이 된다는 말이다. 예수님도 '서로 사랑함이 그리스도의 제자 된 표'라고 말씀하셨다(요 13:35).

흔히 세상 사람들이 말하는 사랑은 육체적인 사랑, 즉 성적인 사랑이 대부분이다. 이러한 사랑을 '에로스'라고 부르는데, 극히 이기적이고 타산적인 사랑이라서 조건에 따라 변하기 쉽다. 여기서 한 걸음 더 나아간 사랑이 혈육 간의 사랑인 '스토르게'이다. 형제와 친척, 가족 간에 느끼는 사랑이다. 그리고 친구간의 우정을 뜻하는 '필리아'가 있다.

그런데 하나님의 속성인 사랑은 초자연적인 사랑, 신적인 완전한 사랑이다. 기독교가 내세우는 사랑, 신자들이 가져야 하는 사랑은 바로 하나님의 사랑인 '아가페'이다. 하나님의 사랑은 무조건적이고 이타적인 사랑이다. 자식을 향한 부모의 사랑에서 우리는 아가페적인 사랑의 모습을 발견할 수 있다. 인간의 사랑 중에서 하나님 사랑의 가장 근사치는 부모의 사랑이다. 부모의 사랑은 하나님의 사랑의 그림자다.

아가페적인 사랑은 영원한 사랑이다. 죽음도 두려워하지 아니하고, 어떤 환경에서도 사랑이 변하지 않는다. 예수님이 사람들을 사랑하시되 끝까지 사랑하셨다는 사실(요 13:1)이 하나님의 사랑은 영원불변하다는 것을 가르쳐 준다.

예수님은 "사람이 친구를 위하여 자기 목숨을 버리면 이보다 더 큰 사랑이 없나니"(요 15:13)라고 말씀하셨다. 후일에 요한은 요한일서 4장 9, 10절에서 "하나님의 사랑이 우리에게 이렇게 나타난 바 되었으니 하나님이 자기의 독생자를 세상에 보내심은 그로 말미암아 우리를 살리려 하심이라 사랑은 여기 있으니 우리가 하나님을 사랑한 것이 아니요 하나님이 우리를 사랑하사 우리 죄를 속하기 위하여 화목제물로 그 아들을 보내셨음이라."고 기록하였다.

셋째, 하나님은 선하시다. 하나님은 선의 근원이요 최고의 선으로서 모든 피조물을 관대하게 대하시며 고무시킨다는 뜻이다. 사망의 그늘이 깔린 듯한 인생길을 걸어가는 성도들에게 위로가 되고 힘이 되는 것은 "하나님의 선하심과 인자하심" 때문이다(시 23:6). 상한 갈대를 꺾지 않으시고 꺼져가는 심지를 끄지 않으시는 하나님은 "긍휼에 풍성"(엡 2:4)하시고, "가장 자비하시고 긍휼히 여기시는"(약 5:11) 분이십니다.

나쁜 대우를 받아도 마땅한 공로 없는 죄인에게 베푸시는 하나님의 선하심을 '은혜'라 하며, 어려움이나 비참한 지경에 빠진 사람에게 보이시는 하나님의 선하심을 '인자' 혹은 '긍휼'이라 한다. 하나님의 인자하심이 죄인을 인도하여 회개케 한다(롬 2:4). 그리고 "하나님의 자비와 사람 사랑하심을 나타내실 때"(딛 3:5)에 그 긍휼하심을 따라 우리는 구원에 이르게 된다.

지금까지 살펴 본 하나님의 성품들을 바로 이해할 때 종종 이단들이 자기를 비겨 하나님이라 하는 거짓 증거를 분별할 수 있게 된다. 또한 하나님의 속성을 바로 이해하게 되면 하나님을 믿는 성도의 성품과 생활이 어떠해야 함을 깨닫게 될 것이다.

하나님의 자연적인 속성들은 연약한 우리에게 위로와 힘과 용기를 준다. 또한 하나님의 도덕적 속성들을 하나님의 자녀 된 우리가 바로 간직할 때, 기독교는 참생명의 종교로 세상의 빛과 소금의 사명을 다하게 될 것이다.

비록 하나님에 대한 우리의 지식이 불완전한데도 불구하고 "너희가 권능을 받고 예루살렘과 온 유대와 사마리아와 땅 끝까지 이르러 내 증인이 되리라."(행 1:8)는 우리 주님의 지상명령을 이행할 때, 즉 '말할 수 없는 것을 끊임없이 말하고 담대하게 전파할 때', 성령의 도우심으로 우리의 불완전함이 온전해지며 하나님의 구속 역사가 일어나고 하나님의 나라가 확장되는 놀라운 역사가 일어나는 것이다.

제 3 장

예수님

예수님의 이름 | 그리스도의 직분 | 십자가 | 부활 | 십자가와 부활을 묵상하는 사순절

예수님의 이름

우리가 낯선 사람을 만나면 먼저 통성명을 하거나 명함을 교환한다. 누군가를 알아 가는 첫 번째 요소가 그 사람의 이름을 아는 일이기 때문이다. 우리가 예수님이 어떤 분인지 알아 가는 첫 단계 역시 그분의 이름과 그 이름에 담긴 의미를 먼저 이해하는 것이 올바른 순서다.

'예수' 라는 이름은 유대인에게 흔한 이름으로 '하나님(여호와)은 구원이시다.' 라는 의미를 가지고 있다. 이는 원래 히브리어 '여호수아' 를 희랍어로 음역한 것이다. 신구약 66권은 직 · 간접적으로 예수 그리스도에게 초점이 맞추어져 있다. 따라서 모든 성경의 주인공은 예수님이다.

그러므로 우리는 성경의 어떤 부분을 보더라도 예수 그리스도의 구속사적 의미를 파악할 수 있다. 성경 66권 어디를 찔러도 예수 그리스도의 보혈의 피가 흘러나온다. 특히 구약은 예수님이 이 땅에 오시기 전에 기록된 것으로 그림자와 예표의 형태로 예수님을 계시한다.

예수가 어떤 이름인지 알기 위해서는 구약성경에 나오는 '여호수아' 라는 이름을 가진 사람들이 어떤 일과 역할을 했는지 살펴보는 게 큰 도움이 된다. 구약의 '여호수아' 라는 이름을 가진 사람들 가운데서 가장 대표적인 사람은 모세의 후계자 여호수아와 스가랴서에 나오는 대제사장 여호수아이다.

모세의 후계자 여호수아는 이스라엘 백성이 요단강을 건너 약속의 땅 가나안으로 들어가게 한 지도자였다. 이 약속의 땅은 이스라엘 백성에게는 평화와 안식이 약속된 젖과 꿀이 흐르는 땅이다. 여호수아를 통해 하나님은 자기 백성에게 죄와 고통에서 해방된 안식을 주고자 하셨던 것이다. 그런데 구약의 여호수아는 온전한 안식을 자기 백성에게 주지 못했다. 그래서 하나님은 안식일의 진정한 주인이신 다른 여호수아, 곧 예수님을 통해 자기 백성에게 영원한 안식을 주신 것이다.

'예수' 그 이름은 하나님의 백성인 우리에게 영원한 안식과 평화를 보장하는 놀라운 이름이다. 그래서 하나님은 예수의 이름을 믿는 자들에게 안식과 평화를 누릴 수 있는 하나님의 자녀의 권세를 주신다. 예수님이 탄생하던 날 천군 천사들도 "지극히 높은 곳에서는 하나님께 영광이요 땅에서는 기뻐하심을 입은 사람들 중에 평화로다."(눅 2:14)라고 크게 노래하지 않았는가.

이번엔 스가랴서에 나오는 대제사장 여호수아를 한번 살펴보자. 스가랴 선지자가 환상 중에 보니 대제사장 여호수아가 하나님 앞에 섰는데, 더러운 옷을 입고 있자 하나님이 천사들에게 "그 더러운 옷을 벗기라."고 명하시고, 여호수아에게는 "내가 네 죄과를 제하여 버렸으니 네게 아름다운 옷을 입히리라."(슥 3:4)고 말씀하셨다.

이 대제사장 여호수아가 의미하는 바를 이사야의 글에서 찾아보면 "더러운 옷"은 '죄악으로 더러워진 옛사람'이고 '아름다운 옷'은 '죄에서 구원을 얻은 새사람' 또는 '죄에서 구원할 자이신 예수'를 의미한다(사 61:10, 64:6). 따라서 '예수' 그 이름은 우리가 죄의 정욕을 벗어 버리고 새롭게 입어야 하는 의(義)요 구원이다(롬 13:12, 14). 예수님은 더러운 죄인들을 아름다운 의인이 되게 하려고 이 땅에 오신 것이다.

또한 '예수'는 인명이요 '그리스도'는 직명(職名)이다. 이는 마치 홍길동 교수의 경우 홍길동은 인명이고, 교수는 직명인 것과 같다. 예수의 직명인 '그리스도'는 '기름 부음을 받은 자'라는 뜻을 가진 히브리어 '메시아'의 희랍어 번역이다. 일반적으로 왕과 선지자, 대제사장과 같이 기름 부음을 받던 자를 가리켰는데 후에 '구원자'를 뜻하는 용어가 되었다. 그리고 이 '그리스도'라는 직명이 예수님에게 쓰이면서 '예수 그리스도'라는 고유명사가 되었다.

구약에서 하나님이 왕과 선지자와 대제사장을 기름 부어 세우신 일은, 바로 예수님에게 성령으로 기름 부어 주심으로 '삼중의 직분'을 주시겠다고 예표한 것이다. 그러므로 예수님이 성령으로 기름 부음을 받으실 때 하나님 아버지께서는 친히 "이는 내 사랑하는 아들이요 내 기뻐하는 자라."(마 3:17)고 선언하시어 그분에게 삼중의 직분을 주셨다.

예수님은 "유대인의 왕"이시요(마 2:2), 영원한 "대제사장"이시며(히 4:14), 모세가 예언한 대로 모세 같은 선지자이시다(행 3:20~24). 따라서 기독교 신앙을 한 마디로 요약하자면 예수가 곧 우리의 구원자가 되심, 즉 그리스도임을 고백하는 것이다.

예수님의 또 다른 이름은 "임마누엘"이다. 마태복음 1장 23절에 보면 "보라 처녀가 잉태하여 아들을 낳을 것이요 그 이름은 임마누엘이라 하리라 하셨으니 이를 번역한즉 하나님이 우리와 함께 계시다 함이라."고 기록되어 있다.

예수님의 임마누엘이라는 이름은 그분이 바로 '우리와 함께하시는 하나님'이란 뜻이다. 예수님은 우리와 함께하시기 위해 이 땅에 오신 하나님이셨다. 그렇다면 예수님이 임마누엘 하나님이시라는 사실이 예수님을 구주로 믿는 우리에게 왜 중요할까?

첫째, 예수님이 하나님이시므로 그분의 도우심은 완전하면서도 근본적이다. 예수님이 아무리 나를 공감하고 이해하고 도우신다 할지라도 그분이 하나님이 아니시라면, 그 도움이란 일시적일 수밖에 없다. 그래서 우리는 또 다른 도울 자를 찾아 한평생 헤매야만 할 것이다. 오직 완전한 것은 완전하신 하나님으로부터만 나온다. 예수님이 하나님이시기에 우리는 그분 안에서 언제나 완전하고도 근본적인 도움을 얻을 수 있다.

둘째, 하나님이신 예수 그리스도는 마침내 육신이 되어 우리 가운데 거하시게 되었을 뿐 아니라, 우리를 피로 값 주고 사시어 우리를 자기의 성전으로 삼아 함께하셨다(고전 6:19, 20). 그러므로 로마서 8장 9절에서는 "누구든지 그리스도의 영이 없으면 그리스도의 사람이 아니라."고 말씀한다. 즉 임마누엘이 없이는 참된 그리스도인이라 할 수 없다.

예수님에 대한 또 다른 칭호는 '인자(人子)' 이다. 예수님은 당신 자신을 가리켜 '인자', 즉 '사람의 아들' 이라 부르셨다. 이 땅에 오신 예수님은 마리아의 태를 통해 육신의 옷을 입고 오셨기에 '사람의 아들' 임이 분명하다. 그런데 이 사실이 왜 우리에게 중요한가? 왜 구원자이신 예수님은 '사람의 아들' 이어야 하는가?

히브리서 2장 18절에는 "자기가 시험을 받아 고난을 당하셨은즉 시험받는 자들을 능히 도우시느니라."고 기록되어 있다. 예수님이 친히 사람이 되셔서 인간의 모든 희로애락을 추상적이 아니라 구체적으로, 관념적이 아니라 실존적으로 경험하셨기에 그분은 진정 사람을 도울 수가 있으셨다. 바꿔 말해, 사람을 위한 진정한 구원자가 되시기 위하여 그분은 참사람이 되어야만 하셨다.

그러나 인자라는 말은 단순히 예수 그리스도의 완전한 인성을 나타내는 칭호를 넘어서 동시에 땅을 다스리는 통치자라는 의미가 있다. 특히 히브리서 기자의 해석에 따르면 '인자' 는 "영광과 존귀로 관을 쓰신 예수"(히 2:9), 곧 만물의 창조주요 구속주이시다(히 2:10). 뿐만 아니라 심판주임을 의미한다. 그러므로 마태복음 26장 64절에서는 "인자가 권능의 우편에 앉아 있는 것과 하늘 구름을 타고 오는 것을 너희가 보리라."고 기록되어 있는 것이다.

놀라운 사실은 그분을 믿음으로 하나님의 자녀가 된 이들에게는 예수 그리스도의 이름을 사용할 수 있는 특권을 주었다는 것이다. 그리스도인들은 모든 것을 행할 때 예수 그리스도의 이름으로 행하라는 명령을 받았다. 우리는 이러한 예수님의 이름을 통해 예수님을 이해할 뿐만 아니라 예수님의 이름으로 기도하고, 예수님의 이름으로 세례를 주고, 예수님의 이름으로 귀신을 내어 쫓기도 한다. 실로 예수님의 이름에 하늘과 땅의 모든 권세와 능력이 있다.

그리스도의 직분

우리가 누군가를 알아 갈 때 가장 믿을 만한 것은 그 사람이 추구하고 행했던 일을 살펴보는 것이다. 이는 예수님에 대해서 좀 더 잘 알기 위해서도 필수 사항이다. 그러므로 우리 주님께서도 당신에 대해 믿지 못하겠거든 "행하는 그 일을 인하여 나를 믿으라."(요 14:11)고 말씀하셨다.

전통적으로 예수 그리스도의 사역은 직분(職分)이란 개념을 통해 기술된다. 직분이란 개념은 이미 초대 교회 시대에서 발견되었다지만, 오늘날 우리에게 널리 알려져 있는 그리스도의 세 직분(triplex officium)을 말한 최초 인물은 종교 개혁자 칼빈이었다.

칼빈은 「기독교 강요」에서 "그리스도가 왜 성부 하나님의 파송을 받으셨으며, 우리를 위해 무엇을 달성하셨는지 알기 위해서 우리는 특별히 그리스도의 직분에서 세 가지를 고찰해야 한다. 즉 그의 '예언자직', '제사장직', '왕직' 이다."라고 말했다.

이는 예수님의 직명(職名)인 '그리스도' 에서 잘 나타난다. 그리스도란 '기름 부음을 받은 자' 라는 뜻이며, 유대인들에게는 예언자와 제사장, 그리고 왕을 세울 때 기름을 그 머리에 붓는 풍습이 있었다. 예수님이 세례 받으실 때 하늘이 열리고 하늘에서 성령이 비둘기같이 그의 위에 임하며(마 3:16)

"이는 내 사랑하는 아들이요 내 기뻐하는 자라"(마 3:17)는 하나님의 말씀이 계셨다. 이 사건을 '메시아 임직식' 이라고 말할 수 있다.

예수님이 받으신 '그리스도직(메시아)' 은 구약의 모든 직분을 통합한 총체적인 직분이다. 구약의 중요한 직분은 예언자와 제사장, 왕이다. 왜 중요하다고 하느냐면 하나님께서 당신의 일을 시키시기 위해 기름 부어 세우신 직분들이었기 때문이다.

그리스도의 직분은 구약의 세 가지 직분을 통합하여 완성한 것이다. 하나님께서 그 직분을 세우실 때 처음에는 한 사람이 모든 일을 다 하도록 하셨다. 예컨대 아브라함과 이삭, 야곱 같은 족장들이 하나님의 말씀을 듣고 전하는 일과 제사하는 일, 종족을 다스리는 일을 다 맡아서 했었다.

그러나 출애굽 이후 백성의 수가 많아져 처음에는 모세가 혼자 업무를 수행하다가 하나님께서 아론의 자손들을 성별해서 제사장 직분을 분담시키셨다. 그 후에 왕을 세우셔서 백성을 다스리게 하셨다.

또한 예언자를 따로 세우셔서 예언자가 제사장과 왕이 직분을 올바로 수행하도록 하나님의 말씀으로 섬기게 하였고, 백성들에게 하나님의 말씀을 전하도록 했다. 구약시대에 왕국이 건설된 뒤로는 이 세 가지 직분이 확실히 구분되어 상호협력하며 하나님의 일을 수행해 나갔다. 그러다가 세 가지 직분이 예수님에게 와서 다시 통합되어 한 몸으로 이 세 가지를 수행하는 그리스도의 직분을 맡기신 것이다.

하지만 세 직분론이 말하고자 하는 바는 예수님이 구약성경에서의 예언자요 제사장이요 왕이라는 사실이 아니라 그분이 행한 사역이 이 세 가지 직분에 비유해서 잘 설명될 수 있다는 말이다.

엄밀히 말해 예수님은 구약성경의 예언자나 제사장, 왕과 동일시 될 수 없는 분이다. 그럼에도 불구하고 예수님의 사역은 세 직분의 유형에 따라 설명될 수 있는 것이다. 즉 세 직분론은 판넨베르크(W. Pannenberg, 독일의 개신교 신학자)의 주장처럼 예수 그리스도의 사역에 대한 '유형론적 의미', 혹은 '상징적 성격'을 가지고 있다.

사실 구약성경의 세 직분을 예수님의 사역에 아무런 불연속성 없이 적용하고, 그분의 모든 사역을 이 세 가지로만 묶어 두는 것은 무리한 일이다. 그러나 이 세 직분의 개념만큼 예수님의 사역을 포괄적이고 종합적으로 반영해 주는 개념을 찾기란 쉽지 않으며, 현재로서는 가장 타당하다고 생각한다. 그러므로 세 가지 직분을 합한 '그리스도의 직분'을 통해 예수님의 사역을 가장 잘 이해할 수 있다.

첫째, 예언자란 다른 이를 위하여 말하는 자이다. 예언자를 뜻하는 'prophet'이라는 영어는 헬라어 'prophetes'라는 말에서 유래했다. 이 헬라어는 'pro'와 'phetes'라는 말의 합성어이다. 'pro'라는 말은 여러 가지 의미가 있다. 여기서는 '위해서(for)', '대신해서(in behalf of)'라는 뜻이다. 'phetes'는 '말하는 사람(speaker)'이라는 뜻이다. 따라서 두 말이 합해서 '다른 사람을 대신해서 말하는 사람'이란 뜻이 된다.

출애굽기 7장 1절에서는 "여호와께서 모세에게 이르시되 볼지어다. 내가 너로 바로에게 신이 되게 하였은즉 네 형 아론은 네 대언자가 되리라."고 기록하였다. 모세는 전달의 원천이었고 아론은 전달의 기관이었다. 이는 하나님과 예언자의 관계를 보여 주는 것이다. 하나님은 전달을 발하시고 예언자는 자기가 받은 하나님의 말씀을 받아 선포하였다.

출애굽기 4장 16절에서 하나님은 아론과 모세의 관계를 "그는 네 입을 대신할 것이요 너는 그에게 하나님같이 되리라."고 이르셨다. '예언자'의 동의어는 '선지자'다. 그래서 '예언서'를 '선지서'라고도 한다. 그런데 한자에 먼저 선(先), 미리 예(豫) 자가 있어서 그런지 대부분 사람들은 선지자 혹은 예언자를 점쟁이처럼 '미래 일을 예견하는 사람'으로 오해한다. 물론 하나님의 말씀을 전하다 보면 결과적으로 미래 일을 예견하게 되기도 한다.

그러나 구약의 예언자는 '미래를 예견하는 일' 이 본질이 아니라 '하나님의 말씀을 대언하는 일' 이 본질이다.

선지자나 예언자를 일컫는 히브리어 '나비(Navi)' 는 '미래를 예견한다.' 는 뜻이 아니다. 따라서 히브리 원문을 따르면 예언자라고 할 때 '예' 자는 맡길 '예(預)' 자이다. '예금(預金)' 할 때 사용하는 '예' 자다. 히브리어 '나비' 는 '하나님의 말씀이 맡겨진 자', '하나님의 말씀을 맡은 자' 라는 뜻이다.

그래서 예언자란 하나님의 말씀을 맡아서 전하는 '대언자(代言者, messenger)' 이다. 예를 들어 청와대 대변인은 누구의 뜻과 말을 전하는 자인가? 대통령의 말을 대신 전하는 사람이다. 이와 같이 예언자는 하나님의 뜻과 말을 맡아서 전하는 '하나님의 대변인' 이다. 따라서 예언자는 하나님의 '대언자' 요 '대변자' 이다.

예레미야 1장 9절에 보면 하나님께서 예레미야에게 내 말을 네 입에 두었다고 말씀하신다. "여호와께서 그의 손을 내밀어 내 입에 대시며 여호와께서 내게 이르시되 보라 내가 내 말을 네 입에 두었노라." 또한 예레미야 15장 19절에서는 "너는 내 입같이 될 것이라."고 말씀하신다. 즉 구약의 예언자들은 하나님과 이스라엘 백성들 사이에 서서 하나님의 말씀을 받아 그들에게 대신 전달하는 하나님 말씀의 '대언자' 들이었다.

그러므로 예언자의 사명은 하나님의 백성들이 하나님을 바르게 알고 믿고 따르게 하는 일이었다. 예수 그리스도의 사역 가운데에서 말씀을 선포하신 일은 바로 이 예언자의 직분을 수행하신 것이다.

둘째, 제사장 직분이다. 예언자가 하나님의 말씀을 받아서 그분의 뜻을 백성들에게 전하였다면, 제사장은 백성들의 죄와 허물을 용서해 달라고 하나님께 아뢰는 역할을 하였다. 이렇게 제사장 직분은 하나님과 인간 사이에 가로막힌 죄의 장벽을 허물고 인간과 하나님 사이에 화해를 이루게 하는 직분이다.

화해를 이루기 위해서는 죄의 문제를 해결해야 하는데, 이는 제사를 통해서 하나님의 용서를 받아야 화해가 이루어진다. 그러나 구약의 제사는 죄를 완전히 제거하지 못하고 불완전하기 때문에 계속해서 동물의 피를 가지고 제사를 드려야만 했다.

반면에 예수 그리스도께서는 십자가에서 친히 제물이 되셔서 단번에 완전하고 영원한 제사를 드리심으로 우리는 예수님을 통해 하나님께 나아갈 수 있다. 이렇게 예수님은 인류의 죄를 해결하시기 위해 십자가에서 제물이 되셔서 진정한 대제사장의 직분을 수행하셨다. 예수님이 인류의 죄를 대속하는 제사를 드림으로 하나님께서 그 제사를 받으시고 용서하심으로 하나님과 인간 사이에 완전한 화해의 길을 열어 주신 것이다.

셋째, 왕의 직분이다. 예수님이 공생애 활동 중 하신 첫 말씀은 "회개하라 천국이 가까웠느니라."(마 4:17)이다. 이는 예수님이 이 땅에 오신 목적과 그분의 사역이 '하나님 나라'를 선포하는 데 있음을 말해 준다. '하나님의 나라'라 할 때 이 '나라'는 희랍어 '바실레이아(basileia)'로서 '통치' 또는 '지배'를 뜻한다. 따라서 하나님의 나라는 하나님의 통치 또는 하나님의 지배를 말한다.

예수님이 세상에 오신 목적은 하나님의 나라와 주권을 세우는 데 있다. 그러므로 그리스도의 '왕의 직분'은 앞에서 기술한 예언자적 직분과 제사장적 직분 못지않게 중요한 것이다. 아니, 오히려 왕으로서의 그리스도의 직분은 앞서 말한 두 사역의 목적이요 완성이라고 하겠다.

하나님께서 믿는 자들의 마음과 심령을 다스릴 때 거기에 하나님의 나라가 실현된다. 그러나 하나님께서 다스리는 영역은 단지 믿는 자들의 심령만이 아니다. 우주만물을 창조하신 하나님께서는 모든 이들의 심령과 교회, 그리고 인류의 역사와 온 우주에 그분의 통치와 주권을 실현시키시고 만물을 그 발아래 복종시키심으로(엡 1:22) 하나님 나라를 건설하는 데 그 목적이 있으시다.

그러나 그리스도의 몸 된 교회 안에서 구체화되는 그리스도의 왕권은 완성을 약속받았지만 아직은 완전한 것이 아니다. 완전을 향해서 가는 과정 속에 있다. 교회에 속한 성도들은 믿음 가운데서 그리스도의 주권에 순종하였으나 아직도 육(肉) 가운데에 있다. 그러므로 성도들과 교회 속에서 구체화되는 그리스도의 주권은 이미 완성된 것이 아니라 종말론적인 미래의 완성을 기다리는 소망 가운데 있다.

그러므로 예수 그리스도를 자기의 주님으로 가진 교회와 성도는 그리스도가 모든 '주들의 주', '왕들의 왕'으로 나타날 미래를 기다리면서 그리스도의 몸 된 교회와 그 교회의 지체로서 소망의 깊음 가운데 승리하며 살아가는 것이다.

십자가

현재 미국에서 가장 큰 교회는 레이크우드 교회다. 약 4만 5천 명이 출석한다. 사실 이 교회는 교회 이름보다 담임목사 이름이 더 유명하다. 베스트셀러였던 「긍정의 힘」을 쓴 조엘 오스틴 목사가 담임하고 있다. NBA 미국 프로 농구팀의 체육관을 사서 교회로 개조했는데 좌석이 1만 8천 석이다.

예전에 기독교방송에서 그가 설교하는 동영상을 보았는데, 양복도 깔끔하고 세련되게 차려 입고, 원고도 거의 보지 않고 강대상 앞을 왔다 갔다 하면서 유창하게 설교를 하였다.

조엘 오스틴 목사는 가장 대중적인 목사로 평가받고 있다. 그런데 복음적으로 볼 때 그의 설교가 좀 위험한 데가 있지 않나 하는 생각을 하게 된다. 그의 설교 테크닉과 표현력, 대중성은 본받을 만하지만 그 메시지에 정작 십자가는 없다. 물론 이따금 성경을 인용하고 하나님을 언급하지만 사실 그게 다 빠져도 그 메시지를 듣는 데 아무 지장이 없다. 조엘 오스틴 목사의 설교에서 성경은 장식물과 같다. 잘못하면 설교가 '십자가 복음'이 아니라 '처세술'과 '승리주의' 혹은 '성공학 강의'가 될 수 있다. 이는 대단히 위험한 것이다.

요즘 교회를 보면 교회 안에도 무분별하게 자아를 강조하고 긍정하는 메시지가 많다. 그러나 우리가 착각해서는 안 된다. 우리가 예수 안에 있을 때 소망이 있고 긍정적일 수 있지, 예수님과 십자가와 무관하게 자아를 긍정한다면 성서적이지 않다. 복음이 아니다. 우리가 예수 안에 있지 않다면 우리 안에는 아무것도 긍정할 것이 없다. 죄밖에 없다. 내 죄 때문에 영원히 죽을 수밖에 없었는데 우리 주님께서 나를 살리시기 위해 십자가에서 죽으셨다. 내가 스스로 가능한 존재라면 왜 예수님이 할 일 없이 십자가를 지셨겠는가.

나는 아무 가능성이 없는 죄인이지만 십자가 복음을 믿음으로 그 십자가에서 나의 자아가 죽고 내 안에 예수 그리스도께서 사심으로만 나는 소망이 있고 가능성이 있다. 나 스스로 무엇을 할 수 있는 것이 아니라 내게 능력 주시는 자 안에서 내가 모든 것을 할 수 있는 것이다(빌 4:13). 이 점을 분명히 붙잡아야 한다. 이를 놓치면 자칫 이단이 될 수도 있다. 이 점을 잘 분별하는 것이 '영적인 지혜' 이다.

믿는 성도들조차도 신념과 믿음을 혼동하고 있다. '신념' 과 '믿음' 의 차이가 무엇인가? '신념' 은 자아가 사는 것이지만 '믿음' 은 자아가 죽는 것이다. 신념은 내 생각대로 사는 것이지만 믿음은 주님의 뜻대로 사는 것이다. 신념은 내 정욕대로 사는 것이지만 믿음은 내가 죽고 예수 생명으로 사는 것이다.

어느 교회에 장애를 가진 부모 밑에서 태어난 자매가 있었다. 그러다 보니 어려서부터 '병신 집 딸' 이라는 놀림을 받았고 가정형편도 어려워 많이 배우지도 못했다. 고등학교를 졸업하고 직장생활을 했지만 하는 일마다 잘 풀리지 않고 정말 인생이 끝없는 고통만 있는 것처럼 느껴졌다. 자기만 실패자 같고 정말 죽고 싶을 때가 한두 번이 아니었다. 그래서 이런 상한 심령으로 매일 새벽 교회에 나와 기도했다. "주님 저 사는 게 너무 힘들어요. 저만 실패자 같아요. 이 고난이 다 없어지게 해 주세요."

그러던 어느 날 자매가 꿈을 꾸었는데, 자기가 커다란 십자가를 지고 천국을 향해 가고 있었다. 주변을 보니 다른 사람들도 저마다 십자가를 지고 천국을 향해 가고 있었다. 열심히 땀 흘리며 가는데 십자가가 너무 힘이 들었다. 그렇게 얼마쯤 가다가 예수님을 만났다.

자매는 너무 힘들어 예수님에게 간청했다. "예수님, 너무 힘들어요. 주님은 세상에 계실 때 목수셨으니까 이 십자가를 조금만 잘라 주세요." 예수님은 빙그레 웃으시며 그러라고 하시고는 십자가를 잘라 주셨다. 이제 한결 가벼워졌다.

그러나 얼마를 가다 보니 또 십자가가 무거워져 도저히 갈 수가 없었다. 예수님에게 한 번만 더 십자가를 조금만 잘라 달라고 요청했다. 예수님은 또 아무 말 없이 십자가를 잘라 주었다. 이렇게 세 번이나 십자가를 자르고 잘랐다.

이제 천국이 눈앞에 보이는데 깊은 계곡이 가로막고 있었다. 다른 사람들은 커다란 십자가를 질질 끌고 와 계곡에 턱 걸쳐 놓으니 자동으로 다리가 되어 협곡을 건넜다. 그런데 자매의 십자가는 세 번씩이나 잘라 냈더니 너무 짧아 소용이 없었다. 천국은 보이는데 건널 수가 없었다. 자매는 펑펑 울다 꿈에서 깼다.

이 꿈을 꾸고 난 후 자매의 기도가 바뀌었다. "주님! 주님께서 제게 허락하신 십자가를 감당하고 이길 수 있는 능력을 부어 주세요."

믿음의 기도란 내 소원을 하나님께 관철시키는 것이 아니라 하나님의 소원이 곧 나의 소원이 되는 것이다. 하나님의 뜻이 나의 삶 가운데 이루어지도록 간구하는 것이다.

내 친구 목사 교회 이름이 드림 교회이다. 여기서 '드림' 이란 꿈이다. 내

꿈이 아니라 하나님이 주신 꿈을 품은 교회라는 뜻이다. '하나님의 꿈을 이루어 드림', 그래서 드림 교회라고 한다. 참 좋은 의미가 아닌가.

기독교에서 신앙을 떠받치고 있는 기둥 두 개가 바로 십자가와 부활이다. 그래서 기독교는 다른 말로 '십자가의 종교', '부활의 종교'라고 부른다. 그런데 중요한 건 순서이다. 십자가가 먼저고 그 다음에 부활이 있다. 그럼에도 불구하고 많은 신앙인들이 '십자가의 고난'에는 참여하지 않고 '부활의 영광'에만 참여하려고 한다. 그러나 십자가 없는 부활은 존재할 수 없다. 기독교는 십자가 없는 부활을 알지 못한다.

내가 잘못해서 받는 고난이나 예수님과 관계없는 고난은 십자가가 아니다. 자기가 잘못해서 받는 고난에 십자가를 붙이면 잘못이다. 이는 징계이지 십자가가 아니다.

십자가는 아무 데나 붙이면 안 된다. 주님 때문에 받는 고난만이 십자가이다. 내 잘못 때문이 아니라 주님 때문에 받는 고난이 있는가. 주님의 복음을 전하기 위해, 주님의 사랑을 전하기 위해, 주님의 뜻을 이루기 위해 받는 십자가가 우리 삶 가운데 있는가. 실로 십자가의 능력이 우리 심령 가운데 큰 울림이 되어야 한다.

첫째, 십자가는 우리를 구원하는 능력이다. 구원이란 영원히 멸망할 수밖에 없는 자가 십자가를 통해 영원한 생명을 얻는, '하나님의 자녀로 회복'되었다는 것이다. 하나님은 인간을 하나님의 자녀로 창조하셨다. 그러나 인간의 죄 때문에 하나님과의 관계가 깨어졌다. 하나님과 우리 사이에 건너갈 수 없는 계곡이 생겼다. 하나님 자녀의 권세를 상실했다.

그러나 하나님은 어떤 대가를 치르고서라도 인간을 구원하기로 작정하셨다. 그리고 결국에는 우리 죄를 대속하기 위해 예수 그리스도를 십자가에 내어 주심으로 우리를 구원해 주셨다. 그래서 우리가 예수 그리스도의 십자가를 믿을 때 다시금 '하나님의 자녀'로, '천국백성'으로 회복될 수 있는 것이다. 죄 때문에 하나님과 단절됐던 관계가 '십자가 다리'를 통해 하나님과의 관계가 회복되는 것이 구원이다.

한 소년이 있었다. 하루는 장난감 가게 앞을 지나다가 중세의 범선을 본떠 만든 멋진 모형 보트를 보았다. 그 보트를 꼭 갖고 싶었지만, 소년이 사기에는 값이 너무 비쌌다. 그래서 소년은 스스로 보트를 만들기로 했다.

날마다 가게 진열장을 들여다보고 책도 보면서, 용돈이 생길 때마다 재료를 사 모았다. 그리고 보트를 만들기 시작했다. 나무를 자르고, 돛을 달고, 페인트를 칠하고, 자기의 모든 기술과 정성을 쏟아서 마침내 보트를 완성했다.

너무 기뻐서 완성된 보트를 들고 강으로 갔다. 실제로 강물에 띄워 보고 싶었기 때문이다. 조심스럽게 보트를 강물에 띄우자, 보트는 강물을 따라 유유히 떠내려가기 시작했다. 소년의 가슴은 너무 뿌듯했다.

그런데 이게 웬일인가. 갑자기 물살이 빨라지면서 보트가 강 한가운데에서 하류 쪽으로 급히 떠내려가는 것이 아닌가? 빠르게 흐르는 강물을 따라 막 달려 보았지만 소용이 없었다. 애써 만든 보트를 잃은 소년은 혹시나 하는 마음으로 강 하류로 가서 보트를 찾아보았다. 그러나 보트는 보이지 않았다.

그렇게 한참이 지난 어느 날, 소년은 한 중고 물품을 파는 가게에서 자기가 만든 보트를 발견했다. 그래서 주인에게 자초지종을 설명했다. 그러자 주인 아저씨는 사정은 딱하나 자기도 다른 사람에게 돈 주고 샀으니 갖고 싶으면 돈을 내라고 했다. 아무리 설명하고 사정해도 소용이 없었다. 하는 수 없이 소년은 집으로 달려갔다. 그리고 틈틈이 모은 저금통을 가지고 다시 가게로 갔다. 그리고 돈을 내고 보트를 샀다.

소년은 가게 주인에게서 자기가 만든 보트를 넘겨받았다. 너무나 기뻐서 보트를 끌어안고 얼굴을 비비며 말했다. "보트야, 이제 넌 내 거야. 너는 두 번이나 나의 것이란다. 한 번은 내가 만들어서이고, 두 번째는 내가 돈을 주고 샀기 때문이야. 이제 절대로 너를 잃어버리지 않을 거야. 절대로 안 잃어 버릴 거야."

구원이란 바로 이런 것이다. 우리를 창조하신 하나님이 하나님의 품을 떠난 우리를 위해 다시 값을 치르면서 우리를 사신 것이다. 주님은 구원받은 우리를 향해 말씀하신다. "아무개야, 이제 넌 내 거야. 너는 두 번이나 나의 것이란다. 한 번은 내가 창조했기 때문이고, 두 번째는 내가 너를 피로 값 주고 샀기 때문이란다. 이제 절대로 너를 잃어버리지 않을 거야. 절대로 안 잃어버릴 거야."

둘째, 십자가는 목숨까지 내어주는 최고의 사랑이다. 즉 십자가에 담긴 또 하나의 의미는 '희생의 사랑'이다. 하나님께서 천지를 창조하실 때에는 말씀만으로 창조하셨지만, 우리를 구원하실 때에는 우리의 죄에 대한 대가를 치르셔야 했기 때문에 아들의 생명으로 우리의 죄 값을 치르셨다. 이 세상에 사랑이 많다지만 대신 죽는 사랑보다 큰 사랑은 없다. 그러므로 십자가는 최고의 사랑을 상징한다.

'기독교'는 '사랑교'이다. 기독교에 대해 여러 가지 정의를 하지만 기독교는 뭐니 뭐니 해도 '사랑의 종교'이다. 십자가는 가장 위대한 사랑을 보여준다. 예수의 제자인 우리는 십자가 사랑을 세상과 이웃에 전하는, 사랑의 통로로 부름 받았다.

그러나 반드시 잊지 말아야 할 것은 성도가 지향하는 사랑은 내 안에서 나오지 않고 주님에게서 온다는 사실이다. '사랑의 이니셔티브'가 주님께 있다. 주님께서 부어 주시는 사랑이 내 잔을 넘쳐 이웃과 세상으로 흘러 보내는 깨끗한 통로가 되는 것이 우리의 사명이다. '죄와 불순종'으로 '막힌 통로'가 되어서는 안 되고, 항상 '순종과 정결함'으로 '뚫린 통로'가 되어야 한다.

주님의 몸 된 교회는 그러므로 주님으로부터 흘러나오는 사랑이 있어야 한다. 하나님 사랑이 십자가의 수직이 되고, 이웃 사랑이 십자가의 수평이 되어서 '주님의 사랑이 가득한 교회'를 이루어야 한다. 예수님도 모든 율법을 하나님 사랑과 이웃 사랑의 십자가 사랑으로 정리하셨다.

영국 선교사 씨티 스터드(C.T. Studd)는 엘리트로 영국 최고의 대학인 캠브리지 대학 출신이다. 대학 3학년 때 "영국에서 가장 위대한 크리켓 선수"라는 격찬을 받으며 경이적인 기록을 세우고 10대의 우상이 되었다. 또한 부잣집 아들이었다. 세상 사람들이 추구하는 돈과 명예, 학벌과 인기를 모두 갖추었다.

그러던 그가 하루는 무디의 설교를 듣다가 성경 전체의 요절이라고 할 수 있는, 평소 잘 알던 요한복음 3장 16절 말씀이 마음에 꽂혔다. "하나님이 세상을 이처럼 사랑하사 독생자를 주셨으니 이는 그를 믿는 자마다 멸망하지 않고 영생을 얻게 하려 하심이라."

마치 마르틴 루터가 "오직 의인은 믿음으로 말미암아 살리라."(롬 1:17)는 말씀이 마음에 부딪치자 가톨릭교회에 맞서서 종교개혁을 할 수 있었던 것처럼, 씨티 스터드에게 요한복음 3장 16절 말씀을 통해 성령의 역사가 임했다.

그는 곧 전 재산을 가난한 사람들에게 나누어 주고 선교사가 되어 하나님의 도우심과 믿음에만 의지하여 평생을 인도와 중국, 아프리카 선교의 선구자로 살았다.

아프리카 콩고에서 지병인 담석증으로 소천하기 전 누군가 "당신은 남들이 다 부러워하고 추구하는 돈과 명예와 권력과 인기를 가지고 있었는데도 어떻게 선교를 하기 위해 그것을 다 버릴 수 있었습니까?"라고 질문했다.

씨티 스터드는 대답했다. "예수 그리스도가 정말 하나님의 아들이고 그분이 나를 위해 십자가에서 돌아가셨다는 것이 실재라면 그분을 위한 나의 어떠한 희생도 결코 크다고 할 수 없습니다."

씨티 스터드 선교사가 세상 사람들이 추구하는 물질과 학벌과 명예를 다 버리고 주님의 일에 헌신할 수 있었던 이유가 무엇인가. 예수 그리스도의 십자가 사랑을 머리로가 아니라 실재로 깨달았기 때문이다. 십자가 복음이 실재가 되었기 때문이다.

셋째, 십자가를 통해서 나의 사명을 본다. 우리는 그리스도의 십자가를 통해서 구원을 얻었다. 구원을 얻었다는 그 뜻이 무엇인가. 십자가를 통해 구원을 얻었다는 것은 십자가에서 내가 죽고 이제 내 안에 주님이 사신다는 의미이다. 나의 자아가 죽는 것이 십자가이다. 그리고 예수님으로 말미암아 사는 것이 십자가를 통해 구원을 얻었다는 뜻이다. 사도 바울은 바로 그 주님의 십자가에서 자신의 사명을 보았다.

이를 가장 잘 고백해 놓은 데가 갈라디아서 2장 20절 말씀이다. "내가 그리스도와 함께 십자가에 못 박혔나니 그런즉 이제는 내가 사는 것이 아니요 오직 내 안에 그리스도께서 사시는 것이라 이제 내가 육체 가운데 사는 것은 나를 사랑하사 나를 위하여 자기 자신을 버리신 하나님의 아들을 믿는 믿음 안에서 사는 것이라."

십자가를 통해 자신의 사명을 깨달은 사도 바울의 고백이 오늘날 우리의 고백이 되기를 바란다. '십자가 사랑의 능력' 이 우리의 삶을 통해 나타나기를 소원한다.

6.25전쟁 때 실제 있었던 실화이다. 1.4 후퇴 때 한 만삭이 된 산모가 주변에 아이를 받아 줄 사람이 하나도 없어서 전쟁 통에 아기를 낳기 위해 친척 집을 찾아가고 있었다. 그런데 도착하기도 전에 길에서 진통이 시작됐다. 아무리 둘러봐도 주변엔 집도 없고, 도와줄 사람도 없었다.

산모는 하는 수 없이 다리 밑에 겨우 자리를 잡고 아기를 분만하기로 했다. 겨우 아기를 출산하고 뒤처리를 하고 나니, 당장 추운 날씨에 아기를 덮을 포대기 하나도 없었다. 산모는 자기 옷을 모두 벗어서 아기를 감싸 주었다.

한참 후에 미군장교 한 명이 차를 타고 그 다리 위를 지나가다가 휘발유가 떨어졌다. 그는 부대로 연락을 취해 놓고 차에서 내려 그 부근을 거닐면서 기다리고 있었다. 그런데 어디선가 아기 울음소리가 들려와 그 소리를 따라 다리 밑까지 내려오게 되었다.

거기서 장교는 기막힌 장면을 목격했다. 한 여인이 실오라기 하나 걸치지 않고 벌거벗은 채 얼어 죽어 있었고, 여인의 옷에 둘러싸인 갓난아기가 세차게 울고 있었던 것이다.

장교는 신실한 그리스도인이었다. 그래서 "하필 여기서 차에 기름이 떨어진 것은 하나님이 이 아이를 나를 통해 살리시기 위해서로구나."라고 생각했다. 그는 산모를 묻어 주고, 아기를 미국에 데려와 양자를 삼아 잘 키웠다. 초등학교와 중고등학교, 대학교를 졸업하고 직장에 취직까지 했다.

어느 날 양아버지는 다 자라 어른이 된 아들에게 어머니 이야기를 들려주었다. 아들은 눈물을 줄줄 흘리며 이야기를 들었다. 그리고 크리스마스 때 휴가를 얻어 양아버지와 함께 어머니의 무덤을 찾아 한국에 왔다. 어머니의 무덤 앞에서 아들은 자기 옷을 벗어 무덤 위를 덮었다. 그리고 하염없이 울면서 말했다.

"어머니! 얼마나 추우셨어요! 어머니! 얼마나 추우셨어요! 이제부터 죽어가시면서까지 저를 살리신 어머니의 그 사랑과 그 은혜를 생각하면서, 헐벗고 굶주린 사람들을 사랑하며 살겠어요!"

어머니는 아들을 살리기 위해 자기 옷을 벗어 아들을 덮어 주었다. 그러면서 죽어 갔다. 이제 그 어머니의 무덤 앞에 선 아들이 옷을 벗어 어머니의 무덤을 덮어 드렸다. 그리고 그 무덤 앞에서 자기의 사명을 깨달았고 결단했다. 어머니처럼 벌거벗고 추운 사람들을 위해서 사랑을 베풀며 살겠다고.

우리는 지금 주님이 지신 이 십자가 앞에서 어떤 사명을 보는가. 십자가 앞에서 우리는 이렇게 고백해야 하지 않겠는가. "예수님, 얼마나 아프셨어요! 예수님, 얼마나 치욕스러우셨어요! 얼마나 고통스러우셨어요! 이제부터 예수님의 십자가를 생각하면서, 예수님의 그 사랑을 생각하면서 예수님의 사랑을 전하며 살겠습니다."

고린도전서 1장 18절 말씀처럼 십자가의 도가 멸망하는 자들에게는 미련해 보이지만 구원 받는 우리에게는 하나님의 능력이다. 그러므로 우리는 항상 십자가를 통해 '구원의 능력'과 '최고의 사랑'과 '나의 사명'을 발견해야 한다. 그래서 십자가의 능력과 은혜가 우리의 삶 가운데 충만하여 믿지 않는 자들이 주께로 돌아오는 복음의 통로와 사랑의 통로, 생명의 통로와 영원한 축복의 통로가 되어야 한다.

부활

하루살이와 매미가 친해져서 놀다가 저녁이 되었다. 매미가 하루살이에게 "하루살이야, 내일 만나서 또 놀자." 하고 말했다. 그러자 하루살이는 "내일? 내일이 뭐지?"라고 말했다.

다음 날 매미는 하루살이가 안 보여서 새롭게 사귄 친구 베짱이를 만나서 며칠을 신나게 놀았다. 주말이 되어 베짱이는 "매미야, 이번 주는 참 즐거웠어. 다음 주에 또 보자." 하고 말했다. 일주일만 사는 매미는 "다음 주? 다음 주가 뭐지?" 하고 말했다.

다음 주에 베짱이는 매미를 볼 수 없었고 대신 제비를 만나서 놀았다. 여름 내내 잘 놀고 가을이 다가오자 제비는 매미에게 "베짱이야, 난 이제 강남으로 가야 해. 우리 내년에 다시 만나서 놀자." 하고 말했다. 그러자 베짱이는 "내년? 내년이 뭐지?"라고 말했다.

하루살이에게는 매미의 내일이, 매미에게는 베짱이의 다음 주가, 베짱이에게는 제비의 내년이 이해될 수가 없었다. 이처럼 이생을 살고 있는 우리 인간이 믿음이 아니고서야 영생과 부활을 이해하기란 불가능하다. 그러나 인간이 이성적으로 이해할 수 없다고 해서 하나님께서 우리를 위해 예비해 놓으신 영생과 부활이 없다고 할 수는 없다.

철학자 버트란트 러셀은 저서 「나는 왜 기독교인이 아닌가?」에서 예수의 부활을 믿지 못하기 때문에 자신은 기독교인이 될 수 없다고 하였다. 세계적인 물리학자 스티븐 호킹도 노골적으로 신의 존재를 부정하고 "천국이나 사후세계는 죽음을 두려워하는 사람들이 만들어 낸 동화일 뿐"이라고 말했다. 이 같은 세계적인 석학들이 믿지 못하는 부활이 믿어지는 것이 하나님의 은혜요 복된 일이다. 뿐만 아니라 "부활을 믿지 못하기 때문에 자신은 기독교인이 될 수 없다."는 말은 부활을 믿지 못한다면 곧 기독교인이 아니라는 의미도 있다.

기독교 신앙을 떠받치는 두 개의 기둥은 '십자가'와 '부활'이다. 기독교는 십자가와 부활이라는 두 기둥에 서 있는 집과 같다. 그래서 기독교를 '십자가의 종교'라고 하기도 하고, '부활의 종교'라고 말하기도 한다. 그러나 십자가 사건과 달리 부활 사건은 그 역사성을 놓고 많은 논란이 있어 왔다. 십자가 사건은 믿음이 없이도 받아들일 수 있는 사건인 반면 부활 사건은 인간의 상식과 이성을 초월하는 일이기 때문에 믿음의 눈이 없이는 볼 수도 깨달을 수도 없기 때문이다.

따라서 부활에 대한 문제가 신학적 논쟁을 가장 많이 불러일으키는 주제 가운데 하나이다. 특히 18세기 계몽주의의 영향을 받아 인간의 이성에 낙관적인 19세기 자유주의 신학의 태동은 부활에 관한 인본주의적 해석이 확산되는 데 영향을 주었다. 자유주의 신학은 기독교 교리 해석의 궁극적 권위를 '성서'에 두지 않고 '이성'에 둔다는 의미에서 성서로부터의 자유를 주장하는 입장이다. 자유주의 신학의 아버지인 슐라이에르마허는 "부활은 가사(假死) 상태로부터의 소생"이라고 보는 '가사가설'을 주장하였다.

더구나 20세기에는 다윈의 진화론의 확산과 과학의 눈부신 발달로 인해 더욱 다양한 형태로 인간의 주체성과 이성을 강조하는 신학들이 생겨나서 부활에 대한 역사성을 부정하는 기류가 대세를 이루었다.

예컨대 불트만(Rudolf Bultmann, 독일 성서학자)은 "부활이란 부활절 아침에 제자들의 마음속에 일어난 신앙"이라고 말했다. 따라서 '예수님은 설교 속에서 부활한다.' 는 셈이다. 이 말은 결국 부활의 역사적 사실을 부정한다는 뜻이다. 즉 '부활 사건' 이 '부활 신앙' 을 만든 것이 아니라 '부활 신앙' 이 '부활 사건' 을 만들었다는 것이다. 부활을 '신화' 나 영혼불멸의 '상징' 으로 본 것이다.

따라서 부활이나 재림의 개념은 신화적 시대의 산물이므로 적절하게 '비신화화' 의 작업과 해석이 이루어져야 한다고 말한다. 성경에서 부활과 같은 신화적인 내용들을 걷어 내자는 주장이다. 또한 부세(Bousset, 독일 신학자이자 종교사학파의 창시자)는 부활 신앙의 근거는 제자들에게 남긴 십자가 죽음의 '인상' 이라고도 했다. 니버(Reinhold Niebuhr, 미국의 개신교 신학자) 역시 부활과 재림, 종말의 개념들이 역사의 궁극적 의미를 확신하는 고도의 '상징' 이라고 말했다.

얼마 전 어느 잡지에서 "전태일 열사는 투쟁하는 비정규직 노동자들 속에서 부활하고 있다."는 기사를 보았다. 41년 전(1970년 11월 13일) 평화시장 재단사 전태일 씨가 "우리는 기계가 아니다. 근로기준법을 지켜라."고 외치며 자기 몸을 불태워 스스로 목숨을 끊었다. 그런데 오늘날 비정규직 노동자들이 그 정신을 계승하여 투쟁할 때 그들 속에서 전태일 열사가 부활한다는 것이다.

현대 신학자들 중에는 마치 이런 개념으로 우리가 예수의 정신을 계승하여 오늘을 살면 우리 안에 예수가 부활한다고 주장하기도 한다. 예수의 부활을 역사적 사실로 믿으면서 이런 주장을 하면 의미 있지만, 실상 이렇게 주장하는 신학자 역시 예수 부활의 역사적 사실을 인정하지 않는 셈이다.

현대 신학자들 가운데 많은 사람들이 부활에 대해 '신화', '의미', '인상'

혹은 '상징' 이라고 하였다. 그러나 부활이 실재(實在)가 아니라 단군신화처럼 신화나 상징이라면 예수의 십자가 복음을 위해 순교하거나 생명을 바칠 이유가 없다. 생명을 바칠 수 있는 것이 믿음의 진리인데, 실재가 아닌 단지 신화와 상징에 목숨을 바치는 사람은 없을 것이다.

부활이 '역사적 사실(historical fact)' 이 아니라면 소크라테스의 어록인 플라톤의 대화편들, 공자의 논어, 노자의 도덕경, 석가모니의 불경과 더불어 예수님의 말씀과 성경을 읽고 자기수양을 하면 그만이다. 그저 예수를 좋은 도덕교사로 인류의 성인 중 한 사람으로 존경하면 된다.

그러나 이는 기독교 신앙이 아니다. 기독교 신앙의 핵심과 본질은 예수가 그리스도임을 믿는 것이다. 즉 예수가 우리의 구세주요 구원자임을 믿는 것이다. 그런데 부활이 실재가 아니라면 예수는 우리에게 영생을 주는 구원자도 메시아도 그리스도도 될 수 없다. 부활의 역사성을 인정하지 않으면 기독교 신앙 전체가 무너진다. 부활의 역사성을 믿지 않는 기독교 신앙은 어불성설(語不成說)이다.

'이 세상에서 왜 선한 사람이 고통 받고 악인이 형통하는가?' 하는 신정론(神正論)의 문제도 죽은 자의 부활이 있기 때문에 해결된다. '하나님이 계시다면 어떻게 하나님을 신실하게 믿고 착하게 사는 사람이 죽을 때까지 고난만 당하고, 반면에 하나님을 믿지도 않고 온갖 나쁜 일을 일삼은 악인은 죽을 때까지 잘 사는 일이 있을 수 있는가?', '하나님의 공의가 과연 있는가?', '권선징악(勸善懲惡)은 책에만 있고 현실에는 없는가?' 하는 물음도 부활과 내세가 있어야지만 해결될 수 있다.

칸트 역시 죽음 이후의 내세와 하나님이 반드시 존재해야지만 자신의 도덕 원리가 성립될 수 있다고 하여 하나님과 영혼불멸, 자유 이 세 가지를 요청한다. 이 세 가지가 없다면 선하게 살았지만 고난만 당하다 죽은 사람에 대한 정의(正義)가 성립될 수 없기 때문이다.

선인이건 악인이건 모두 부활한다. 그러므로 예수께서는 "선한 일을 행한 자는 생명의 부활로 악한 일을 행한 자는 심판의 부활로 나오리라."(요 5:29)고 말씀하셨다.

현세만 보면 신정론의 문제가 해결되지 않지만 내세와 부활까지 고려하면 해결된다. 마라톤 선수는 마라톤 경기에서 일찍 스타트했다고 기뻐할 필요도 없고 늦게 스타트했다고 슬퍼할 필요도 없다. 이처럼 영원을 사는 성도는 이생에서 세상적인 기준으로 좀 잘되고 못되는 데에 '일희일비(一喜一悲)할' 까닭이 없다. 성도는 오직 영원의 견지에서 부활에 대한 소망을 가지고 세상에서 승리하는 삶을 살아야 한다.

부활에 대한 올바른 신앙은 기독교 신앙의 표준이요, 잣대인 성경에 근거해야 한다. 성경은 부활이 정말 일어났다고 기록한다. 부활은 제자들의 환상이나 주관적인 확신에 불과한 것이 아니라 실제로 일어난 일이다. 부활에 관한 성경의 주요 증거들을 구약과 신약에서 각각 열 군데씩 살펴보도록 하자.

물론 구약에서는 계시가 아직 완전히 주어지지 않은 때이고 예수 그리스도의 부활 이전이기 때문에 신약 시대의 성도들이 가진 바처럼 구체적이지는 않지만 부활에 대한 신앙을 가진 것은 분명하다. 다음은 구약과 신약, 각각에서 찾아볼 수 있는 부활에 대한 10대 증거들이다.

구 약	신 약
① 아브라함이 이삭을 제물로 바칠 때에 부활을 믿음(창 22:1~14)	① 예수께서 죽은 자를 살리시는 이적을 여러 차례 행하심(마 9:25; 눅 7:14; 요 11:44 등)
② '열조와 함께 잔다.'는 표현은 부활 신앙을 반영한 것임(창 47:30, 신 31:16, 대하 27:9)	② 예수께서 부활을 부정하는 사두개인들에게 부활을 증거하심(마 22:23~33)

③ 여호와를 죽은 자가 아닌 산 자의 하나님으로 묘사함(출 3:6)	③ 예수께서 자기를 믿는 자의 부활을 가르치심(요 6:39, 40; 11:25)
④ 엘리야와 엘리사가 죽은 자를 살리는 이적을 행함(왕상 17:22; 왕하 4:35)	④ 예수께서 믿는 자뿐만 아니라 불신자도 부활한다고 가르치심(요 5:29)
⑤ 엘리사의 무덤에 던져진 시체가 살아남(왕하 13:21)	⑤ 예수께서 운명하실 때 죽은 성도들이 살아남(마 27:52)
⑥ 욥은 자신이 구속자로 인해 부활하리라고 믿음(욥 19:25~27)	⑥ 베드로와 바울이 죽은 자를 살리는 이적을 행함(행 9:40, 41; 20:7~12)
⑦ 시편 기자들은 자주 음부의 권세, 곧 사망에서의 구원을 노래함(시 49:15; 73:24, 25)	⑦ 바울은 주가 재림하실 때 죽은 성도들이 부활할 것을 말함(살전 4:16, 17)
⑧ 이사야가 새 왕국, 곧 천국의 도래와 함께 부활을 예언함(사 26:19)	⑧ 사도 요한은 마지막 심판 때 전 인류가 부활할 거라고 예언함(계 20:4~6, 13)
⑨ 해골 골짜기에 대한 에스겔의 환상은 그가 부활 신앙을 가졌다는 증거임(겔 37:1~14)	⑨ 바울은 기독교 구원론이 부활의 진리에 근거한다고 설파함(롬 8:11, 33 ; 고전 6:13~20)
⑩ 다니엘은 마지막 때에 죽은 자들이 부활하리라고 예언함(단 12:2)	⑩ 예수 그리스도의 부활은 모든 성도들의 부활의 보증이 됨(고전 15:13, 20, 45)

뿐만 아니라 복음서와 사도행전 그리고 바울서신들은 모두 예수 그리스도의 부활이 '역사적 사실'이라고 증거한다. 사도 바울의 말처럼 만일 죽은 자의 부활이 실제로 없고, "그리스도 안에서 우리가 바라는 것이 다만 이 세상의 삶뿐이면 모든 사람 가운데 우리가 더욱 불쌍한 자"(고전 15:19)이다. 그러므로 예수님도 "나는 부활이요 생명이니 나를 믿는 자는 죽어도 살겠고 무릇 살아서 나를 믿는 자는 영원히 죽지 아니하리니 이것을 네가 믿느냐."(요

11:25, 26)고 말씀하신 것이다.

우리는 흔히 히브리서 11장은 '믿음 장', 고린도전서 13장은 '사랑 장', 로마서 8장은 '소망 장'이라고 부른다. 또한 고린도전서 12장은 '은사 장', 마태복음 24장과 마가복음 13장은 '종말 장', 베드로후서 3장은 '재림 장', 신명기 28장은 '축복 장'이라고 하며, 고린도전서 15장을 '부활 장'이라고 한다. 고린도전서 15장은 58절까지 있는데, 전체가 오직 부활에 관해 기록하고 있다. 따라서 고린도전서 15장만 면밀히 살펴보아도 부활에 관한 진수를 정리할 수 있다.

고린도전서 15장은 크게 세 부분으로 나누어 부활을 설명한다. 전반부 1절부터 11절은 '그리스도의 부활'을, 중반부 12절부터 34절은 '죽은 사람의 부활'을, 후반부 35절부터 58절은 '몸의 부활'을 기록하고 있다.

바울이 부활을 말하면서 가장 먼저 예수 그리스도의 부활을 언급하는 까닭은 그분의 부활이 없었다면 우리 성도들 역시 부활에 대한 소망을 지닐 수 없기 때문이다. 그래서 바울은 예수 그리스도의 부활이 결코 환상이나 조작이 아니라 너무나 분명한 역사적 사실임을 제일 먼저 강조한다. 이를 입증하기 위해 세 가지 증거를 제시한다.

첫째, 예수 그리스도의 부활은 성경의 예언이 성취된 것이다. 3, 4절에서는 "내가 받은 것을 먼저 너희에게 전하였노니 이는 성경대로 그리스도께서 우리 죄를 위하여 죽으시고 장사 지낸 바 되셨다가 성경대로 사흘 만에 다시 살아나사."라고 말한다. 여기서 '성경대로'라는 말을 두 번이나 사용하고 있다. 즉 십자가의 죽음이 성경의 예언의 성취였듯이 주님의 부활도 전적으로 성경이 예언했으므로 결코 환상이 아니라 실재라는 것이다(시 16:10, 11; 사 53:10).

둘째, 예수 그리스도의 부활을 목격한 수많은 증인들이 존재하며, 더구나 그들 가운데 상당수가 지금도 우리 곁에 생존하므로 주님의 부활은 몇몇 사람이 조작한 게 아니라는 말이다. 심지어 6절에는 5백여 명이 동시에 부활하신 주님을 보았다고 말한다.

셋째, 예수 그리스도의 부활은 바울 자신의 회심으로도 입증된다. 바울은 예수 그리스도의 부활을 유언비어로 여기고 이를 믿는 성도들을 색출해 죽이는 데 열심을 다했던 사람이었다. 그러던 그가 다메섹에서 부활하신 예수님을 만나게 된다. 그리고 바울은 예수 그리스도의 부활을 증거하기 위해 목숨도 아끼지 않는 사람이 되었다. 바로 이 같은 바울의 회심은 주님의 부활이 너무도 분명한 역사적 사실임을 확증하고 있는 것이다. 우리 또한 예수님을 인격적으로 만난다는 것은 바울처럼 부활하신 주님을 만난다는 것이다.

사도 바울이 성도에게 부활의 소망을 전하면서 가장 먼저 예수 그리스도의 부활의 확실성을 말하는 이유는, 그리스도의 부활이 성도의 부활의 근거가 되기 때문이다. 예수 그리스도의 부활은 주님께서 재림하시는 종말에 성도의 모습을 보여 주는 '예고편' 이다. 주님은 부활의 첫 열매이시고 장차 성도는 부활의 두 번째, 세 번째 열매가 된다. 예수 그리스도의 부활은 모든 성도들이 장차 부활에 동참하게 될 것이라는 확실한 예표요 보증이 된다.

따라서 판넨베르크(Wolfhart Pannenberg, 독일의 개신교 신학자)는 부활을 종말론적 미래의 '선취사건' 이라고 말한다. 그에 따르면 예수 부활 안에서 역사 종말이 역사 도중에 먼저 일어난 셈이다. 즉 "예수 부활은 종말의 여명"이라고 말한다.

그런데 우리가 주의할 점 가운데 하나가 부활과 소생의 차이다. 성경에도 죽었다가 살아난 경우들이 많이 있다. 예컨대 사르밧 땅의 과부 아들(왕상 17:17~24), 수넴 여인의 아들(왕하 4:17~27), 유대 관원 야이로의 딸(막 5:22~43), 나인성의 청년(눅 7:11~17), 나사로(요 11:17~44), 여제자 다비다(행 9:36~43), 졸다가 떨어져 죽었던 유두고(행 20:7~12) 등이 죽었다가 살아났다.

그러나 이들은 영원히 사는, '부활의 몸(영의 몸, 신령한 몸)'을 입은 것이 아니라 이전의 썩어지고 없어질 '육의 몸'을 다시 입어서 잠시 살다가 다시 죽었기 때문에 '부활'이 아니라 '소생'이다.

육의 몸은 부활 이전의 몸이라서 물질적인 흙으로 만들어졌고, 아담의 죄된 본성을 가지고 있으며, 죄의 영향으로 모든 질병과 위험에 넘어져 결국은 죽고 썩어 없어진다.

반면에 부활의 몸인 영의 몸, 신령한 몸은 예수 그리스도의 십자가와 부활로 새롭게 창조된 몸이다. 이 몸은 십자가 보혈로 죄의 문제가 해결되고 부활의 첫 열매가 되신 주님과 같은 부활체이다. 따라서 질병과 연약함이 없고 하나님의 사랑과 능력과 거룩 가운데 있기 때문에 영광스럽고 영원히 존재한다.

또한 부활의 몸은 시간과 공간의 제한을 받지 않는다. 그래서 닫힌 방 안에 문을 열지 않고 들어갈 수 있으며(요 20:19), 일행에서 혼자 갑자기 사라질 수도 있다(눅 24:31).

이 부활의 몸은 지금 우리가 가지고 있는 몸과는 다르다. 그래서 3일 전에도 예수님을 보았던 막달라 마리아가 부활하신 예수님을 보고도 알아보지 못하고 동산지기로 생각했으며(요 20:14, 15), 엠마오로 가던 두 제자가 예수님을 만나 함께 이야기를 나누면서도 예수님을 첫눈에 알아보지 못했던 것이다(눅 24:16).

이처럼 부활의 몸은 지금과 다르지만 살과 뼈를 가진 몸이다(눅 24:29, 40). 그래서 예수께서는 제자들에게 못 자국을 보이시며 손가락을 내밀어 창으로 찔렸던 옆구리를 만져 보라고 말씀하셨다(요 20:25, 27). 그러므로 영지주의자들이나 이단들처럼 단순히 영의 출현이 아니다. 영은 음식을 먹을 수 없지만 신령한 몸을 입은 예수님은 제자들 앞에서 생선을 드셨다(눅 24:42, 43).

'육의 몸'과 '영의 몸'은 이러한 차이가 있는데도 불구하고 깊은 연관성이 있다. 도토리가 자라 참나무가 되고, 아기가 커서 어른이 될 때, 동일성을 유지하지만 형태가 같지 않은 것과 유사하다.

바울은 예수 그리스도의 부활의 역사성을 근거로 성도들의 부활의 확실성을 강조하면서 부활의 소망 가운데 거해야 한다고 말한다. 그래서 바울은 고린도전서 15장 14절부터 19절에서 부활을 부인할 때 빚어지는 불행한 결과들에 대해 언급하면서 부활을 부인하는 일이 곧 기독교 신앙 자체를 부정하는 일임을 강도 높게 주장한다.

예수님은 인간을 속죄하기 위해 십자가에서 죽으셨고 인간을 의롭다 칭하기 위해 부활하셨다. 그러므로 십자가와 부활, 이 두 가지가 다 있어야지만 우리의 구원이 온전히 완성된다. 따라서 바울은 로마서 4장 25절에서 "예수는 우리가 범죄한 것 때문에 내줌이 되고 또한 우리를 의롭다 하시기 위하여 살아나셨느니라."고 기록한다.

그런데 이 같은 그리스도의 부활이 없었다면 우리가 증거하는 복음은 헛되어 우리는 거짓 증인이라 불렸을 것이며, 믿음도 소용없게 되었을 뿐만 아니라(14, 15절), 여전히 죄와 사망의 자리에 놓여 있었을 것이다(17절). 또한 부활의 소망을 가지고 죽은 그리스도인들도 부활이 없었다면 어떠했을까. 내세를 소망하며 믿음을 지켜 나갔던 이들은 아마 이 세상에서 가장 비참한 자가 되었을 것이다(19절).

왜냐하면 구원과 영생을 이루시는 예수 그리스도께만 소망을 두고 현재 삶 속에서 겪는 모든 고난도 다 감수하며 살아가는 성도들에게, 단지 이 세상에서 모든 삶이 끝난다고 한다면 그들의 믿음과 소망이 모두 헛된 것이 되어 버리기 때문이다.

그러나 예수 그리스도께서는 분명히 우리의 죄를 사하기 위해 죽으셨고 또한 부활하셨으므로, 우리의 믿음은 헛된 믿음이 아니라 참으로 귀한 믿음이 되었으며, 부활에 대한 확신과 소망으로 가득 찬 삶을 살아갈 수 있게 되었다. 성도에게 그리스도의 부활을 통한 구원과 영생, 소망이 없다면 모든 삶은 어리석고 무가치하게 될 것이다. 하지만 우리에게는 부활의 확신에 찬 소망이 있기에 일시적인 이 세상의 삶에 미련을 두지 않고 오직 영원한 하늘나라의 삶을 바라는 것이다.

이 같은 부활에 관한 성경의 기록들을 근거로 '부활의 의미' 가 무엇인지 살펴보면, 첫째, 부활은 예수 그리스도의 고난과 죽음 속에 숨어 있는 의미에 대한 하나님의 증명을 뜻한다.

일반적으로 예수의 십자가 죽음은 실패와 좌절과 절망처럼 보인다. 그러나 부활이 있기 때문에 십자가의 고난과 죽음의 의미가 밝혀진다. 십자가는 부활로 인해 그 의미가 규명되는 셈이다. 십자가는 한 인간의 실패와 우연한 사건이 아니라 하나님의 뜻과 계획에 따라 일어난 하나님 당신의 사건이요, 구원의 사건이라는 사실이 부활을 통해 증명된다. 부활은 십자가 사건에 대한 하나님의 '증명' 과 '해명' 이요 '답변' 이다.

둘째, 부활은 예수 그리스도의 삶과 죽음 속에서 벌어진 그 모든 일, 즉 하나님이 하신 일들은 시간과 공간의 제한을 받지 않고 영원히 효력이 있음을 뜻한다. 십자가 사건은 분명히 한 특정된 시간과 공간에서 일어났다. 과거에 일어난 하나의 사건이다. 그러나 부활과 함께 십자가 사건이 영원한 의미를 갖는 사건이 되었다.

과거에 있었던 예수 그리스도의 존재는 오늘 우리에게 현재적 존재이며 앞으로도 있을 미래적 존재이다. 그리스도는 영원한 존재이며 언제나 살아계신 구원자이다. 그분은 과거에 '오셨던 분' 인 동시에 현재에 '우리와 함께하시는 분' 이요, 또한 약속하신 대로 재림할 때에 장차 '오실 분' 이다. 그러므로 부활을 통해 십자가 사건은 단순히 과거의 사건이 아니라 오늘 우리를 위한 현재의 사건이요, 장차 있을 사람들을 위한 미래의 사건이다.

셋째, 부활은 죽음에 대한 승리를 뜻한다. 어떤 사람도 죽음의 한계를 벗어날 수 없다. 모든 살아 있는 것은 반드시 망하여 죄다 없어진다. 산다는 것은 곧 죽어가는 것이다. 우리가 의식하든 못하든 모든 인간은 순간순간 죽음으로 다가가는 존재다. 마치 모래시계가 끊임없이 아래로 떨어지듯 우리 인생은 한순간도 쉼 없이 죽음으로 나아간다.

그러나 죽음은 인간에게는 한계이지만 무한하신 하나님에게는 한계가 아니다. 무에서 유를 창조하신 전능하신 하나님은 예수 그리스도를 죽음에서 살리셨다. 그러므로 예수의 부활은 곧 죽음에 대한 하나님의 승리요, 예수 그리스도의 십자가와 부활을 믿는 성도가 죽음의 권세를 물리치고 영생을 얻게 되었다는 의미다. 예수 그리스도의 부활로 죄와 죽음이 지배하는 세상에서 영원한 삶이 시작된 것이다. 그러므로 바울은 고린도전서 15장 55절부터 57절에서 "사망아 너의 승리가 어디 있느냐 사망아 네가 쏘는 것이 어디 있느냐 사망이 쏘는 것은 죄요 죄의 권능은 율법이라 우리 주 예수 그리스도로 말미암아 우리에게 승리를 주시는 하나님께 감사하노니"라고 말했다.

넷째, 부활을 통해 하나님이 마지막으로 물리치실 원수 곧 죽음이 극복되었다면, 예수의 부활은 종말에 오리라고 기대하였던 죽은 자들의 부활이 예수 그리스도의 부활과 함께 시작되었음을 뜻한다. 이 세계에 종말이 오면 메시아가 와서 모든 죽은 자들을 부활시키고 최후의 심판을 받게 한다. 그 다음에 하나님의 나라가 오는 것이다. 그런데 죽었던 예수님이 이제 부활하였다. 그분은 죽은 자들 가운데서 살아나신 최초의 분이다.

그렇다면 죽은 자들이 부활하는 과정이 그분과 함께 시작되었다고 말할 수 있다. "사망이 한 사람으로 말미암았으니 죽은 자의 부활도 한 사람으로 말미암는도다"(고전 15:21). 죽은 자의 부활이 그리스도와 함께 시작되었다는 것은 세계의 종말이 시작되었고 이 종말과 함께 올 하나님 나라가 시작되었음을 뜻한다. 한마디로 부활은 하나님 나라가 앞당겨 일어난다는 뜻이다.

다섯째, 부활은 하나님과 인간의 계약이 실현되기 시작한다는 뜻이다. "나는 너희의 하나님이 되고 너희는 내 백성이 되리라."(레 26:12)는 말씀이 바로 계약 내용이다. 이제 예수 그리스도의 부활과 함께 하나님과 인간의 화해가 시간과 공간의 제약을 벗어나서 실현되기 시작하여, 하나님이 믿는 성도의 하나님이 되고 성도는 하나님의 백성이 되는 것이다.

예수님의 '십자가의 고난'과 '부활의 영광'은 둘이 아니라 하나이며 그 순서는 절대로 뒤바뀌어서는 안 된다. 반드시 십자가의 고난을 통해서 부활의 영광으로 나아가야 한다. 이것이 기독교 진리의 핵심이다.

"인생에서 맞는 위기는 하나님이 일하시는 기회"라는 말이 있듯이 사람은 위기를 만날 때 더욱 하나님께 나아가고 의지하여 신앙이 한 차원 성숙하거나 놀라운 은혜를 체험하기도 한다. 질병 문제나 인사 문제 앞에서 기도는 더욱 강력해진다.

사실 이런 면을 꼬집어 기독교가 기복적이라는 비판을 받기도 한다. 그러나 모든 종교나 신앙은 기복적인 요소가 없이 성립될 수 없다. 바로 그 유치한 감정과 기복적인 요소가 인간의 가장 근본적인 정서이며 중요한 요소이다. 기복적인 요인이 없다면 절대로 믿음이나 종교도 생겨날 수 없다. 비록 기복적인 동기로 주님 앞에 나아오지만 주님을 인격적으로 만나는 체험을 할 때 생명까지도 바치고 십자가를 질 수 있는 예수님의 사람으로 변화되는 것이다. 따라서 기복적인 요소가 믿음의 충분조건은 될 수 없지만 필요조건은 된다.

나 역시 인사 문제를 가지고 하루에 6시간 씩 수개월을 기도하다가 부활의 주님을 인격적으로 만나는 체험을 했다. 진로와 사역지를 놓고 기도하던 중에 예수님의 강력한 임재를 경험했던 것이다.

주님께서는 내게 이렇게 물으셨다. "네가 이름 있는 교회에 가고 안 가는 것이 그렇게 중요하냐?" 그 물음을 받고 나는 목사라면서도 여전히 세상적인 기준과 잣대를 가지고 기도했던 나 자신이 부끄러워서 아무 대답도 할 수 없었다.

그러자 주님께서는 "네가 어떤 자리를 가고 안 가고는 중요하지 않다. 단지 중요한 것은 네가 어디를 가든지 진정으로 부활한 나의 증인이 될 수 있느냐 없느냐 하는 것이다. 너는 가서 내 증인이 되어라."

이 같은 주님의 음성을 듣고 가슴을 찢으며 울면서 성령님 안에서 기도하는 성령체험을 하였다. 10여 분 정도 지난 줄 알았는데 나중에 보니 6시간이나 흘렀다.

이러한 체험을 통해 목사이면서도 세상적인 가치관을 버리지 못하고 기도했던 나 자신이 부끄러웠고, 그런 내게 성령님께서 본질이 무엇인지 깨닫게 해 주셨다. 주님의 십자가와 함께 내가 죽고 오직 내 안에 부활하신 예수 그리스도께서 사시는 것, 내 삶을 통해 그분만이 선포되고 영광 받는 '증인된 삶' 을 사는 것이 본질임을 알게 되었다. "하나님이 죽은 자 가운데서 그를 살리셨으니 우리가 이 일에 증인이라."(행 3:15)는 베드로의 고백으로부터 교회는 시작된 것이다.

성도는 부활이 '신화' 나 '상징' 이 아니라 '실재' 임을 믿고 부활의 소망을 가지고 살아가는 사람이다. 우리가 성도로 부름 받은 목적은 부활의 소망을 가지고 예수 그리스도의 '부활의 증인' 이 되기 위해서이다.

십자가와 부활을 묵상하는 사순절

뉴욕의 한 음식점에서 미국인과 프랑스인, 인디언과 유태인 네 명이 앉아 맥주를 마시는데, 각각의 잔에 파리가 한 마리씩 빠졌다. 미국인은 맥주를 버렸다. 프랑스인은 파리를 건져 내고 맥주를 마셨다. 인디언은 파리도 먹고 맥주도 마셨다. 유태인은 맥주를 마시고 파리는 인디언에게 팔았다.

유머이긴 하지만 이 이야기를 통해 그 나라의 민족성을 풍자적으로 말하고 있다. 남미 사람들 특히 브라질 사람들은 낙천적인 기질로 유명하다. 술과 음악과 춤을 좋아하는 민족이다. 브라질 하면 유명한 것이 일 년에 한 번 열리는 삼바 카니발축제다. 세계 3대 축제 가운데 하나다. 이 삼바축제는 공식명칭이 '리우데자네이루 카니발' 이다.

카니발 중의 카니발이라 일컬어지는 이 리오 카니발은 열정적인 삼바 춤과 화려한 가장행렬, 그리고 과다노출과 광란에 가까운 무질서로 유명하다. 이 모습을 보려고 전 세계에서 수많은 관광객들이 카니발 기간에 브라질로 몰려든다.

그런데 이 카니발 축제는 사순절과 깊은 연관이 있다. 우리말로 사육제(謝肉祭)라고 부르는 카니발은 라틴어 '카르네 발레(carne vale)' 에서 왔다. '카르네' 는 '고기' 라는 말이고, '발레' 는 '그만' 또는 '안녕' 이라는 말이다. 그러니까 직역하면 "고기여, 안녕. 고기는 그만"이란 뜻이다. 사순절이 시작되면 40일 동안 고기를 먹지 않는 금육이 시작되기 때문에 미리 고기를 많이 먹어 두자는 취지에서 시작된 축제이다. 그래서 대부분의 카니발은 사순절 시작 3일에서 7일 전에 벌어지는데, 이때 본격적으로 절제와 금육이 시작되기 전에 몸과 마음을 준비하기 위해서이다. 미리 먹어 두고 미리 할 일들을 해 두고 한바탕 축제를 벌이면서 절제와 금육을 준비하자는 것이다. 그러니까 결국 카니발은 사순절을 준비하기 위해 시작된 축제인 셈이다.

그러나 오늘날의 카니발은 사순절 준비라는 본래 취지와는 관계없이 먹고 마시고 즐기고 노는 일에만 광적으로 몰두하고 있다. 사람들이 제사보다 젯밥에 더 관심을 갖게 되었다. 그래서 이때 향락과 놀이의 절정을 만들어 내고 있다. 심지어 브라질 사람들 중에는 오직 카니발을 위해 사는 사람도 있다고 한다. 이 카니발 축제 기간에 향락을 즐기기 위해 일 년 내내 일하고 돈을 모은다는 것이다. 그뿐 아니라 많은 사람들이 카니발이 끝나도 더 이상 사순절을 지키지 않는다. 경건과 절제의 삶을 시작하지 않는다.

마태복음 24장 38, 39절에 보면 "홍수 전에 노아가 방주에 들어가던 날까지 사람들이 먹고 마시고 장가들고 시집가고 있으면서 홍수가 나서 그들을 다 멸하기까지 깨닫지 못하였으니 인자의 임함도 이와 같으리라."고 기록되어 있다. 말세의 모습을 말씀하는 것이다. 하나님을 믿는 노아는 홍수로 심판하리라는 경고를 받고 준비하고 있었다. 그러나 사람들은 이 경고를 무시하고 먹고 마시고 장가들고 시집가는 일에 광적으로 몰두하고 있었다.

오늘 우리 시대가 그러하다. 주님께서는 재림하시겠다고 말씀하셨다. 홍수 심판보다 더 무서운 최후 심판이 있다고 경고하셨다. 그래서 그때를 위해 근신하며 준비하라 말씀하셨다. 그러나 사람들은 이를 무시하고 그저 먹고 마시고 즐기고 광적으로 향락에 빠져 든다. 사순절에도 별반 차이가 없다.

성도들은 이 같은 세상의 탁류에 휩쓸려서는 안 된다. 종말이 가까울수록 더욱더 경건을 연습하여 거룩한 삶을 살아야 한다. 평소에 잊고 지냈더라도 사순절만큼은 힘써 우리의 경건을 돌아봐야 한다.

사순절이란 무엇인가? '사순절' 또는 '수난절'이라고 부르는 이 절기는 대속 사역을 이루시기 위해 예수 그리스도가 겪으신 고난과 부활을 기억하기 위해 생겨났다. 그 기간은 부활주일을 기점으로 역산해서 도중에 들어 있는 주일을 뺀 40일이다. 이 기간을 경건하게 보내고자 시작된 절기이다. 사순절은 헬라어로 '테살코스테'인데, '40일간의 기념일'이란 뜻이다.

그러면 왜 하필이면 40일인가? 성경을 보면 40일은 경건한 삶과 관련된 상징적인 수이다. 대표적인 예로 우리 주님께서는 40일 동안 광야에서 금식하면서 공생애를 준비하셨다. 모세도 40일간 시내 산에서 금식하면서 하나님의 말씀을 받기 위해 준비했다. 이스라엘 백성들은 가나안 땅에 들어가기 전에 40년을 광야에서 훈련받았다. 예수께서는 부활하신 후 승천하시기까지 40일 동안 이 땅에 계셨다. 이렇게 40이라는 수는 하나님의 백성들의 고난과 갱신 그리고 경건을 상징한다.

그래서 전통적으로 기독교는 한 해에 한 번은 40일 동안 절제하며 경건을 힘써 연습하자는 뜻에서 사순절을 지켜 오고 있다. 그래서 우리 시대의 가장 영향력 있는 목사님 중 한 분인 릭 워렌 목사님도 새들백교회에서 '목적이 이끄는 40일'이란 훈련 프로그램을 하지 않았는가.

사순절은 '재의 수요일(ash wednesday)'에서부터 시작한다. 이를 '성회수요일'이라고도 부른다. 그리고 부활절 전 한 주간을 고난주간이라고 하며 고난주간을 시작하는 주일을 종려주일이라고 한다. 고난주간의 목요일은 세족 목요일로, 예수 그리스도께서 최후의 만찬을 드시며 제자들의 발을 씻기신 날이다. 고난주간의 금요일은 성 금요일로 예수 그리스도께서 십자가에 달리신 금요일이다.

사순절은 초대 교회 성도들이 그리스도께서 인간의 죄를 대속하기 위해 찢기신 살과 흘리신 피를 기념하는 성찬식을 준비하며, 주님이 겪은 수난에 동참한다는 의미를 가진 금식을 행하던 데서부터 유래되었다. 유대인들은 유월절을 준비하기 위해 유월절 전에 금식을 했는데, 초대 교회 성도들도 신앙의 성장과 회개를 통한 영적 준비라는 차원에서 구약의 유월절 만찬을 새롭게 해석하여, 주님께서 제공하신 성찬식에 앞서 금식을 행했던 것이다.

또한 사순절이 끝나는 부활절에는 새로 영접된 성도의 성례식이 있는데, 세례 예비자들은 이때 세례와 입교를 받기 위해 두 주간 동안 금식과 기도로 준비하며 신령한 훈련에 참여하기도 했다. 이때 부활절에 있을 세례식을 준비하는 세례 예비자들은 물론 이미 성도로 영접된 사람들 모두 금식과 기도 생활에 힘썼다. 사순절 금식은 수세기 동안 매우 엄격하게 지켜졌다.

사순절의 식사로는 저녁 전에 한 끼만이 허용되었으며, 물고기와 육류는 물론 우유와 달걀로 만든 음식까지도 금지됐다. 그러나 8세기 이후로 규정이 많이 완화되기 시작해 14세기에는 금식기도 대신 절식기도를 했으며, 15세기에 와서는 정오에 식사하는 것이 일반적인 종교 관습이 되었고, 저녁 시간에도 간단한 식사인 콜레이션(collation)이 허용되었다.

그러나 사순절 기간 동안에 연극과 무용, 연애 소설 읽기와 같은 오락 행위는 여전히 금지되었으며, 화려한 옷을 입거나 좋은 음식을 먹는 것, 호화로운 생활 등을 자제했다. 대신 자선과 예배참석, 기도 등을 권장했다. 사순절 풍습 가운데 종려나무를 태운 재나 숯으로 이마에 십자가를 그리는 풍습은 사순절이 시작되는 재의 수요일(성회 수요일)에 행하던 풍습이다. 이때 사용하는 재는 지난해 종려주일에 썼던 종려나무를 태워 만들었는데, 사람들은 그리스도를 대속의 죽음으로 이끌었던 인간의 죄에 대한 참회 표시로 이마에 십자가를 그렸다.

이는 또한 아름다운 풀과 꽃이 잠깐 후면 마르고 시들 듯 세상의 모든 부귀와 영화도 잠시 잠깐 후면 사라지고, 한 줌 흙에서 왔던 우리도 또다시 흙으로 돌아가게 된다는 엄숙한 인생의 교훈을 담고 있다. 그리고 언젠가는 하나님 앞에 서게 될 우리의 삶의 자세를 정비한다는 점에서도 그 의미가 있다.

사순절에는 범죄한 인류를 구하기 위해 고난 받으신 그리스도를 기억하는 의미에서 불우한 이웃을 구제하고 자선을 베풀었다. 특히 사순절에 하는 금식기도를 통해 주님의 고난에 동참하고 불의한 자신을 회개했을 뿐만 아니라 불우한 이웃이 겪는 배고픔과 가난을 생각하기도 했다.

또 하나는 기도다. 사순절에는 하나님과 영적인 만남을 가져야 한다. 세상살이에 쫓겨 바쁘다는 이유로 중단했던 기도를 회복해야 한다. 우리가 바쁘다는 것은 일이 많다는 것이다. 일이 많다는 것은 그만큼 하나님의 도우심이 더욱 많이 필요하다는 것이다. 그러므로 바쁘면 바쁠수록 기도가 더 많이 필요하다.

그래서 시카고의 윌로우크릭 교회 빌 하이벨스 목사가 쓴 책 제목이 「너무 바빠서 기도합니다」이다. 우리가 지치고 힘들 때 기도를 통해 하나님 앞에 나아가고 하나님을 만나면 새 힘을 공급받는다. 우리의 영이 더욱 강건해져서 모든 어려움을 이기고 승리할 수 있게 된다. 성도는 내 힘으로 일하고, 내 힘으로 싸우는 것이 아니라 기도를 통해 하나님께서 주신 힘으로 일하고, 성령의 능력으로 영적전투에서 승리해야 한다.

세계신기록 보유자요 금메달 후보일지라도, 피나는 훈련과 노력을 했을지라도, 동계올림픽 결승전 결승선 10m 앞에서 미끄러지는 쇼트트랙 선수를 보면서 성도의 인생도 이와 같다는 생각을 해 본다. 내가 아무리 노력해도 주님이 끝까지 완주하도록 붙들어 주시지 않으면 할 수 없는 것이다. 부족한 나를 통해 주님이 하시는 것이다. "나의 나 된 것은 하나님의 은혜로 된 것"(고전 15:10)이라는 사도 바울의 고백이 모든 성도의 고백이 되어야 한다.

그러므로 사순절 기간에는 특히 절제하는 삶을 살아야 한다. 더욱 기도에 힘써야 한다. 요엘 2장 15절과 16절에 보면 하나님께서 이스라엘 백성들에게 말씀하셨다. "너희는 시온에서 나팔을 불어 거룩한 금식일을 정하고 성회를 소집하라 백성을 모아 그 모임을 거룩하게 하고 장로들을 모으며 어린이와 젖 먹는 자를 모으며 신랑을 그 방에서 나오게 하며 신부도 그 신방에서 나오게 하고."

하나님께서 이스라엘 백성들에게 평소와는 다른 아주 특별한 모임을 요구하셨다. 하나님께 돌아올 특별한 계기를 마련하라는 뜻이다. 오늘날 사순절이 그러하다. 우리가 하나님께로 돌아올 특별한 계기가 되어야 한다. 하나님께 더 가까이 나아갈 계기가 되어야 한다.

제 4 장

성령님

성령님은 누구신가? | 성령님의 사역

성령님은 누구신가?

'성령님은 누구신가?' 라는 문제에 대한 대답은 쉬운 것 같으면서도 어렵다. 기독교인이라면 대부분 자기 나름대로 성령님에 대한 경험과 이해를 갖고 있지만, 과연 '성령은 무엇인가', '성령님은 누구신가?' 에 대한 체계적인 답변이 성경에 없기 때문이다. 그러나 그럼에도 불구하고 성경에는 여기저기 성령님에 대한 언급들이 많다.

구약성경에는 약 100번 정도 성령님에 대한 인용이 있는데, 그 첫 번째가 창세기 1장 2절에 "하나님의 영은 수면 위에 운행하시니라."이다. 여기서 성령님은 '하나님의 영' 으로 불리며 천지를 창조할 때 역사하신 분으로 나타나고 있다.

또한 시편 33편 6절에서는 "여호와의 말씀으로 하늘이 지음이 되었으며 그 만상이 그 입 기운으로 이루었도다."라고 하였는데, 여기서 '입 기운' 이란 '바람' 혹은 '숨(breath)' 을 가리킬 때 사용하는 '루아흐(ruach)' 라는 히브리어로 표기된다. 희랍어로는 '프뉴마(pneuma)' 인데 성령님을 지칭하고 있다. 자연 속에서 움직이는 바람이 어떤 새로운 것을 일으키는 힘이라면, 사람이나 동물 안에 있는 '숨' 혹은 '입김' 은 그들의 생명을 유지하여 그들을 살아 움직이게 하는 힘이다.

하나님이 그의 생명의 숨을 불어 넣으시므로 인간은 살아 움직이는 생령(a living being)이 되었다(창 2:7; 욥 33:4). 인간뿐 아니라 동물도 하나님의 입김을 통하여 살아 움직인다(창 6:17; 전 3:19, 21). 이 세계 안에 있는 살아 있는 모든 것들은 하나님이 그의 '생명의 영'을 불어넣음으로써 생명을 얻고, 거두면 죽음으로 되돌아간다(창 6:3; 시 104:29). 모든 호흡을 시작하게 하시는 분도 거두어 가시는 분도 하나님이시며, 만물의 생(生)과 사(死)는 그분의 주권 아래 있다.

이 같이 '하나님의 영'은 모든 피조물의 생명의 힘이요, 그들을 변화시키는 능력이다. 또한 성령님은 태초의 창조뿐 아니라 죽은 영혼을 다시 살리시는 일, 즉 인간의 재창조에 주도적인 역할을 하신다. 예수님은 "성령으로 나지 아니하면 하나님 나라에 들어갈 수 없느니라."(요 3:5)고 하셨는데, 이는 인간이 구원받기 위해서는 성령님의 '새롭게 하심'이 필수라는 뜻이다. 이렇게 성령님은 창조와 재창조의 때에 생명과 변화를 주시는 하나님 당신의 영이시다.

성령님은 '하나님의 영'일 뿐만 아니라 '그리스도의 영'이기도 하다. 복음서의 기록에 따르면 예수님은 처음부터 성령님과 함께 계셨다. 성령으로 말미암아 잉태되셨으며, 성령에 이끌려 광야로 나아가 시험받으셨고, 성령으로 세례를 받으셨으며, 성령의 기름부음을 통해 하나님 나라의 복음을 능력 있게 전파하셨다. 그리고 성령 안에서 기도하셨으며, 성령 안에서 자신을 십자가에 죽음으로 내어 주셨고, 성령의 능력으로 죽은 자 가운데서 다시 살아나셨다.

하늘에 오르신 예수님은 이제 '보혜사' 성령을 우리에게 보내셨으며, 성령 가운데서 만물을 통치하고 계신다. 이처럼 예수 그리스도의 존재와 모든 활동은 성령님과 결합되어 있다. 그러므로 성령님은 그리스도 안에서 활동하시는 '하나님의 영'일 뿐만 아니라 '예수 그리스도의 영'인 것이다.

성령님을 “아버지의 영”(마 10:20)이라고도 하고, “하나님의 영” 또는 “그리스도의 영”(롬 8:9)이라고도 부르기 때문에 성령님이 신성을 가지셨다는 사실은 쉽게 이해할 수 있다. 하지만 성령님의 인격성을 인정하는 데에는 어려움이 있다. 성령님이 임하는 곳에 능력이 나타나기 때문에(행 1:8) 사람들은 이를 착각하여 성령님을 단순히 어떤 신비스러운 능력이나 힘으로 오해하기도 한다. 그러나 성령님은 성부 하나님이나 성자 예수님과 똑같이 인격을 가지신 성령 하나님이시다.

예수님은 성령을 가리켜 ‘보혜사’라고 부르셨다. 희랍어로 ‘파라클레토스’로 표기되는 이 단어는 ‘위로자’, ‘돕는 자’란 뜻이다. 예수님은 성령님을 단순히 어떤 힘이라 말씀하시지 않고 인격자로 소개하신다. 즉 인격자가 아니고서야 어떻게 위로자와 돕는 자가 될 수 있겠는가.

성령님이 인격이라는 사실은 성령께서 인격의 세 가지 필수요소인 지(intellect), 정(emotion), 의(will)를 가지셨다는 성경의 기록으로 증명된다. 성령님의 지성적인 면은 고린도전서 2장 10, 11절에서 볼 수 있다. 여기서 성령님은 하나님의 깊은 것까지도 아시는 분이라고 묘사되어 있다. 즉 하나님의 마음과 뜻은 ‘하나님의 영’이신 성령께서 가장 잘 아신다. 따라서 우리가 하나님의 뜻을 알기 위해서는 성령님의 도우심이 반드시 필요하다.

성령님은 ‘지혜의 영’이시며 사람을 가르치기도 하신다(고전 2:13). 게다가 “장래 일을 너희에게 알리시리라.”(요 16:13)는 예수님 말씀처럼 성령님은 과거 일뿐 아니라 미래 일도 다 알고 계시는, 전지(全知)하신 하나님이시다.

성령님은 지식뿐 아니라 감정을 가지고 계신 분이다. 이사야서를 보면 사람들이 하나님을 반역할 때 성령께서는 근심하시며 그들의 대적이 되어 그들을 치셨다고 했고(사 63:10), 에베소서에서는 “하나님의 성령을 근심하게 하지 말라.”(엡 4:30)고 명한다.

우리가 무엇을 기도해야 할지 빌 바를 알지 못하고, 좌절과 연약함 속에 빠져 있을 때 성령님은 말할 수 없는 탄식으로 우리를 위하여 친히 간구하신다(롬 8:26). 히브리서 기자는 성령을 욕되게 하지 말라(히 10:29)고 말하며, 사도 바울은 성령의 사랑(롬 15:30)을 언급한다. 이러한 사실들을 볼 때 성령님은 근심하고 탄식하며 사랑할 수 있는 정서를 가지신 분임을 분명히 알 수 있다.

성령님은 의지를 가지고 계신 인격적 존재이시다. 성령님은 전도자 빌립에게 사막에 위치한 가사로 가라 명령하셨는데, 이는 에디오피아의 내시를 구원하려는 의지를 나타내신 사건이었다(행 8:26). 사람으로는 이해할 수 없었어도 의지를 가지고 명령하시는 성령님에게 순종했을 때, 내시 개인만을 구원한 것이 아니라 에디오피아를 복음화하는 귀한 역사를 이룰 수 있었다.

안디옥 교회가 바나바와 바울이 수고하여 부흥하면서 신자들이 '그리스도인' 이란 이름을 얻게 될 만큼 일반인들에게도 그 인식이 바뀌고 있을 때, 성령님은 안디옥 교회의 바나바와 바울을 선교사로 파송하라고 지시하셨다. 순종한 안디옥 교회는 최초로 이방인에게 선교사를 파송하는 영광을 얻게 되었다.

파송을 받고 이방인에게 복음을 전하던 바울 사도가 아시아에서 복음을 전하고자 했을 때 성령님은 허락하지 않으시고(행 16:6) 선교 팀을 유럽으로 보내시고자 하셨다. 그래서 마게도냐 사람의 환상을 통해 유럽 전도를 하게 하신 일(행 16:9~11)은 성령님의 의지적인 측면이다.

이렇듯 사도행전을 보면 '성령행전' 이라는 별명처럼 성령님의 역사와 의지대로 복음이 전파되고 인도되었음을 알 수 있다. 그러므로 우리는 선교사를 선택하고 파송하며 사역지를 결정할 때 성령님의 의지를 따라 행해야 한다. 성령님은 당신이 뜻하신 바를 따라 행하게 하시는 인격적인 존재이시다.

"그리스도인의 삶이란 어려운 것이 아닙니다. 그것은 불가능한 것입니다.”라는 하워드 헨드릭스 말처럼 우리 스스로의 힘으로 온전히 그리스도인의 삶을 살기란 도저히 불가능하고 실패할 수밖에 없다. 우리는 불완전하고 연약한 존재이며, 우리가 하나님의 율례와 그 법도를 지켜 행하도록 역사하시는 분은 오직 성령님이시기 때문이다.

'그리스도인의 삶' 이란 우리 힘으로는 절대로 불가능하지만 보혜사 성령님이 도우시면 불가능이 가능으로 변한다. 이것이 '불가능한 가능성(impossible possibility)' 이다. 따라서 그리스도인들이 하나님의 계획을 올바로 깨닫고 그분의 뜻을 행하며 온전히 서는 길은, 우리의 위로자가 되시고 조력자가 되시는 성령님의 도우심을 통해서이다.

성령님의 사역

하나님의 창조로부터 시작하여 그리스도의 화해를 거쳐 종말의 완성에 이르는 구원사(救援史)를 보면 성령님은 대단히 중요한 활동을 하신다. 이는 성령님의 사역이 창세기 1장부터 요한계시록 22장에 이르기까지 구원사 전체에 걸쳐 나타나기 때문이다.

성령님은 성부 하나님, 성자 하나님과 같이 일하시는 하나님이시다. 이렇게 하나님의 사역을 올바르게 이해하기 위해서는 반드시 삼위일체 신관을 가지고 접근해야만 한다. 성경에 계시된 기독교의 하나님은 삼위일체 하나님이시기 때문이다.

성부 하나님께서 창조와 섭리 사역을 주체적으로 하셨지만 성자와 성령 하나님께서도 '창조 사역'에 동참하셨다. 성자 하나님, 즉 예수 그리스도께서 '구원 사역'을 주도적으로 이루어 나가실 때에도 성부와 성령 하나님께서 성자의 사역에 동참하셨다. 이러한 맥락에서 볼 때 성령 하나님께서는 성부와 성자의 사역에는 보조 역할을 하셨고, 성령 시대에 와서는 주체적으로 사역을 수행하신다.

성령 시대라 함은 성부 시대, 성자 시대와 구별하여 칭하는 말로 오순절 성령강림절 이후부터 주님 재림하실 때까지를 이른다. 지금이 성령 시대이다. 물론 이러한 시대 구분이 완전하다고 말할 수는 없다. 복잡하고 미묘한 실재(reality)를 무디고 획일적인 언어의 촉수로 온전히 드러낼 수 없기 때문이다.

그러나 사람들이 이해하기 쉽게 돕는, '유용성(utility)'은 충분히 있다. 이 같은 시각에서 '주체적 사역'을 근거로 삼아 구약 시대를 성부 시대로, 예수님 당시를 성자 시대로 그리고 오순절 성령강림 이후부터 주님 재림하실 때까지 즉 교회의 시대를 성령 시대로 분류할 수 있다.

오순절 성령강림 사건은 성령 하나님 시대의 개막식이다. 성령님은 지금까지 성부와 성자 하나님이 행하신 '창조'와 '섭리', '구원' 사역을 완성하기 위해 오셨다. 성령님은 재창조 활동을 계속하셔서 만물을 새롭게 하시고, 새 하늘과 새 땅이 이루어질 때까지 일하신다.

그리고 예수님이 행하신 구원의 역사가 오늘을 사는 우리 개개인의 삶 속에서 구체화되도록 도우시고, 믿음을 일으켜 모든 사람이 하나님의 구원을 얻을 수 있도록 역사하신다. 특히 성령님은 우리가 구원받게 하기 위해 네 가지 일을 하신다.

첫째, 성령님은 우리 죄를 깨닫게 하신다. 예수님은 "그가 와서 죄에 대하여, 의에 대하여, 심판에 대하여 세상을 책망하시리라."(요 16:8)고 친히 말씀하셨다. 이는 성령님이 죄가 무엇이고, 의가 무엇이며, 심판이 무엇인지 우리가 깨닫게 하실 것이라는 말씀이다.

사람은 자기 스스로 죄의 심각성을 깨닫지 못한다. 자연이성을 가지고 아무리 연구해 보아도 자신이 죄 때문에 죽을 수밖에 없는 존재이며 오직 예수 그리스도의 십자가의 보혈을 믿음으로 영원한 생명을 얻게 된다는 사실을 알 수 없다. 성령님의 밝은 조명이 있어야지만 우리는 비로소 우리가 감히 하나님 앞에 설 수 없는 죄인이라는 사실을 깨달을 수 있다.

성령님의 조명이 없는 사람은 예수님을 믿지 않고 그저 남들보다 도덕적으로 열심히 살아가면 자신이 충분히 의롭게 될 수 있다고 생각한다. 그러나 인간의 의로움이란 하나님의 은혜로 의롭다고 칭함받은 것이지, 인간 자신이 의로운 것은 아니다.

스스로 의인이라고 착각하는 사람은 구원받을 수 없다. 자신이 죄인임을 깨달을 때 우리는 비로소 구주이신 예수님을 생각할 수 있게 되고, 그분께 나아가게 되며, 그분을 붙잡아 구원을 받게 된다. 그러므로 자신이 죄인임을 깨닫고 인정하는 일은 구원의 첫출발이요 기본이다. 이처럼 사람들이 자신이 죄인임을 깨닫게 하는 일을 성령님이 감당하신다.

둘째, 성령님은 예수 그리스도를 알게 해 주신다. 우리가 죄인이라는 사실을 아는 것만으로는 구원을 얻을 수 없다. 자신이 죄인임을 아는 것과 더불어 구원에서 중요한 것은 예수님이 우리의 주님이심을 알고 고백하는 일이다.

예수님이 우리의 주님이요 구세주라는 사실은 이성적인 방법으로는 설명과 증명이 불가능하다. 따라서 이것을 깨닫고 믿기란 불가능하다. 그런데 성령님이 이 불가능한 일을 가능하게 하신다.

고린도전서 12장 3절에서는 "그러므로 내가 너희에게 알게 하노니 하나님의 영으로 말하는 자는 누구든지 예수를 저주할 자라 하지 않고 또 성령으로 아니하고는 누구든지 예수를 주시라 할 수 없느니라."고 기록되어 있다.

장님이 눈을 뜨고, 앉은뱅이가 일어나고, 보리떡 다섯 개와 물고기 두 마리로 수천 명이 먹는 것만이 기적이 아니다. 이성적으로 아무리 생각해 봐도 도무지 믿을 수 없는 사실을 믿게 된다는 것만큼 큰 기적은 없다.

특히 의심 많은 현대 인간들과 세속적인 이 시대에도 불신자가 예수 그리스도를 구주로 믿고 영접하는 일들이 벌어지는 것은 큰 기적이 아닐 수 없다. 이러한 기적은 수천 년 동안 계속되어 왔고, 현재에도 계속되고 있으며, 앞으로도 계속될 것이다. 사람으로서는 불가능한 이 일을 바로 성령님이 하고 계신다.

셋째, 성령님은 우리를 거듭나게 하시고, 풍성한 그리스도인의 삶을 살 수 있는 힘을 주신다. 원죄를 지니고 태어난 인간이 죄에서 벗어나 온전한 그리스도인이 된다는 것은 불가능한 일이다. 온전한 그리스도인은 고사하고 좋지 않은 성격이나 습관 하나를 고치는 데도 얼마나 어려운지 모른다.

그러나 우리가 성령님을 의지하고 그분의 힘을 덧입으면, 성격과 습관을 고치는 것은 물론이요 예수님의 성품을 닮아 변화될 수 있다. 뿐만 아니라 온전히 거듭나서 훌륭하고 아름다운 그리스도인의 생활을 풍성히 누릴 수 있다. 이것이 바로 성령님이 하시는 매우 중요한 사역 가운데 하나다.

성령님은 우리를 거듭나게 하시고 변하여 새 사람이 되게 하신다. 주님께서는 요한복음 3장 5절에서 "진실로 진실로 네게 이르노니 사람이 물과 성령으로 나지 아니하면 하나님의 나라에 들어갈 수 없느니라."고 말씀하신다. 이렇게 성령님은 우리를 거듭나게 하셔서 하나님 나라에 들어가기에 합당한 존재가 되게 하신다.

그러므로 성령님은 우리가 풍성한 그리스도인의 생활을 하도록 이끄시며, "사랑과 희락과 화평과 오래 참음과 자비와 양선과 충성과 온유와 절제"(갈 5:22, 23)의 열매를 맺게 하신다.

넷째, 성령님은 다른 사람에게 전도할 수 있는 능력을 주신다. 내가 믿는 것도 기적이고 신비한 일이지만, 내가 남을 믿게 한다는 것은 더 놀라운 일이다. 아니 놀라운 일이라기보다는 내 힘으로는 불가능한 일이다. 그런데 만약 우리가 우리 자신을 온전히 성령님에게 양도한다면, 성령님은 이 놀랍고 불가능한 일들을 우리를 통해 이루신다. 우리가 우리의 정욕과 모든 욕심을 예수 그리스도의 십자가에 못 박고 죽을 때, 성령님은 복음을 전할 능력과 용기와 지혜를 주신다.

따라서 우리는 믿지 않는 자들을 그리스도에게로 인도하는, 고귀하고 위대한 사명을 감당하게 되는 것이다. 전도는 우리 주님께서 가장 기뻐하시는 일이며, 큰 상급을 주시는 일이다.

> 미국의 한 부부가 그들이 살던 켄터키에서 먹고살기가 힘들어지자 그곳 생활을 청산하고 오클라호마로 이주했다. 오클라호마에는 여러 가지 기회가 많다고 들었기 때문이다. 그러나 그들이 경작했던 땅에서 수확이 신통치 않자 그들은 그 땅을 팔고 또 다른 주로 이사했다.
>
> 그런데 그들이 경작했던 땅을 산 사람이 그 땅에서 석유를 발견하여 큰 부자가 되었다. 그 땅이 농사짓는 데 수확이 적었던 이유가 바로 그 땅에 석유가 가득 차 있었기 때문이었다.

이 부부는 자신들의 생계뿐만 아니라 풍요롭게 살아가기에 넉넉한 모든 것을 바로 그들 발아래 둔 채 가난하게 살 수밖에 없었다. 조금만 더 깊이 땅을 팠더라면 석유가 용솟음쳐 나왔을 텐데 말이다.

마찬가지로 우리 역시 언제든 쓸 수 있는 성령님의 무한한 자원을 소유하고 있으면서도 구하지 않아 그 부요함과 풍부를 누리지 못한 채 영적 빈곤과 좌절감을 느끼며 능력 없는 그리스도인으로 살아가는 어리석음을 범해서는 안 된다.

성령님은 우리를 인도해 주실 뿐 아니라 그분의 계획을 성취하는 데 필요한 지혜와 능력을 공급해 주시는 분이시다. 그러므로 우리는 우리 주님께서 "성령이 너희에게 임하시면 너희가 권능을 받을 것"(행 1:8)이라는 말씀대로 성령 충만함을 받아 풍요함을 누리며, 복음을 전파하고, 세상에 영향을 미치는 능력 있는 그리스도인으로 승리하는 삶을 살아야 한다.

제 5 장

계시와 성경

계시 | 성경이란 무엇인가? | 성경을 어떻게 읽어야 하나? | 성경의 구조 | 성경의 내용

계시

"열 길 물속은 알아도 한 길 사람 속은 모른다."는 속담이 있다. 아무리 깊은 물도 맑기만 하면 바닥까지 훤히 들여다보이지만, 사람의 마음은 얼마 되지 않으면서도 알기가 어렵다는 뜻이다. 이처럼 사람의 마음을 알기 어려운 까닭은 그 마음이 시시때때로 변하기 때문이기도 하고, 일부러 마음을 숨기기 때문이기도 하다.

그래서 매일 대하는 친구나 동료도 그 깊은 마음을 알기가 쉽지만은 않다. 같은 종(種)에 속하고 매일 볼 수 있는 대상을 제대로 아는 일조차 어려운데 하물며 하나님을 안다는 것의 어려움은 이루 말할 수가 없는 것이다.

기독교 신앙은 하나님에 대한 지식으로부터 출발한다. 만일 기독교 신앙의 대상인 하나님의 본성과 그분의 생각과 행동과 목적에 대해 알지 못한다면 기독교 신앙은 성립하지 못한다. 하나님에 대한 지식은 하나님의 '자기계시'로 가능하다. 하나님은 스스로 계시하시기에 우리가 그분을 알 수 있고, 그분의 뜻을 깨닫게 된다.

계시(revelation)라는 말은 '베일을 벗김(unveiling)', 즉 드러내는 것을 뜻하는 라틴어 'revelatio'에서 비롯되었다. 이는 하나님의 능동적인 행동을 의미한다. 하나님께서는 자기계시의 행동을 통해 그분의 피조물에게 자신에 관한 진리와 자신의 의지를 전달하신다. 계시는 하나님의 자발적 행위를 의미하는데, 여기에는 세 가지 전제가 있다.

첫째, 자기 자신을 능동적으로 계시하시는 인격적인 하나님이 계시다는 것과 둘째, 하나님의 계시 없이는 알려질 수 없는 진리와 사실, 사건들이 있다는 것과 셋째, 계시의 대상이 되고 또 이를 이해하고 받아들일 수 있는 이성적 존재가 있다는 것이다.

성경에서 사용하고 있는, 계시를 뜻하는 용어로 구약에서 가장 두드러진 것은 '갈라(galah)' 이다. 그 근본적 의미가 '벗어지다' 이며 시야를 방해하는 덮개를 제거한다는 뜻이다. 신약의 용어로는 '아포칼룹토(apokalupto)' 가 있는데, 그 역시 베일이나 덮개를 제거한다는 의미이다. 명사 '아포칼룹시스(apocalupsis)' 는 덮개를 벗기는 것, 즉 계시를 뜻한다.

하나님은 계시의 주체로서 일반 계시(자연계시)와 특별 계시(초자연적 계시), 이 두 가지 방법으로 우리에게 지식을 주신다. 또한 특별 계시는 성경 저자들이 받은 직접계시와 성경을 통해서 우리가 받은 간접계시로 구분된다.

일반 계시란 자연, 이성, 양심, 역사 등을 통한 계시다. 성경은 창조된 물질의 이치를 통해서 친히 이용할 수 있는 하나님의 지식이 있다는 사실을 스스로 주장한다. 시편 기자는 "하늘이 하나님의 영광을 선포하고."(시 19:1)라고 말한다. 그리고 바울은 "창세로부터 그의 보이지 아니하는 것들 곧 그의 영원하신 능력과 신성이 그가 만드신 만물에 분명히 보여 알려졌나니 그러므로 그들이 핑계하지 못할지니라."(롬 1:20)라고 말한다. 이 구절들과 '자연 시편들' 과 같은 수많은 다른 구절들은 하나님께서 그분이 지으신 세계 안에 자신에 대한 증거를 남겨 놓으셨음을 암시하고 있다.

일반 계시는 대부분 창조의 경이롭고 감동적인 특징과 연결해서 생각한다. 그런데 그것은 복잡한 다양성과 아름다움을 고안하고 산출할 수 있는,

매우 힘이 있고 지혜로운 한 인격이 있음을 지시하는 것이다. 우리는 우리가 사용하는 책상이나 냉장고 등을 보면서, 어떤 사람인지는 모르지만 분명한 사실은 이 책상과 냉장고를 만든 사람이 '있음' 을 알 고 있다는 것이다. 마찬가지로 천지만물을 보면서 우리는 이것을 만드신 어떤 분이 있음을 알 수 있다.

어떤 이들은 대폭발(Big Bang, 빅 뱅) 이후 우주가 빠른 속도로 모든 방향으로 팽창하며 천지만물이 생겨났다고 주장한다. 그러나 팽창해 가는 힘이 조금만 커도 물질들은 응고하지 못해 은하들과 별들을 형성할 수 없었을 것이다. 반대로 만일 끌어당기는 힘, 이 인력이 너무 강했더라면 모든 물질은 다시 처음 상태로 되돌아가기 시작해서 우주 안에는 아무것도 생기지 않았을지도 모른다. 만일 여기에 10의 60승 분의 1만 더 강했다거나 약했더라면 우주 안에 생명체는 생길 수가 없었다.

우리 인간과 같은 생명체가 생길 수 있으려면, 대폭발 직후부터 팽창하는 힘과 끌어당기는 힘 사이에 완전한 균형이 유지되어야 했다. 따라서 대폭발로 천지만물이 생성되었다는 주장은 마치 한 사람이 복권 1등에 연속해서 백만 번 당첨되는 일이 실제로 가능하다고 주장하는 것과 같다. 그러므로 어떤 설계자가 우주만물을 창조했다고 주장하는 것이 이성적인 태도이다.

그러나 일반 계시를 통해서는 이 세상을 지은 창조자가 있다는 사실만 알 뿐 "그분이 어떤 분인가, 어떤 생각과 목적을 가지고 계신가?" 하는 것은 알 수 없다. 우리가 가진 이성과 양심 그리고 자연과 역사만을 가지고는 성육신하신 예수 그리스도에 관한 지식을 전혀 얻을 수 없다.

일반 계시는 구원에 관한 지식을 충분히 제공하지 못할 뿐 아니라 복음과 하나님의 사랑과 속죄의 은총을 계시하지 못한다. 따라서 일반 계시가 줄 수 있는 지식은 불충분할 뿐만 아니라 확실하지 않고 미혹된 인간의 사상이 뒤섞여 인간을 바르게 인도하지 못한다.

종교 개혁자 칼빈 역시 일반 계시의 불충분성에 대하여 "하나님께서 그 자신과 또한 그의 사역의 거울에 있는 자신의 불멸의 왕국에 대해 계시하시는 현현은 밝은 반면에, 우리의 어리석음은 크고 이러한 밝은 현현들에 관하여 우리는 어리석기 때문에 아무런 유익도 얻지 못한다."고 말한다. 따라서 일반 계시는 하나님이 계신다는 지식을 제공하는 정도에 지나지 않아 특별 계시가 필요하다.

관계되는 주제들의 범위와 이를 다루는 명료성을 따져 본다면 일반 계시는 특별 계시보다 하위에 있다. 따라서 일반 계시의 불충분성은 특별 계시를 필요로 한다. 그러나 특별 계시도 마찬가지로 일반 계시가 필요하다. 만일 일반 계시가 없다면 인간은 특별 계시의 하나님을 알고 이해할 수 있게 해 주는, 하나님에 관한 개념들을 가질 수 없을 것이다. 그러므로 특별 계시는 일반 계시 위에서 확립된다. 이는 철학자 칸트가 지각과 개념 인식의 범주에서 발견한 "개념 없는 지각은 맹목이요, 지각없는 개념은 공허하다."는 명제와 비교된다.

특별 계시란 하나님의 사람들을 통해서 우리에게 주어진 계시다. 하나님의 특별 계시는 시력이 약한 사람에게 주어진 안경과 같다. 우리는 이 안경을 통해서 자연과 역사, 인간을 다시 조명한다. 그래서 이전에 보지 못하던 하나님의 세계를 보며, 이전에 듣지 못하던 하나님의 음성을 듣고, 이전에 참여하지 못했던 하나님의 운동에 참여하게 된다. 특히 성경은 특별 계시의 보고(寶庫)다. 우리는 성경을 통해서 구체적으로 말씀하시는 하나님의 언어와 행위를 만나게 된다.

직접적이며 특별한 계시인 하나님의 말씀은 이 계시를 수록한 성경 안에서 우리에게 주어진다. 성경은 하나님에 관하여 증언한다. 성경에 나타나는, 하나님에 대한 지식은 하나님의 존재, 그분의 생명, 그분의 행위 및 그분의 역사하심에 대한 계시를 보여 주는 지식이다. 성경을 통해 우리는 하나님께서 예수 그리스도 안에서 자기 자신을 계시하신다는 것을 알 수 있다. 하나님은 사람이 아니기에 누구도 하나님을 본 자가 없지만 예수 그리스도를 봄으로써 사람은 하나님을 보게 되며 알게 된다. 이런 점에서 예수 그리스도는 궁극적 계시이다. 이는 예수 그리스도가 모든 계시를 완성하고 성취한다는 의미이다.

특별 계시는 일반적으로 언어로 나타나며 이것은 바로 성경을 말한다. 따라서 특별 계시와 성경은 같은 의미로 사용되고 있으며, 성경의 중심은 바로 예수 그리스도이시며, 그분이 하나님을 계시한다. 그런즉 우리는 예수 그리스도를 통해 하나님을 말할 수 있고 구원에 이르게 되는 것이다.

성경이란 무엇인가?

인류의 역사를 통틀어 성경만큼 특별한 위치를 차지하고 있는 책은 없다. 성경은 인간의 종교와 정신사 측면에서 가장 큰 영향을 준 책이다. 세계 3대 유일신 종교인 기독교와 유대교 그리고 이슬람교는 모두 구약성경에 뿌리를 두고 있다. 또한 성경은 가장 많은 언어로 번역되었고, 가장 많은 부수의 책이 출판되고 배포되었다. 뿐만 아니라 성경만큼 집중적으로 연구되고 독서와 명상의 대상이 되어 온 책도 역사상 그 유례를 찾을 수 없다.

기독교에서 성경은 신앙과 생활의 표준이 되고 기독교의 유일한 계시의 근거로서 가장 기본적이며 중요한 자리에 있다. 기독교의 신앙과 신학은 성경에 의존하고 있기 때문에 성경이 없다면 기독교는 존재할 수 없다. 성경은 기독교의 모든 선포와 신앙, 삶의 전제가 된다. 기독교 신학의 텍스트 역시 성경이다. 따라서 '성경이란 무엇인가?' 라는 물음은 기독교의 근본을 묻는 물음이기에 반드시 신중하고 진지하게 논의되어야만 한다.

먼저 '성경' 이라는 명칭에 대해 살펴보면, 구약은 본래 히브리어로 '하 세파림' 이라고 불렀다. 단순히 '그 책들(the books)' 이라는 뜻이다. 히브리어 '하 세파림' 은 희랍어 '타 비블리아' 로 번역되었고, 라틴어 '비블리아' 를 거쳐 영어 '바이블(Bible)' 이 되었다. 비블리아의 어원은 고대 페니키아 항구도시 비블로스에서 만들던 종이와 관계있다. 그 도시에서 파피루스를 원료로 하여 그 속껍질인 비블로스로 종이를 만들었다. 그 종이를 '비블리온'이라 하였고, 그 복수형이 '비블리아'로 '책'을 뜻하게 된 것이다. 이렇게 성경을 바이블이라 일컫는 이유는 책 중의 책이기 때문이다.

성경은 구약에서 신약까지 1,400여 년에 걸쳐 시대와 직업과 교육수준 등이 서로 다른 30여 명의 저자가 썼다. 그러나 이 같은 '다양성'에도 불구하고 하나님의 사랑과 하나님의 세계통치, 그리스도의 구원사역 등과 같은 '통일성'을 이루어 계시하고 있다.

성경은 구약성경 39권과 신약성경 27권, 총 66권으로 구성되어 있다. 이 66권을 정경(正經)이라고 하는데, 영어로 캐논(Canon)이라고 부른다. 이 말은 히브리어 '카네'에서 비롯되었다. '카네'란 '곧은 막대기', '곧은 갈대'라는 뜻이다. 이 말은 희랍어로 건너와서 카논(Kanon)이 되었고, 단순한 막대기라는 말에서 무엇을 재고 측량하는 '자', '기준', '표준'이란 뜻을 가지게 되었다. 이 말이 주후 4세기경 기독교 신학에 들어와서는 정경이라는 의미로 사용하게 되었던 것이다. 신앙공동체에서 정경은 신앙과 행위 면에서 최고의 규범이요, 최종적이고 절대적인 권위를 가진 책이다.

구약, 신약의 '약(約, covenant, testament)'은 '계약'을 의미한다. 이는 하나님이 사람에게 준 계약을 의미한다. 이 계약을 기초로 사람의 삶의 방식이 정해지고, 사람과 사람 사이에서 지켜야 할 약속의 일들이 정해진다. 하나님의 계약에는 옛 계약(구약)과 새 계약(신약)이 있다. 옛 계약은 하나님께서 이스라엘 민족과 맺은 구원에 관한 계약으로 그 내용은 주로 '율법' 형태로 주어졌으며, 이를 지킨다면 하나님께서도 그들을 지켜 주신다는 구원의 약속을 의미한다.

구약과 신약은 "보라 날이 이르리니 내가 이스라엘 집과 유다 집에 새 언약을 맺으리라."(렘 31:31)는 예레미야의 말에서 유래되었다. 새 계약은 옛 계약에 대하여 하나님께서 예수 그리스도로 말미암아 모든 사람에게 주려고 하는 구원의 계약이다. 그 내용은 예수 그리스도를 믿고 그 교훈을 따르는 사람은 구원을 받게 된다는, 하나님의 신실하신 약속이다.

구약에 제시된 구원은 예표의 차원이다. 그 완성은 신약에 이르러 예수 그리스도를 통해서 이루어진다. 신약과 구약의 문제는 '복음과 율법', '신앙과 행위' 등 구원의 근거에 관한 근본문제이다. 신약과 구약은 각기 성령의 감동으로 하나님의 계시를 받아 기록하는 저자의 개성이 포함되어 있다. 그러나 성령이라는 동일 저자 때문에 이러한 성경기자의 개성은 '다양성 속에서의 통일성'을 유지하게 된다.

따라서 성경의 모든 부분은 간접적이든 직접적이든 그 초점이 예수 그리스도를 향하고 있다. 성령께서는 결국 예수 그리스도를 밝히 드러내는 역할을 하기 때문이다.

성경을 어떻게 읽어야 하나?

성령의 감동으로 기록된 성경도 읽는 사람의 생각과 믿음의 형태에 따라 전혀 다르게 읽혀질 수 있다. 즉 성경 기자가 기계적으로 받아 적어 토씨 하나까지도 성령께서 기록했다는 주장은, 성경의 전체적인 맥락과 신앙의 본질을 상실하거나 독단에 빠지게 한다. 반대로 성경을 단지 사람의 손으로 기록되었다고 생각한다면 성경은 한갓 고대 문헌이나 문학, 역사서가 되고 만다. 이렇게 되면 성경은 하나님이 계시하신 말씀이 아니게 된다.

그러므로 우리는 '성경을 어떻게 읽어야 하는가?' 라는 물음을 갖게 된다. 성경은 첫째, 믿음으로 읽어야 한다. 기도를 함께하며 읽어야 한다는 말이다. 우리는 기도를 통해 성령과 교통하며 성경의 본 저자를 통해 저자직강을 들어야 한다. 그때 비로소 성령의 감동을 가지고 기록하긴 했지만 여전히 남아 있는, 성서 기자와의 수천 년의 시 · 공간의 제약을 뛰어넘어 진리의 말씀을 들을 수 있다. 뿐만 아니라 성령이 도우실 때만이 인간의 언어로 기록된 성경이 하나님의 말씀으로 깨달아진다.

둘째, 성경이 말하려는 바가 무엇인지 염두에 두고 읽어야 한다. 즉 읽는 사람이 자신의 가치관이나 판단을 가지고 구미에 맞게 요리하면 안 된다는 말이다. 오히려 하나님이 계시하신 말씀이 나를 요리하고 변화시키도록 읽어야 한다.

셋째, 성경 전체를 통독해야 한다. 많은 이단들은 자신의 주장을 이미 가지고 그 주장을 뒷받침하는 논거로서 성경의 특정 부분만을 절대시하여 제시한다. 그러나 성경은 전체적인 맥락을 고려하면서 부분을 보아야 올바로 이해할 수 있다. 신구약 66권 전체를 균형 있게 읽고 묵상할 때 건강한 신앙을 유지할 수 있다. '전체는 부분을, 부분은 전체를 해석하는 것' 이라는 해석학적 명제를 염두에 두고 읽어야 한다.

넷째, 교회라는 신앙공동체 안에서 읽어야 한다. 본래 성경은 교회의 신앙으로 이루어진 책이다. 따라서 성경의 신학적 주체는 성령이지만, 그 역사적 주체는 교회다. 하나님께서는 항상 그분의 백성과 자녀들을 통해서 일하신다. 교회는 바로 그 일을 감당하는 그리스도의 몸이다. 이러한 몸 된 교회에는 하나님의 섭리가 개입되어 있다.

그러므로 교회의 정경인 성경은 예배를 통해 교제하면서 읽고 나누는 것이 중요하다. 교회가 성경을 올바로 읽는 데에 도움을 주기도 하지만 다른 한편으로 성경말씀은 교회의 신앙과 생활의 규범을 제공하고 하나님이 원하시는 바른 길로 인도하기도 한다. 이처럼 성경과 교회는 불가분의 관계다.

이렇게 성경이 읽혀질 때 비로소 "하나님의 말씀은 살아 있고 활력이 있어 좌우에 날선 어떤 검보다도 예리하여 혼과 영과 및 관절과 골수를 찔러 쪼개기까지 하며 또 마음의 생각과 뜻을 판단"(히 4:12)하게 된다.

성경의 구조

성경은 구약 39권과 신약 27권, 총 66권으로 이루어져 있다. 구약은 히브리어로 기록되었으며, 창조부터 예수님 오시기 전까지 이야기를 이스라엘 중심으로 서술하고 있다. 신약은 그리스어(헬라어, 희랍어)로 기록되었으며, 예수님 탄생부터 인류 종말까지를 서술하고 있다. 이처럼 성경에서 그 중심은 예수 그리스도이다. 따라서 창세기부터 요한계시록까지 성경 66권 어디를 펼쳐보아도 예수 그리스도의 피가 흘러야 한다. 성경을 예수 그리스도의 십자가 보혈의 의미와 관련시켜서 보는 것을 '구속사적 관점'이라고 한다. 이러한 성경의 구조와 뼈대를 도표로 나타내 보았다.

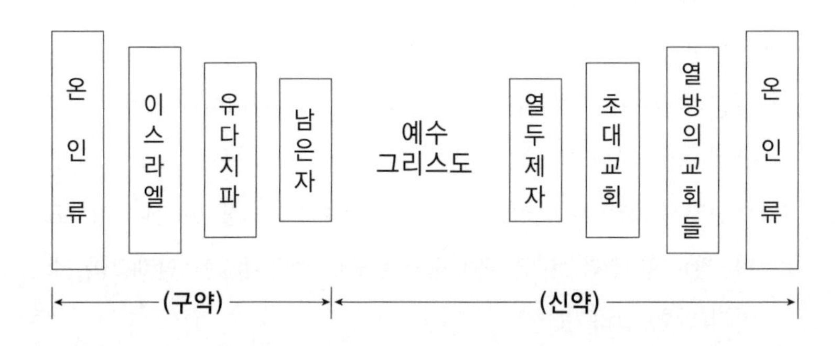

보통 사람이 실천 지침으로 기억할 수 있는 최대치가 4 가지이다. 그래서 4가지 거점을 잡는 것을 그리스어의 넷째 자모인 델타(Δ, δ)를 따서 '델타 메쏘드(Delta Method)' 라고 한다. 성경을 이해하는 데에도 우리가 '1. 성경이란 무엇인가? 2. 성경을 어떻게 읽어야 하나? 3. 성경의 구조 4. 성경의 내용" 4가지로 살펴보고 있지 않은가. 뿐만 아니라 구약과 신약도 각각 4가지 거점을 찍어서 살펴보아야 기억하기 쉽다.

구약은 1) 율법서(기초), 2) 역사서(설명), 3) 시가서(열망), 4) 예언서(기대) 4개의 골격으로 구성되어 있다. 신약은 1) 복음서(나타남), 2) 역사서(형성), 3) 서신서(권면), 4) 예언서(완성) 4개의 골격으로 구성되어 있다. 따라서 성경 전체는 '8개 기둥' 으로 이루어져 있다.

구약(39권)

1) **율법서**[모세오경, 토라](5권) - 창세기(50장), 출애굽기(40장), 레위기(27장), 민수기(36장), 신명기(34장)
2) **역사서**(12권) - 여호수아(24장), 사사기(21장), 룻기(4장), 사무엘상(31장), 사무엘하(24장), 열왕기상(22장), 열왕기하(25장), 역대상(29장), 역대하(36장), 에스라(10장), 느헤미야(13장), 에스더(10장)
3) **시가서**[성문서, 문학서](5권) - 욥기(42장), 시편(150편), 잠언(31장), 전도서(12장), 아가(8장)
4) **예언서**[선지서](17권)
   ① 대선지서(5권) - 이사야(66장), 예레미야(52장), 예레미야애가(5장), 에스겔(48장), 다니엘(12장)
   ② 소선지서(12권) - 호세아(14장), 요엘(3장), 아모스(9장), 오바댜(1장), 요나(4장), 미가(7장), 나훔(3장), 하박국(3장), 스바냐(3장), 학개(2장), 스가랴(14장), 말라기(4장)

신약(27권)

1) 복음서(4권) - 마태복음(28장), 마가복음(16장), 누가복음(24장), 요한복음(21장)

2) 역사서(1권) - 사도행전(28장)

3) 서신서(21권)

① 바울서신(13권)

a. 주요서신(4권) - 로마서(16장), 고린도전서(16장), 고린도후서(13장), 갈라디아서(6장)

b. 옥중서신(4권) - 에베소서(6장), 빌립보서(4장), 골로새서(4장), 빌레몬서(1장)

c. 초기서신(2권) - 데살로니가전서(5장), 데살로니가후서(3장)

d. 목회서신(3권) - 디모데전서(6장), 디모데후서(4장), 디도서(3장)

② 공동서신[일반서신](8권) - 히브리서(13장), 야고보서(5장), 베드로전서(5장), 베드로후서(3장), 요한일서(5장), 요한이서(1장), 요한삼서(1장), 유다서(1장)

4) 예언서(1권) - 요한계시록(22장)

성경의 내용(저자, 기록연대, 스케치)

구약

1) 창세기(50장)

모세, 기원전 1446~1406년, 전반부인 1~11장은 모든 인류가 해당되는 원역사로 4대 사건 중심이 다. 즉 창조, 원죄, 대홍수 심판, 바벨탑 사건이다. 이 부분은 인류의 일반역사다. 후반부인 12~50장은 선민 이스라엘의 4대 족장인 아브라함, 이삭, 야곱, 요셉을 중심으로 하나님의 구원역사(구속사)가 전개된다.

2) 출애굽기(40장)

모세, 기원전 1446~1406년, 애굽의 총리대신이 된 요셉의 초청으로 애굽으로 이주해 간 이스라엘 민족은 시간이 흐르면서 애굽인들의 노예가 된다. 400년의 노예생활 동안 70명에 불과했던 야곱의 식구들은 약 350만 명으로 불어난다.

하나님은 모세를 지도자로 부르시고, 10가지 재앙, 유월절 사건, 홍해 사건을 통해 이스라엘 백성을 출애굽 시키신다. 그 이후 2개월 동안 이동하여 시내 산까지 오게 되는데, 거기서 10개월을 머물며 하나님과 언약을 맺고 십계명과 율법(613개), 성막에 관한 말씀을 받는다. 말씀대로 성막을 완성하고 봉헌하는 장면으로 그 막을 내린다.

3) 레위기(27장)

모세, 기원전 1446~1406년, 하나님께서는 레위지파를 선발해 제사장 직분을 감당하게 하신다. 레위기는 죄를 속하기 위한 다섯 가지 제사와 그 효과에 대한 기록으로 시작한다. 그리고 구속을 기억하도록 일곱 가지 절기를 설명하고 끝난다. 중간에 속죄일의 절정을 이루는 정결법이 삽입되어 있다.

출애굽기에서 율법과 성막에 대한 말씀을 받았다고 했는데, 바로 그 내용을 자세히 따로 떼어 내서 모아 놓은 책이 레위기이다. 따라서 성막을 중심으로 하나님을 어떻게 섬겨야 하는지, 또 사람들끼리는 어떻게 살아야 하는지에 대한 지침서가 된다.

4) 민수기(36장)

모세, 기원전 1446~1406년, 민수기란 백성들의 인구조사라는 뜻이다. 민수기는 출애굽한 지 2년여쯤 시내 산을 출발하여 40년 광야행진을 하면서 가나안 땅에 가는 동안 전쟁을 해야 하기 때문에 병력을 정비한 것이다. 즉 40년 광야생활을 기록한 책이다. 중요한 장소로는 시내 산, 가데스바네아, 모압평지가 있다. 이스라엘 백성은 요단강을 건너 가나안 땅에 들어가기 전에 모압 북쪽과 가나안 동쪽 지역을 정복한다.

5) 신명기(34장)

모세, 기원전 1446~1406년, '신명'이란 '다시 새롭게 주신 계명'이라는 뜻이다. 신명기는 모세가 죽기 직전 모압 평지에서 한 고별설교다. 불순종한 출애굽 세대는 여호수아와 갈렙을 제외하고 모두 광야에서 죽는다. 가나안에 들어갈, 광야에서 태어난 광야 2세대들을 교육하기 위해 모세가 설교 3편을 한 것이 신명기다. 한마디로 하나님 말씀에 순종하면 복을 받고 불순종하면 심판을 받는다는 설교이다. 이는 '이스라엘의 불순종 → 하나님의 심판 → 이스라엘의 회개 → 하나님의 회복' 이라는 신명기 역사관을 형성하게 된다.

6) 여호수아(24장)

여호수아, 기원전 1370~1330년, 모세의 후계자인 여호수아를 지도자로 삼고 가나안 땅을 정복하고 분배하는 과정이 기록되어 있다. 가나안에 거주하던 부패한 족속들을 심판하는 도구로 이스라엘 백성을 사용하신 셈이다.

7) 사사기(21장)

사무엘로 추정함, 기원전 1050~1004년, 여호수아 이후 12지파가 각각 분배받은 땅에 정착해 가는 과정에 대한 역사다. 이스라엘 백성은 하나님을 떠나 우상을 섬겨 주변 나라들에게 핍박을 받는다. 핍박과 고난 속에서 회개하면 하나님께서는 사사를 세워 그들을 구원하신다.

그러나 그들은 다시 하나님을 망각하고 또 죄를 짓는다. 이스라엘 민족은 '죄 → 압제를 당함 → 회개 · 간구 → 구원 → 망각 → 죄' 로 이어지는 죄의 악순환을 반복한다. 사사 시대는 하나님께서 통치하시는 신정(神政)에서 왕들이 통치하는 왕정(王政)으로 이행하는 과도기, 즉 "자기 소견에 옳은 대로 행하는"(삿 21:25) 무정부상태와 같았다.

8) 룻기(4장)

저자미상, 기원전 11세기 말~10세기 초, 사사 시대에 살았던 한 가정의

몰락과 구원에 대한 이야기다. 이 가정은 가뭄과 굶주림을 피해 이방나라 모압으로 이민을 가는데, 그곳에서 얻은 이방 며느리 룻은 후에 다윗 왕의 증조할머니가 된다. 그래서 예수님의 족보에 룻의 이름이 등장한다. 어려운 룻을 아내로 맞아 그녀를 구한 보아스는 예수 그리스도를 예표한다.

9) 사무엘상(31장)

사무엘, 나단, 갓, 사무엘 학교 생도 등으로 추정, 기원전 930~900년, 14명의 사사 가운데 마지막 사사라고 볼 수 있는 사람이 사무엘이다. 사사 시대를 배경으로 하지만 이스라엘 초대 왕 사울의 정치와 2대 왕 다윗이 왕위에 오르기까지의 내용이 기록되어 있다. 사무엘은 기름을 부어 1대, 2대 왕을 탄생시킨다. 책 이름은 사무엘이지만 내용은 다윗 왕에게 초점을 맞추고 있다. 목동시절부터 골리앗과의 싸움, 사울을 피해 다니는 유랑생활과 유다 지파로 왕위에 오르기까지의 기록이다.

10) 사무엘하(24장)

사무엘, 나단, 갓, 사무엘 학교 생도 등으로 추정, 기원전 930~900년, 사무엘하는 다윗의 40년 치세를 기록한다. 다윗 이후의 왕들은 열왕기상하에 기록되어 있는데, 다윗에 관한 기록은 사무엘하에 있다. 이스라엘의 진정한 왕은 다윗뿐이라고 차별화한 흔적이다.

11) 열왕기상(22장)

예레미야, 바벨론 포로 등으로 추정, 기원전 561~537년, 다윗으로부터 통일왕국을 물려받은 솔로몬은 지혜로 통치하여 부귀와 영화를 누리지만, 지나친 노동력 동원과 무거운 세금 징수, 이방 여인 축첩과 그들이 가져온 우상을 숭배한 일 등으로 용두사미(龍頭蛇尾)의 사례가 된다.

솔로몬이 죽은 후 통일왕국은 북이스라엘과 남유다로 분열된다. 10지파가 솔로몬의 신하인 여로보암을 왕으로 추대하여 북이스라엘을 건설한다. 유다와 베냐민 2지파를 중심으로 솔로몬의 아들 르호보암이 남유다를 건설한다.

12) 열왕기하(25장)

예레미야, 바벨론 포로 등으로 추정, 기원전 561~537년, 북이스라엘 왕국은 19명의 사악한 왕들이 치세한 이후에 기원전 722년 앗수르에게 멸망을 당한다. 앗수르는 유대 민족의 정체성을 희석시키기 위해 이스라엘 백성들을 타국으로 이주시키고 이방사람들을 가나안으로 이주시키는 인종혼합 정책을 편다.

이때 유대인들이 이방민족과 통혼하여 '사마리아인'이라고 불리는 혼혈족이 생겨난다. 남유다 왕국은 19명의 왕과 1명의 여왕이 치세한 후에 기원전 586년, 바벨론에게 멸망당해 백성들이 바벨론 포로로 끌려간다.

13) 역대상(29장)

에스라, 기원전 450년 경, 역대상은 사무엘하에 대한 주석이고 역대하는 열왕기상하에 대한 주석이라고 할 수 있다. 그렇지만 역대기의 역사관은 다르다. 열왕기가 남북왕조의 역사를 비교적 객관적으로 서술하는 반면, 역대기는 북이스라엘에 대한 설명은 없고 남유다에만 초점을 맞춘다. 더구나 특정 주제인 예루살렘 성벽 재건과 제사회복에 집중한다.

역대기 기자는 포로생활을 끝내고 돌아온 유대인들에게 하나님과의 관계를 회복하라고 촉구했고, 그들을 신앙적으로 결집시킬 필요를 절감한다. 그래서 사악한 왕들이 치세하여 완전히 멸망한 북이스라엘에 대한 언급은 생략하는 반면, 하나님을 경외했던 남유다 왕들의 치세를 부각시킴으로써 유대인들에게 하나님의 통치에 대한 기대와 열망을 다시 불어넣어 신정체제를 재건하라고 촉구한다.

14) 역대하(36장)

에스라, 기원전 450년 경, 열왕기상하의 주석이다. 역대기 기자는 솔로몬 시대에서 포로 시대까지 남유다 역사를 요약하면서 "하나님 마음에 합한" 다윗을 기준으로 각각의 왕들에게 점수를 매긴다. 결국 역대하의 유다왕국도 바벨론 포로로 잡혀가는 종말을 고하지만, 그 이후 포로 시대를 영적으로 선도해 가는 지도자들, 즉 '에스라, 느헤미야, 에스더, 에스겔, 다니엘, 학개, 스가랴, 말라기' 등 성경에 나타나는 이름은 다 유다왕국 계열의 사람들이다. 신약에 연결되는 하나님 나라, 즉 다윗왕국을 이어받은 새 왕 예수 그리스도는 다윗의 자손, 유다왕국 계열의 유다지파로 오신다.

15) 에스라(10장)

에스라, 기원전 444년 경, 전반부(1~6장) 예루살렘 성전재건과 후반부(7~10장) 신앙개혁 운동으로 구성되어 있다. 예루살렘 도시와 성전이 바벨론과 전쟁하여 폐허가 되었으므로 하나님께서는 스룹바벨을 예루살렘으로 보내(1차 포로귀환) 성전을 재건하게 하신다. 80년 후에 학사 에스라는 본국으로 귀환하여(2차 포로귀환) 신앙개혁 대부흥 운동을 일으킨다.

16) 느헤미야(13장)

느헤미야, 기원전 421년~400년, 전반부(1~7장)에는 예루살렘 성벽재건이, 후반부(8~13장)에는 이스라엘 백성들의 개혁운동이 기록되어 있다. 하나님께서는 포로로 끌려갔던 느헤미야를 예루살렘으로 보내(3차 포로귀환) 52일 동안 열띤 작업을 하여 무너진 성벽을 재건하게 하신다. 이후 에스라는 백성들 앞에서 하나님의 율법책을 낭독하고 성회를 인도한다.

17) 에스더(10장)

저자미상, 기원전 464~436년, 하나님께서 예루살렘에서 성전을 재건하게 하는 동안, 사탄은 바사(페르시아)의 수도 수산에서 유대인들을 제거하기 위해 음모를 꾸미고 하만의 배후에서 이를 조정한다. 그러나 하나님께서는 유대 여인 에스더를 바사 아하수에로 왕의 왕비 자리에 앉히셔서 그녀가 어떻게 하나님을 믿는지 보여 주신다. 죽으면 죽으리라는 각오를 가지고 민족을 구한 이야기이다. 이 사건을 기념한 명절을 유대인들은 '부림절'이라고 부른다.

18) 욥기(42장)

저자 불확실하지만 모세, 욥, 엘리후, 솔로몬, 이사야, 예레미야, 에스라 등으로 추정, 주전 950년 경, '왜 욥과 같은 의인이 이유 없이 극심한 고난을 당하는가?' 라는 신정론의 문제와 하나님의 주권을 다루고 있다.

19) 시편(150편)

다윗, 아삽, 고라 자손, 솔로몬, 모세, 헤만, 에단, 저자미상, 기원전 1400~500년, 전 5권 총 150편의 시들로 구성되어 있다.

분 류	제1권 제1~41편	제2권 제42~72편	제3권 제73~89편	제4권 제90~106편	제5권 제107~150편
편 수	41	31	17	17	44
모세오경과 비 교	창세기 창조주와 인간	출애굽기 해방과 구속	레위기 예배와 성소	민수기 인생순례	신명기 말씀과 찬양
주요저자	주로 다윗	다윗과 고라	주로 아삽	주로 미상	주로 다윗

20) 잠언(31장)

솔로몬(대부분), 아굴, 르무엘의 어머니, 기타, 기원전 950~700년, 통상 '솔로몬의 잠언'(1:1)이라 일컫는다. 그러나 '아굴의 잠언'(30:1)과 '르무엘 왕의 어머니가 그를 훈계한 잠언'(30:1)이라는 설명도 있다. 어리석은 자를 슬기롭게 하며 젊은이에게 지식과 근신함을 주기 위해서, 그리고 지혜 있는 자를 더 지혜롭게 하기 위해서 기록한 책이다. '분별'은 '지혜'와 동의어로 창조주께서 설계하신대로 인생을 살아가는 삶의 기술을 의미한다. 한마디로 여호와를 경외하는 것이 지혜의 근본이라는 교훈이다.

21) 전도서(12장)

솔로몬, 기원전 935년 경, 솔로몬이 인생의 황혼기에 인생을 회고하면서 하나님을 떠난 삶의 허무함을 온몸으로 뼈저리게 깨닫고 하나님 앞에 회개하는 심정으로 기록한 책이다. 그는 지혜, 쾌락, 부귀, 일, 친구, 인기, 결혼, 자녀, 지위 등을 최고의 선으로 여겨 모두 시도해봤지만 결국 모든 것이 허망하다고 선언한다. 하나님을 떠난, 해 아래 인생의 절대허무와 이 허무는 오직 해 위의 하나님과의 관계 안에서만 극복될 수 있다는 깨달음을 진솔하게 증언한 책이다.

22) 아가(8장)

솔로몬, 기원전 970~960년, 아가서는 '노래들 중의 노래(Song of Songs)', 혹은 '가장 아름다운 노래'라는 뜻이다. 이는 솔로몬과 술람미 여인 사이에 꽃핀, 지순하고도 격정적인 사랑을 그리는 아름다운 노래들로 이루어진 이 책의 성격을 반영하고 있다.

솔로몬 왕과 이름 없는 술람미 여인 간의 순수한 사랑을 통해서 하나님과 선민, 그리스도와 교회가 나누는 사랑의 관계와 그 관계 안에서 누리는 기쁨과 행복의 교감을 노래한 책이기도 하다.

23) 이사야(66장)

이사야, 기원전 739~680년, 성경 66권의 축소판이다. 66장으로 이루어진 이사야서는 이스라엘이 고난을 당하나 그 시기가 지나가리라고 예언하는 내용 39장(구약의 권수)과 장차 메시아의 왕국에서 영광을 누릴 것이라고 예언하는 내용 27장(신약의 권수)으로 나누어진다. 특히 53장은 그리스도의 십자가의 고난에 대한 예언으로 이사야서의 절정이다.

24) 예레미야(52장)

예레미야, 기원전 627~580년, 예레미야하면 '아, 남유다도 망해 가는구나!' 하는 생각이 나야 한다. 예레미야 선지자는 바벨론의 느부갓네살이 예루살렘을 침공하기 전에는 정복자들에게 협력해야 한다고 촉구했으며, 이후로는(30장 이후) 포로로 끌려간 동포에게 타국에서 정착하여 70년을 잘 견뎌야 한다고 위로한다. 예레미야는 요시야 왕 13년 때부터 시드기야 왕 11년까지 약 42년 동안 유다의 회개를 촉구한다.

25) 예레미야애가(5장)

예레미야, 기원전 586년~580년, 바벨론의 예루살렘 침공과 약탈에 대한 예레미야의 목격담으로 성경에서 가장 슬픈 이야기이다. 예레미야는 민족의 고난을 몹시 슬퍼했기 때문에 '눈물의 선지자'로 불린다. 정통 유대교도들은 옛날 성전이 있던 자리 서쪽에 남아 있는 통곡의 벽(기원후 70년에 로마가 예루살렘 성전을 파괴하고 이 부분만 남겨 두어 오늘날에 이르고 있다)에 예레미야애가의 내용을 기록해 놓고 지금도 읽으며 암송하고 있다.

26) 에스겔(48장)

에스겔, 기원전 593~571년, 이사야나 예레미야와 마찬가지로 유다의 징계에 대해 먼저 설명한 뒤에 기쁨과 소망에 대해 선포한다. 전반부(1~24장)와 후반부(25~48장)를 각각 24장씩 균등하게 배분하여 기록한다. 즉 전반부에는 예루살렘의 파괴를, 후반부에는 예루살렘의 회복을 선언한다.

에스겔 선지자는 이제까지 다른 선지자들에게 유래를 찾아볼 수 없는, 많은 환상과 이상을 본다. 특히 새 예루살렘 성전에 대한 묘사는 이스라엘이 회복될 것임을 예시하는 부분으로 이 책의 절정이자 핵심이다. 새로 제시되는 성전의 청사진은 마치 시내 산에서 모세에게 베푸신 성막 설계도를 연상케 한다.

27) 다니엘(12장)

다니엘, 기원전 536~530년, 다니엘은 기원전 605년 바벨론 1차 포로로 잡혀간다. 그는 상류층 귀족으로 하나님을 신실하게 섬기는 사람이었다. 에스겔이 성전에 대한 기대를 진작시켜 포로로 잡혀간 백성들을 격려한 반면, 다니엘은 바벨론 왕국의 권력자들에게 이방세계를 향한 하나님의 계획을 계시한다. 바벨론 시대를 살고 있던 다니엘서는 바벨론, 바사(페르시아, 이란), 그리스, 로마로 이어지는 제국의 흥망성쇠를 환상으로 미리 보고 계시한 묵시문학이다.

28) 호세아(14장)

호세아, 기원전 725년 경, 호세아는 음란한 창녀 고멜과의 결혼생활을 통해 언약백성인 이스라엘이 하나님을 떠난 것을 은유적인 메시지로 전달한다. 호세아의 활동 기간은 북이스라엘의 13대 왕인 여로보암 2세 때로, 정치적 · 경제적으로는 성장을 거듭하지만 종교적 · 도덕적으로는 가장 패악한 시대이다.

그래서 호세아 선지자는 이스라엘이 회개하고 신랑 되신 하나님께 돌아오라고 선포한다. 그러나 회개하지 않은 북이스라엘은 호세아 선지자의 예언이 시작된 지 40년 후에 앗수르에게 멸망당한다.

29) 요엘(3장)

요엘, 기원전 820년경, 심판의 날인 '여호와의 날'에 초점을 맞추고 있다. 회개하지 않는 자들에게 여호와의 날은 그들이 기대하는 축복의 날이 아니라 심판의 날이 될 것이다. 요엘의 시대에 전대미문의 메뚜기 재앙이 발생하는데, 유다를 침략하는 이방군대가 하나님을 저버린 유다에게 할 일들을 나타내는 적절한 상징이 된다. 회개하지 않는 자들은 심판자 하나님을 만나게 되지만, 돌이켜 회개하는 자들은 구원자 하나님을 만나게 될 것이다.

30) 아모스(9장)

아모스, 기원전 760년경, 아모스는 남유다 사람이지만 북이스라엘에 대한 메시지를 하나님께 받고 북이스라엘에서 활동한다. 아모스는 북이스라엘 백성들이 하나님께 대해서나 사람에 대해서 의로운 삶이라곤 찾아보기 힘든 총체적인 부패상황에서, "오직 정의를 물같이, 공의를 마르지 않는 강같이 흐르게 하라."(암 5:24)고 외친 '정의의 선지자'이다.

31) 오바댜(1장)

오바댜, 기원전 586년 경, 구약에서 가장 짧은 책으로 에서의 후세인 에돔의 멸망에 관한 예언을 기록하고 있다. 즉 형제국의 우의를 저버리고 바벨론을 직 · 간접적으로 도와 하나님의 선민인 남유다 왕국을 멸망하게 하고, 그 일을 기뻐한 에돔 족속에 대한 멸망 예언이 전반부에 나온다. 후반부에는 하나님이 이스라엘을 회복시킬 것이라는 예언이 나온다.

32) 요나(4장)

요나, 기원전 760년 경, 요나는 호세아, 아모스와 함께 북이스라엘의 선지자이다. 요나는 앗수르의 수도 니느웨에 가서 하나님의 말씀을 전파하라는 명령을 받는다. 그러나 니느웨와 반대 방향인 다시스로 향한다. 물고기 뱃속에서 회개한 후 3일 만에 다시 살아 나와서 니느웨 사역을 하게 된다.

요나서는 특이하게도 하나님이 이방인들에 대해 가지고 계신 관심과 구원 계획에 대해 집중한다. 그래서 '구약 중에 신약' 이라는 별명을 가진다. 하나님의 우주적인 사랑과 구원은 요한복음 3장 16절 말씀처럼 전 인류를 향하고 있다.

33) 미가(7장)

미가, 기원전 700년 경, 미가 선지자는 하나님의 심판으로 남북왕국 모두가 멸망한다는 것은 기정사실인 바, 이 엄청난 사건으로 입을 백성들의 신앙적 충격을 최소화하고자 한다. 더 나아가 그런 멸망의 상황에서 무조건 절망하고 좌절하기보다는 그 근본 원인이 무엇인지 분명히 주지하라고 말한다. 그리고 멸망하여 포로가 된 후에라도 회개하고 하나님께 돌아오는 자는 반드시 하나님께서 회복하여 이 땅뿐 아니라 천상의 영원한 메시아 왕국에서도 영생복락을 누리리라는 소망의 메시지를 전하고 있다.

34) 나훔(3장)

나훔, 기원전 663~612년, 요나의 메시지를 듣고 회개했던 니느웨는 100여 년이 지나 다시 악이 관영한다. 그때 하나님께서 나훔 선지자에게 니느웨의 멸망을 선포하도록 하신다. 나훔 선지자는 벽과 망루로 둘러싸여 난공

불락으로 보이는 니느웨가 어떻게 불과 물로 멸망할지 예언한다. 인간의 방비가 아무리 견고하더라도 하나님께서 징벌하시는 날에는 아무 소용이 없다. 가장 확실하고 유일한 방비는 영원하신 하나님과 친밀한 관계를 갖는 길뿐이다.

35) 하박국(3장)

하박국, 기원전 612~605년, 신흥 바벨론이 부상하는 시기에 부패한 지도자들과 불의한 자들이 득세하는 모습을 보면서 하박국 선지자는 고민한다. '왜 악한 자들이 잘 되고 의인들은 고난을 받는가?' 라는 '신정론의 문제' 를 다룬 예언서이다.

이 문제를 가지고 하나님께 항변하듯이 묻고 대답한 결론은, 오직 의인은 믿음으로 말미암아 산다(합 2:4)는 것이다. 이 결론은 하박국의 주옥같은 고백(합 3:17, 18)을 낳았을 뿐만 아니라 사도 바울과 종교 개혁자 마르틴 루터에게로 이어지는 '이신칭의(以信稱義), 이신득의(以信得義)' 의 진리에 대한 선언이 된다.

36) 스바냐(3장)

스바냐, 기원전 627년 경, 스바냐 선지자는 남유다 요시야 왕의 종교개혁에 동역한다. 그는 '여호와의 날' 이라는 개념을 통해 여호와 하나님께서 이스라엘만 다스리시는 지역신이 아니라 전 세계와 우주에 대해 절대주권을 가지신 절대자임을 선포한다. 그러나 그러한 심판 중에도 회개하고 여호와께 돌아오는 '남은 자(remnant)' 는 반드시 구원하실 것이라는 소망의 메시지를 통해 종교개혁에 적극 동참하라고 권면한다.

37) 학개(2장)

학개, 기원전 520년 경, 바벨론의 포로생활을 마치고 고국으로 돌아온 스룹바벨은 예루살렘 성전을 재건하여 학개와 스가랴의 격려를 받는다. 학개 선지자는 성전이 무너진 채로 있는데 잘 꾸며진 집에서 사는 것이 옳지 않다고 꾸짖으며 하나님의 전을 세우는 일을 우선순위에 놓아야 한다고 촉구한다.

하나님의 일을 멀리하고 자기 욕심만을 채우려는 사람은 결국 하나님의 복을 빼앗겨 '자기파멸' 을 초래하고 만다. 학개의 설교는 곧, "너희는 먼저 그의 나라와 그의 의를 구하라 그리하면 이 모든 것을 너희에게 더하시리라."(마 6:33)는 예수님의 말씀으로 요약될 수 있다.

38) 스가랴(14장)

스가랴, 기원전 480~470년, 스가랴 선지자는 학개 선지자와 더불어 스룹바벨의 성전재건을 격려한다. 백성들이 육체로 일하며 성전을 재건하는 동안, 하나님께서는 자기 백성들의 마음에 일어나는 영적인 일에도 관심을 가지신다. 스가랴 선지자는 메시아의 초림과 재림에 주목하며 특히 두 번째 오심을 강조한다. 이 재건된 두 번째 성전인 스룹바벨 성전은 첫 번째 성전인 솔로몬 성전보다 규모는 작을지 몰라도 그 영광은 그보다 더할 것이다. 왜냐하면 구세주께서 이 성전에 임하실 것이기 때문이다.

39) 말라기(4장)

말라기, 기원전 430년 경, 하나님의 사랑과 제사장과 백성들의 죄, 죄의 심판, 의의 축복이 그 주제이다. 하나님의 말씀은 온 세대에 걸친 죄인들을 위한 영원한 말씀이다. 말라기 선지자는 구약 시대 예언의 마지막 담당자다. 세상을 떠나기 전에 다음 장면을 위해 무대를 다시 배열한다. 주인공이신 메시아가 아직 등장하지 않았기 때문이다. 엘리야의 심령과 능력으로, 주인공 앞에 오게 될 사자(말 4:5), 곧 세례요한의 파송 약속으로 구약은 막을 내린다.

신약

1) 마태복음(28장)

마태, 65~70년경, 복음서는 예수님의 교훈과 활동을 중심으로 기록한 성경이다. 마태, 마가, 누가, 요한 4복음서가 있고 요한을 뺀 나머지 3개를, 같은 관점으로 기록했다고 해서 공관(共觀) 복음서라고 한다. 마태복음에서 예수님은 약속된 메시아이고 왕이다.

마태복음은 유대적 그리스도교 공동체에서 생겨나 모세오경의 구조를 가지고 있다. 5개의 주요 설교로 구성되어 있어 흔히 '마태오경' 이라고 부르기도 한다. 이처럼 마태복음은 유대적 특징을 가지고 있다. 세리 마태는 특히 산상수훈이나 예수님의 비유 등 수많은 설교와 교훈들을 꼼꼼히 기록하고 있다.

2) 마가복음(16장)

마가, 55~65년경, 마가는 바나바의 생질로 요한으로도 불려서 '마가 요한' 이라고도 한다. 마가의 어머니 마리아는 예루살렘에 120명이 넘는 사람들이 모여 예배드릴 수 있는 큰 집을 가지고 있어 마가의 집에서 제자들이 자주 모인다.

바나바, 바울과 함께 1차 전도여행을 가다가 중도에서 포기한 사람이지만, 후에 베드로, 바울과 함께 초대 교회의 중심인물로 이방에 복음을 전하는 데 큰 역할을 한다. 마가복음 전반부(1~8장)는 주로 이적설화로만 구성되어 있고, 후반부(9~16)는 대체로 수난설화로 구성되어 있다. 마가복음에서 예수님은 하나님의 종이다.

3) 누가복음(24장)

누가, 61~63년경, 유일한 이방인 성경기록자로서 사도행전을 쓴 헬라인 의사 누가가 썼다. 누가복음의 특징은 '인도주의 사상(humanism)' 과 '보편주의 사상(universalism)' 이다. 누가가 버림받고 소외당한 자, 가난한 자, 죄인 그리고 여인의 문제 등에 많은 관심을 보이는 까닭은 그의 인도주의 사상 때문이다. 그리고 사마리아인이나 이방인에 대한 누가의 많은 관심은 그의 보편주의 사상에 근거하고 있다.

4) 요한복음(21장)

요한, 80~90년경, 예수님이 사랑하시는 제자 요한은 요한복음뿐 아니라 요한1, 2, 3서와 요한계시록까지 기록한다. 요한은 가급적 공관복음서에 없는 내용을 기록하려고 노력하여 실제 요한복음은 90퍼센트가 3복음서에 없는 내용이다. 공관복음의 메시지는 그 중심이 '하나님의 나라' 인데, 요한복음의 메시지는 그 중심이 '계시자이신 예수' 이다.

그래서 공관복음서에서 흔히 볼 수 있는 '하나님의 나라는 마치 ~과 같으니' 란 비유적 표현이 나타나지 않는 대신, '나는 ~이다' 라는 표현으로 예수 자신의 정체를 밝히는 진술이 나온다.

공관복음서가 포도원, 목자, 양이란 말들로 설명하고자 한 것은 하나님 나라인데, 요한복음은 포도나무, 떡, 목자, 양의 문이란 표현으로 예수 자신의 정체를 나타내고 있다. 한마디로 요한복음은 하나님의 아들인 예수 그리스도를 계시하는 복음이다.

5) 사도행전(28장)

누가, 61~63년경, 예수님이 승천하신 이후부터 남아 있는 제자들을 중심으로 교회가 형성되는 과정(베드로 중심, 1~12장)과 그 교회가 세계로 흩어지는 선교의 과정(바울 중심, 13~28장)을 그린 역사서이다. 4복음서가 증언의 성격을 띠고 있다면 사도행전은 역사적인 기록이면서도 기행문의 성격을 가진 책이다. 예수 사건의 핵심인 십자가와 부활을 삶으로 관통한 사람들이 '영원한 생명' 을 소유하고 질주해 나가는 책인 것이다. 마치 그 옛날의 제자들과 같은 심정, 이 예수를 전하고 싶은 충동을 갖게 만든다.

또한 초대 교회의 역사를 기록하는 책으로 예루살렘 교회의 탄생, 성장, 확장, 그리고 바울의 세계 선교로 구성되어 있다. 오순절에 사도들에게 성령이 강림하는 사건으로 시작하여 복음을 전하고 교회를 세우며 병자를 치유하고 갈 바를 인도함 받는 그 모든 것이 성령충만하여 행해진다. 모든 교회의 역사는 성령의 역사인 셈이다. 그래서 '성령행전' 이라 불리기도 한다.

6) 로마서(16장)

바울, 57년경, 로마서는 '성경 중의 성경', '성경 중의 다이아몬드' 라고 한다. 이 책을 읽고 어거스틴은 회개했고, 마르틴 루터는 종교개혁을 일으켰으며, 칼빈과 웨슬리 등 많은 사람들이 개심하고 신앙적 전기를 마련하는데 큰 영향을 끼쳤다. 기독교의 핵심 진리인 구원론, 즉 '이신득의, 이신칭의' 의 교리를 논리적이고 체계적으로 설명한 신학 논문 같은 책이다.

그런 점에서 로마서의 키워드는 '죄' 와 '구원' 과 '믿음' 이다. 믿음을 통해 구원받는다는 칭의론이 로마서의 중심에 있지만 이뿐 아니라 구원받은 성도로서 마땅히 행해야 할 윤리와 성화의 삶에 관해서도 기록하고 있다. '칭의와 성화', '믿음과 행함' 에 대한 교훈들이 잘 조화를 이루고 있다.

7) 고린도전서(16장)

바울, 55년경, 고린도 교회는 바울이 2차 전도여행 때 세운 교회이다. 바울은 3차 전도여행 중 에베소 교회를 개척하고 있을 때 고린도 교회에 분쟁이 있다는 소식을 듣고 그들이 질문한 문제들을 자세히 풀어 설명해 주는 답변이 고린도전서이다. 즉 고린도전서에 나타난 파당 문제, 은사 문제, 음행 문제, 소송 문제와 바울은 사도가 아니라는 문제들에 대한 답변서이다.

바울은 이 편지에서 취급한 각 문제를 사랑의 결핍에다 중점을 두고 논의하고 있다. 결국 성도로서 가져야 할 삶의 원리인 사랑과 순결, 그리고 소망과 희생의 자세 등을 제시하는 책이라 하겠다.

8) 고린도후서(13장)

바울, 56년경, 바울의 서신들 중 가장 개인적인 편지로 자신을 변증한 책이다. 즉 전반부에는 자신의 사도권에 대한 소극적인 해명을, 후반부에는 사도권에 대한 적극적인 주장을 하고 있다. 고린도 교회를 향한 바울의 첫번째 편지가 별다른 성과를 보지 못하자 직접 방문하지만 이미 고린도 교회는 공공연히 바울을 배반하고 있었다.

바울은 에베소로 돌아와 "마음에 큰 눌림과 걱정이 있어 많은 눈물로"(고후 2:4) 이 편지를 쓴 것이다. 따라서 고린도후서를 '눈물의 편지' 혹은 '괴로움의 편지' 라고 부른다.

9) 갈라디아서(6장)

바울, 54~55년경, 갈라디아 교회는 바울이 1차 전도여행 때 세운 교회이다. 바울은 그들에게 예수 그리스도를 믿고 회개함으로 구원을 얻는다는 이신득의에 기초한 설교를 했는데도 불구하고 바울이 떠난 후 율법주의를 신봉하는 거짓교사들에게 미혹된다.

그래서 바울은 이신득의의 변증, 이신득의의 해석, 이신득의의 적용, 이 세 부분으로 이 편지를 쓴다. 갈라디아서는 기독교 핵심 진리인 이신득의를 강경하며 논리적으로 서술한 변증적인 편지이다. 이신득의를 변증하는 과정에서 율법과 복음의 관계, 성령과 그 열매에 대해서도 기록하고 있다.

10) 에베소서(6장)

바울, 61~63년경, 에베소서, 빌립보서, 골로새서, 빌레몬서는 바울이 감옥에서 썼다 하여 옥중서신이라고 한다. 에베소 교회는 바울이 3차 선교여행 때 세운 교회이며 후임자로 디모데를 세운다. 에베소서 전반부에서는 교회를 설립한 하나님의 목적과 그리스도를 중심으로 하는 유기적 공동체로서의 교회 등에 관한 교리를 다루고 있다.

후반부에서는 이러한 교리를 생활에 적용한 성도의 바른 신앙생활, 즉 교회의 일치와 성도들의 새 생활, 가정생활과 영적 전투에 관해 기록하고 있다. 교회 일치를 위한 교리적인 내용과 생활 지침을 논리적으로 설명한 편지인 셈이다.

11) 빌립보서(4장)

바울, 61~63년경, 빌립보 교회는 바울이 2차 전도여행 중에 전도한 자주색 옷감장수인 루디아와 점치는 소녀, 그리고 빌립보 감옥 간수가 회개한 결과, 마게도냐에 세워진 교회다. 바울이 유럽에 세운 최초의 교회이기도 하다. 바울은 그동안 빌립보 교인들이 자신의 전도 사역에 후원을 아끼지 않았을 뿐 아니라 옥중에 갇힌 자신을 돌아본 데에 감사하며 빌립보 교인들을 안심시키기 위해 이 편지를 쓴다.

그들을 위한 권면과 교훈의 말도 빠뜨리지 않고 있다. 즉 그리스도를 중심으로 일치단결하고 항상 영적으로 각성하여 그리스도인답게 올바르게 살아

가도록 권고하고 있다. 따라서 이 책은 빌립보 교인들뿐 아니라 전 시대에 걸친 모든 교회의 구성원인 성도들이 적용할 수 있는 보편적 교훈을 담고 있다.

12) 골로새서(4장)

바울, 62년경, 골로새는 에베소와 인접한 도시인데, 골로새 교회는 바울이 직접 가서 전도하거나 세운 교회가 아니다. 바울에게 복음을 들은 에바브라가 개척한 교회로 추정된다.

이 편지는 당시 골로새 교회를 위협하던 거짓 철학과 유대주의적 율법주의, 천사숭배 사상, 금욕주의 등이 기독교 신앙에 배치됨을 지적하고, 예수 그리스도의 신성과 우월성을 강조하여 만물의 중심이신 그리스도를 증거하고 있다. 그리고 그리스도의 품성과 권능에 순종하고 그리스도와 연합된 성도의 바람직한 삶에 대해 기록하고 있다.

13) 데살로니가전서(5장)

바울, 51~53년경, 신약성경 27권 중 제일 처음 기록된 책이다. 빌립보 교회에 이어 두 번째로 유럽에 세워진 교회가 데살로니가 교회이다. 데살로니가전서의 가장 두드러진 특징은 종말론적 주제가 지배적으로 나타나고 있다는 점이다. '여호와의 날' 이라는 구약의 주제가 여기서는 '주의 날', '마지막 심판의 날', '장차 올 진노의 날' 로 나타나고 있다.

따라서 성도는 "우리 주 예수께서 그의 모든 성도와 함께 강림하실 때에 하나님 우리 아버지 앞에서 거룩함에 흠이 없게"(살전 3:13) 되어야 한다. 종말을 사는 성도는 항상 기뻐하고 쉬지 말고 기도하며 범사에 감사함으로(살전 5:16~18) 하나님의 뜻대로 성결하게 살아야 하는 것이다. 즉 데살로니가전서의 키워드는 재림과 성결이다.

14) 데살로니가후서(3장)

바울, 51~53년경, 재림에 대한 잘못된 사상으로 혼란에 빠진 데살로니가 교회에 재림을 강조하고 바른 삶의 교훈을 전달하기 위해 쓴 바울의 편지다. 그러나 데살로니가전서를 기록하던 때와는 달리 교회가 재림과 종말론 문제로 혼란에 빠져 있어 계도하려는 목적으로 기록되어 전서보다 엄격한 어조로 쓰였다.

15) 디모데전서(6장)

바울, 62년경, 바울이 자신의 후임자로서 당시 에베소 교회에서 목회하던 사랑하는 동역자요, 믿음의 아들인 디모데에게 보낸 첫 번째 편지다. 목회자인 디모데와 디도에게 보낸 바울의 편지인 디모데전후서와 디도서를 목회서신이라고 한다. 그래서 교리적이기보다는 교회 생활에 관한 지침과 목회 현장에서 벌어지는 실제 내용을 기록하고 있다. 즉 이단 경계, 공중 예배와 교회 조직, 참 교사의 임무, 참 성도의 상, 행정과 권징 등을 다룬다.

16) 디모데후서(4장)

바울, 66~67년경, 2차 로마 투옥 중 에베소 교회의 디모데에게 쓴 편지로 바울의 가장 마지막 편지다. 고난에 대한 목회자의 자세, 목회자의 임무, 말세의 핍박과 이단 대처, 복음 수호와 전파, 개인적 부탁 등을 기록하고 있다.

'인내'와 '가르침'이 키워드다. 바울은 자신이 감옥에 갇혀 있는 동안에도 강건하게 지내는 것처럼, 디모데에게 그리스도의 선한 군사로서 다가오는 모든 시련들을 잘 견디라고 권면한다. 그리고 정욕을 피하고 믿음과 의로움을 지키며 생활하라고 훈계한다.

17) 디도서(3장)

바울, 63~65년경, 디도는 사도행전에는 안 나오지만 바울의 충성스런 조수로서 선교활동에 적극 참여한 사람이다. 교회사에서는 디모데, 디도 같은 사람들을 사도들의 뒤를 이은 사도라 하여 '속사도'라고 부른다. 디도서는 고린도 교회의 사역에 이어 그레데 교회에서 목회하고 있던 디도에게 보낸 편지다. 목회의 주요 현안에 대한 원리적이면서도 실천적인 교훈을 주는 편지로, 전반부는 바른 교리 수호에 대해, 후반부에는 바른 교리 실천에 대해 기록하고 있다.

18) 빌레몬서(1장)

바울, 60~62년경, 바울이 골로새 교회 지도자인 빌레몬에게 보낸 개인 편지이다. 빌레몬의 종이었던 오네시모가 주인집을 탈출하여 로마로 가서 바울을 만나 개종을 한다. 바울은 빌레몬에게 오네시모를 용서해 달라고 요청하기 위해 빌레몬서를 기록한다.

19) 히브리서(13장)

미상, 64~67년경, 유대교에서 기독교로 갓 개종한 유대인 성도들을 대상으로 쓴 책이다. 따라서 모세의 율법을 문자적이고 형식적으로 준수하는 유대교보다 모세의 율법이 궁극적으로 예표하는 바, 택한 죄인의 구원에 관한 구속의 법을 성취하시고 이를 믿음으로만 구원을 얻는 구속의 복음과 천국 영생에 관한 새 언약을 주신 그리스도를 증거한다. 또한 그리스도의 복음의 진리 위에 선 기독교가 더 우월하다는 사실을 증거하여, 그들이 다시 유대교로 되돌아가지 않고 복음의 진리에 대해 확신을 가지고 바른 신앙생활을 하도록 권면하는 책이다.

20) 야고보서(5장)

야고보(예수님의 동생), 45~49(전기연대설) 또는 60년경(후기연대설), 예수님의 육신의 동생 야고보는 초대 교회의 지도자이다. 예루살렘 교회 담임목사이며 예루살렘 교회의 기둥이라고 불린다(갈 2:9). 만약 전기연대설을 따르면 데살로니가전서보다 일찍 기록되어 신약성경 중 가장 먼저 쓰인 책이 되는 셈이다.

야고보서의 키워드는 '인내' 와 '순수한 신앙' 이다. 즉 인내가 흠 없는 자녀로서 갖추어야 할 경건한 성품이며, 순수한 신앙이란 하나님 앞에서 올바르게 행동하고 세상에서 모범이 되는 삶을 사는 것이라고 말한다.

흔히 야고보서가 행함을 강조한다 하여 이신득의를 강조하는 루터는 '지푸라기 서신' 이라고 폄하했지만, 야고보는 믿음으로 구원받는다는 이신득의를 이미 전제하고 성숙한 믿음으로 행함을 강조하고 있다.

21) 베드로전서(5장)

베드로, 64~65년경, 베드로가 극심한 박해를 받고 있는 소아시아 지역의 본도, 갈라디아, 갑바도기아, 아시아와 비두니아 교회의 성도들을 위로하고 격려하기 위해 기록한 책이다. 신자들이 겪는 시련과 고통이 그들에게 영적인 영광을 안겨다 주는 축복의 기회라고 강조한다.

22) 베드로후서(3장)

베드로, 64~65년경, 베드로전서가 로마제국의 대 박해를 비롯한 여러 가지 핍박을 받는 상황에 처한 성도들에게 위로와 격려를 주는 서신인 반면, 베드로후서는 보다 궁극적이고 심각한 문제로서, 성도의 신앙을 파괴시키며 교회의 존립 기반을 흔드는 사탄의 궤계로 말미암은 이단의 공격에 대비한 교훈과 권면을 주는 서신이다. 거짓교사들의 유혹에 빠지지 않도록 예수님의 재림을 바라보며 믿음을 가지고 인내하라고 권면한다.

23) 요한일서(5장)

요한, 90~95년경, 요한복음 저자인 사도 요한이 기록한 편지다. 요한일서의 키워드는 '교제'와 '사랑'이다. 성도가 하나님과 바른 교제를 나누기 위해서는 하나님께 순종하고 진리를 추구하는 삶을 살아야 한다. 그것이 하나님을 사랑하는 길이며 그 사랑과 교제를 모델로 이웃과 사랑의 교제를 나누라고 권면하는 책이다. 하나님 사랑과 이웃 사랑으로 참된 교제를 나누라면서 사랑을 실천하는 것을 강조하여 요한일서를 '사랑의 서신'이라고 부른다.

24) 요한이서(1장)

요한, 90~95년경, 크게 진리 안에서 계명의 핵심인 사랑을 행하는 것과 적그리스도에 대한 경계를 주제로 삼고 있다.

25) 요한삼서(1장)

요한, 90~95년경, 요한일서나 이서와는 달리 가이오라는 한 개인에게 보내는 편지다. 요한은 진리 안에서 신앙생활을 잘하고 있는 가이오를 비롯한 신자들의 모습을 보고 기뻐하며, 그들이 순회 설교자들과 다른 믿는 형제들에게 베푼 친절과 대접이야말로 온 교회가 계속해서 감당해 나가야 할 귀한 사역이라고 말한다. 이러한 권면의 본질은 진리 안에서 행하는 자와 그렇지 못한 자의 대비를 통해 진리 안에서 행하는 성도의 올바른 자세를 교훈하는 데에 있다.

26) 유다서(1장)

유다(야고보의 형제), 60~80년경, 초대 교회에서 가장 심각한 문제인 이단

사상을 경계하기 위해 기록된 책이다. 특히 당시 교회를 극도로 오염시키고 성도들을 미혹한 영지주의에 대한 경계와 경고를 다루고 있다. 이러한 기독교 변증을 통해 성도들을 복음 안에서 바르게 세우려고 한 것이다.

27) 요한계시록(22장)

요한, 90~96년경, 사도 요한이 밧모 섬에서 유배생활을 하면서 말세에 일어날 일들을 환상 중에 받고 쓴 책이다. 모든 성경이 궁극적으로는 성령의 감동으로 기록되었으나 일차적으로는 각 성경 기자가 각자의 삶의 자리에서 다양한 배경과 동기로 기록한 데 반해, 요한계시록은 예수께서 직접 보여 주시고 또 기록하라고 명한 묵시들을 요한이 기록한 것이다.

계시의 주체이신 하나님의 입장에서 볼 때 다른 성경 기록이 간접성이 있다면 요한계시록은 직접성이 있다. 요한계시록의 키워드는 '계시'와 '예수 그리스도', '일곱'이다. 모든 시대의 교회를 대표하는 일곱 교회와 말세의 대 환란 그리고 예수 그리스도의 재림과 심판의 종말 사건을 기록하고 있다.

결국 요한계시록의 메시지는 세상의 환난 가운데서 교회를 구원하시는 하나님의 최후 승리에 대한 메시지이다. 그러므로 종말에 재림하실 예수 그리스도를 대망하며 끝까지 믿음을 지키는 성도에게 주어지는 영생에 대한 소망을 준다. 이처럼 요한계시록은 신약성경 27권 중 마지막에서 해피엔딩을 이루고 있다.

제 6 장

교 회

교회란 무엇인가? | 참된 교회의 지표 | 교회의 사명 | 교회의 영원한 모델, 초대 교회

교회란 무엇인가?

대부분 '교회' 라고 하면 사람들은 종탑이나 고딕식으로 잘 지어진 '건물' 을 연상한다. 그러나 건물만을 가지고 이야기한다면 '예배당' 이지 교회가 아니다. 예배당을 건축하는 일을 흔히 '성전 건축' 이라고도 한다. 그러나 엄밀한 의미에서 '성전' 이란 예루살렘 성전과 성도 자신을 가리킨다. 신구약 성경 전체를 통해 성전의 근본적인 의미는 '하나님의 임재' 를 뜻하기 때문이다.

물론 하나님께서는 공간적 제약을 초월하시지만, 구약의 이스라엘 백성들은 예루살렘 성전은 하나님이 지상에 임재하고 계신다는 상징이며, 그곳에서 자신들을 만나 주신다고 믿었다. 따라서 예루살렘 성전이 이스라엘 백성의 국민 생활과 종교 생활의 중심지가 되었던 것이다.

이처럼 장소에 그 무게를 둔 성전의 개념이 신약에 들어와서 달라졌다. 즉 예수님은 장소보다 그 내용이 중요하다고 강조하셨다. 결국 신약에서는 그리스도의 영이신 성령님이 임재해 계시는 성도들의 공동체와 성도 개인을 성전으로 일컫고 있다(고전 3:16; 6:19). 그러므로 요한복음 2장 21절에 예수님이 성전을 헐고 사흘 만에 일으키신다고 말씀하실 때, 성전은 "성전 된 자기 육체를 가리켜 말씀하신 것" 이다.

또한 사도 바울은 고린도전서 3장 16절에서 "너희가 하나님의 성전인 것과 하나님의 성령이 너희 안에 계시는 것을 알지 못하느냐."라고 말한다. 고린도전서 6장 19절에서는 "너희 몸은 너희가 하나님께로부터 받은 바 너희 가운데 계신 성령의 전인 줄을 알지 못하느냐 너희는 너희 자신의 것이 아니라."고 말한다. 즉 성령이 거하시는 성도 개인이 성전인 셈이다. 이러한 성전의 개념은 "성령의 전"으로서의 교회를 의미한다.

그러므로 교회의 건물 자체만을 말할 때는 예배당이지만 이 예배당에서 우리가 모이기에 힘쓰고, 신령과 진정으로 예배드릴 때 '하나님께서 임재'하시므로 거룩한 성전이 되는 것이다. 반면에 아무리 훌륭하고 아름다운 예배당이라 하더라도 진정한 기도와 예배, 찬양이 없다면 성령님께서 임재하지 않으시므로 성전이 될 수 없다.

우리 각 개인도 마찬가지다. 아무리 아름다운 신체와 좋은 조건을 갖추었더라도 기도하지 않고 하나님의 말씀이 채워지지 않는다면 이는 한낱 육체에 불과하다. 그러나 우리가 자신의 영성을 위해 부단히 노력하여 말씀 충만, 성령 충만하면 비록 초라하고 후패한 육체라 하더라도 거룩한 성전이 된다. 이와 같이 교회는 예배당 건물이 아니다.

또 어떤 사람들은 교회를 '제도'라고 말하기도 한다. 그러나 교회 내에 제도가 존재한다고 해서 제도 그 자체가 교회는 아니다. 예수님은 그 어떤 제도도 세우신 적이 없다.

그렇다면 교회란 무엇인가? 한마디로 '사람들의 모임'이다. 신약성경에 나오는 교회라는 희랍어 단어 '엑클레시아' 자체가 '부르심을 입은 자'란 뜻이다. 그래서 사도 바울은 "하나님의 교회 곧 그리스도 예수 안에서 거룩하여지고 성도라 부르심을 받은 자들과 또 각처에서 우리의 주 곧 그들과 우리의 주 되신 예수 그리스도의 이름을 부르는 모든 자들"(고전 1:2)이라고 교회를 정의하고 있다. 이렇듯 교회란 건물이나 제도가 아니라 사람들의 모임, 즉 하나님께서 예수 그리스도와 성령을 통해 세상으로부터 불러낸 사람들을 가리킨다.

그런데 하나님께서 이들을 불러낸 데에는 분명한 목적이 있다. 그 목적은 교회를 '그리스도의 몸' 이라고 부르는 사실을 통해 알 수 있다. 그리스도의 몸이라는 말은 그리스도께서 교회의 머리가 되신다는 뜻이다(엡 1:23; 골 1:18). 그리스도의 몸 된 교회는 머리 되신 예수 그리스도의 생각과 뜻을 실현해야 살아 있는 교회이다. 주님의 뜻은 "모든 사람이 구원을 받으며 진리를 아는 데 이르"(딤전 2:4)는 것이다. 따라서 교회는 천국복음을 전파하고 예수 그리스도의 구속 사역을 이행할 때 참된 의미가 있다.

이와 같이 교회는 하나님에 의해 '세상으로부터' 불림을 받아 구별되는 동시에 '세상 안으로' 파송 받은, 기본 구조를 가지고 있다. 비록 교회 안에 다양한 색깔과 성향을 가진 성도들이 있을지라도 이 지체들은 모두 조화롭게 한 몸을 이루어 머리이신 그리스도께 연합되어 그 사명을 감당하는 것이다.

교회에 대한 또 하나의 대표적인 명칭은 '하나님의 백성' 이다. 하나님의 백성 곧 새 이스라엘은 자연적 혈통을 통해 구성되는 게 아니라 메시아이신 예수 그리스도에 대한 믿음을 통해 구성된다. 여기에는 유대인이나 이방인이나 종이나 자유인이나 남자나 여자나 아무 차별이 없다. 그러므로 그리스도의 교회는 인종과 민족, 국가와 지역, 성별에 제한을 두지 않고 모두가 다 같은 '새로운 하나님의 백성' 이다.

한편 사도 바울은 믿는 자들을 자기 백성으로 삼으시는 하나님의 결정에 대해, "하나님께서 이르시되 내가 그들 가운데 거하며 두루 행하여 나는 그들의 하나님이 되고 그들은 나의 백성이 되리라."(고후 6:16)고 기록한다. 따라서 하나님의 백성이 되는 교회의 시민권은 하늘에 있다. 교회의 궁극적인 소망은 이 세상 자체가 아니라 하나님의 나라에 있는 것이다.

참된 교회의 지표

교회에 대한 성경의 기본적인 명칭들에 대한 의미와 더불어 생각해 봐야 할 것은 '참된 교회의 지표' 다. 이에 대해 전통적으로 대부분 신학자들은 주후 381년의 니케아-콘스탄티노플 신조를 받아들인다. 이 신조는 "우리는 하나(One)이고, 거룩(Holy)하며, 보편적(Catholic)이고, 사도적(Apostolic)인 교회를 믿는다."고 고백하였다. 오늘도 유효한 이 고백 속에서, 교회 된 우리가 자신을 어떤 모습으로 가꾸어 가야 하는지를 깨닫게 된다.

참된 교회의 첫 번째 지표는 교회는 하나여야 한다는 사실이다. 왜냐하면 교회가 믿는 주님이 한 분이시기 때문이다. 그러므로 사도 바울은 "평안의 매는 줄로 성령이 하나 되게 하신 것을 힘써 지키라 몸이 하나요 성령도 한 분이시니 이와 같이 너희가 부르심의 한 소망 안에서 부르심을 받았느니라 주도 한 분이시요 믿음도 하나요 세례도 하나요."(엡 4:3~5)라고 말한다.

예를 들자면 네 형제를 둔 아버지가 세상을 떠난 후 어떤 사람이 네 형제에게 시험지 한 장씩을 주면서 아버지에 대해 글을 써 보라고 한다면 어떻게 될까? 아마도 각자 자신의 연령과 경험, 관심에 따라 다양한 글이 나올 것이다. 물론 공통되는 부분도 있겠지만 적어도 똑같은 표현은 아닐 것이다. 그런데 그 내용이 다르다고 해서 그 내용이 거짓인가 하면 그렇지 않다. 네 형제가 쓴 글은 모두 '한 분이신 아버지' 에 대한, 그들 나름대로의 진실을 담고 있다.

이와 같이 우리가 한 분 하나님을 경험하지만 그 느낌과 표현은 다양할 수밖에 없다. 동일한 하나님을 체험했지만 그 느낌과 표현, 생각은 다를 수 있다. 자신의 신앙과 자기 교단의 교리만이 옳다는 주장은 지양해야 한다. 교리는 진리 자체가 아니라 진리에 대한 인간의 경험을 고백한 것에 불과하다. 그러므로 교회 안에서 다양한 신앙의 모습을 서로 존중해 주는 모습이 필요하다. 다양한 신앙 고백을 서로 관용하고 조화를 이루어 하나가 될 때 참된 교회라 말할 수 있다.

참된 교회의 두 번째 지표는 교회는 거룩해야 한다는 사실이다. 성도는 거룩한 사람이란 의미다. 그러나 과연 우리 자신만을 놓고 볼 때 진정으로 거룩할 수 있는가? 그렇지 않다. 우리가 거룩한 이유는 하나님께서 거룩하다고 인정하시고 그렇게 불러 주시기 때문이다. 사실 우리는 모두 죄인이다. 그러나 우리가 예수 그리스도를 믿으면 하나님께서 그리스도의 의를 보시고 우리를 거룩하다고 인정해 주신다.

참된 교회의 세 번째 지표는 교회는 보편적이어야 한다는 사실이다. 니케아-콘스탄티노플 신조에서는 '보편적' 이란 용어가 '가톨릭(Catholic)' 으로 표현되어 있다. 종교개혁 이후로는 개신교에서는 구교와 구별하기 위해 '유니버설(Universal)' 이란 단어를 사용한다. '가톨릭' 이든 '유니버설' 이든 그 의미는 같다.

교회가 보편적이어야 한다는 말은 교회는 인종과 지역, 재산과 학력, 신분과 나이, 빈부귀천을 차별하지 않는, 만민을 위한 교회가 되어야 한다는 뜻이다. 교회의 주인이신 주님께서는 만민을 위해 오셨고, 또 만민에게 복음을 전하라고 하셨기 때문이다.

참된 교회의 네 번째 지표는 교회는 사도적이어야 한다는 사실이다. 사도적이어야 한다는 말은 사도들이 전해 준 말씀 위에 서야 한다는 의미다. 사도들과 선지자들이 전해 준 성경말씀에 서지 않고는 교회가 될 수 없다. 말씀을 통하지 않고는 교회의 주인이시요 머리이시며 모퉁이돌이 되시는 주님과 온전히 연결될 길이 없기 때문이다. 이것이 성도로 부름 받은 모든 그리스도인들이 반드시 말씀 위에 서지 않으면 안 되는 이유다.

이러한 전통적인 지표와 더불어 반드시 있어야 하는 참된 교회의 지표는 예수 그리스도의 사랑과 십자가이다. 즉 참된 교회란 예수 그리스도의 사랑과 십자가가 있느냐 없느냐로 판가름 난다는 말이다. 이는 교회가 2,000년 전의 예수님의 삶을 재생산하고 현재화하는 모습이 있어야 함을 강조한 것이다. 이처럼 예수님의 삶을 재생산하고 현재화하는 교회란 곧 '예수님을 닮아 가는 교회' 를 의미한다.

참된 교회의 지표는 그리스도의 몸 된 교회의 지체가 되는 '성도의 지표' 이기도 하다. 그리고 성도의 삶에 십자가의 사랑과 예수님을 닮아 가는 모습이 있느냐, 없느냐가 참된 성도를 가리는 지표가 된다. '복음적이고 건강한 주님의 교회' 로서의 사명을 잘 감당하기 위해 헌신하고 기도하는 성도 개개인이 주님의 몸 된 교회가 되는 것이다.

교회의 사명(사역)

1) 교회의 다섯 가지 사명(사역)

하나님의 부르심에 응답하는 공동체로서 존재하는 교회는 참된 교회가 되기 위해 반드시 추구하고 완수해야 할 다섯 가지 사명(사역)이 있다. 즉 '선교[전도](케리그마)', '예배(레이투르기아)', '교육(디다케)', '친교[교제](코이노니아)', '봉사[섬김](디아코니아)'의 사명이다. 육체가 건강하기 위해서 비타민, 무기질, 탄수화물, 지방, 단백질과 같은 5대 영양소가 필수인 것처럼 그리스도의 몸 된 교회가 건강하기 위해서는 반드시 이 다섯 가지가 잘 균형을 이루어야 한다. 따라서 예수님의 교회는 이 다섯 가지 사명을 추구해야(SEEKS) 한다.

Spiritual Worship **예배** / 신령과 진정으로 예배하는 교회
Education **교육** / 말씀을 가르치는 교회
Evangelism **선교**(전도, 복음, 케리그마) / 복음을 전파하는 교회
Koinonia **친교** / 사랑의 친교를 나누는 교회
Service **봉사**(섬김) / 주님과 이웃을 섬기는 교회

2) 예수님의 3대 사명(사역)

이것을 다시 우리의 완전한 모범이신 예수님의 공생애 사역의 관점에서 세 가지로 볼 수 있다. 예수님이 공생애 활동을 하실 때 3대 사역은 마태복음 4장 23절에 나와 있다. "예수께서 온 갈릴리에 두루 다니사 그들의 회당에서 가르치시며 천국 복음을 전파하시며 백성 중의 모든 병과 모든 약한 것을 고치시니."

즉 예수님의 3대 사역은 '가르침'과 '복음 전파', '치유'다. 가르침은 교육에 해당하고, 복음 전파는 전도와 선교에 해당한다. 그러나 치유는 어느 한 사역에 국한되지 않고 다섯 가지 사역 모두를 통해 치유의 역사가 일어난다. 전도를 받아 죽어 가는 영혼이 살아나게 되고, 영감 있는 예배를 통해 믿음이 회복되기도 하며, 교육을 통해 바르게 되고, 친교를 통해 관계가 회복되며, 섬김을 통해 영성이 회복되는 치유가 일어나는 것이다.

3) 지상명령(至上命令)과 지상계명(至上誡命)

결국 교회의 다섯 가지 사명은 예수님의 공생애 사역의 관점에서 선교와 교육과 치유, 이 세 가지로 표현할 수 있다. 그 중에서도 전도와 선교를 통한 영혼 구원이 궁극적인 목적이다. 예수님이 마태복음 28장 19, 20절에서 말씀하신 대로 예수님이 이 세상에서 마지막으로 하신 최고의 '지상명령[至上命令](위대한 명령, the Great Commission)'은 "너희는 가서 모든 민족을 제자로 삼아 아버지와 아들과 성령의 이름으로 세례를 베풀고 내가 너희에게 분부한 모든 것을 가르쳐 지키게 하라."는 것이다. 즉 '모든 사람에게 복음을 전하여 예수님의 제자로 삼으라.'는 말이다.

따라서 모든 교회는 '선교와 교육과 제자훈련하는 교회'가 되어야 한다.

이러한 사명을 온전히 감당하기 위해서는 먼저 성령 충만함을 받아야 한다. 주님께서는 "오직 성령이 너희에게 임하시면 너희가 권능을 받고 예루살렘과 온 유대와 사마리아와 땅 끝까지 이르러 내 증인이 되리라."(행 1:8)고 말씀하신다.

또한 예수께서 하나님의 말씀과 모든 율법을 한마디로 정리하신 '지상계명(至上誡命)[위대한 계명, the Great Commandment]'은 '하나님 사랑과 이웃 사랑'이다. 예수님은 마태복음 22장 37절부터 40절에서 이렇게 말씀하셨다. "네 마음을 다하고 목숨을 다하고 뜻을 다하여 주 너의 하나님을 사랑하라 하셨으니 이것이 크고 첫째 되는 계명이요 둘째도 그와 같으니 네 이웃을 네 자신같이 사랑하라 하셨으니 이 두 계명이 온 율법과 선지자의 강령이니라." 따라서 모든 교회는 '네 마음을 다하여 하나님을 사랑하는' 예배와 '네 이웃을 네 몸과 같이 사랑하는' 섬김과 친교가 있어야 한다.

이처럼 예수님의 최고 계명은 십자가 사랑이다. 십자가의 수직이 하나님 사랑이 되고, 십자가의 수평이 이웃 사랑이 되어서 십자가의 사랑이 가득한 교회가 '주님의 교회'이다. 주님을 머리로 하는 그리스도의 몸 된 교회로서 주님의 손과 발과 심장이 되어 세상을 향해 그 사랑을 실천하는 교회가 '건강한 교회'이다. 나의 꿈, 우리의 꿈이 아니라 주님의 꿈을 이루어 드리는 교회가 '복음적인 교회'이다. 이렇게 예수님이 주신 비전을 가지고 성령님이 이끄시는 대로 '위대한 선교 사명'과 '위대한 사랑 계명'을 실천하는 교회가 '예수님이 주인 되시는 교회'이다.

이 같은 교회론과 목회 비전을 그림으로 나타내 보았다.

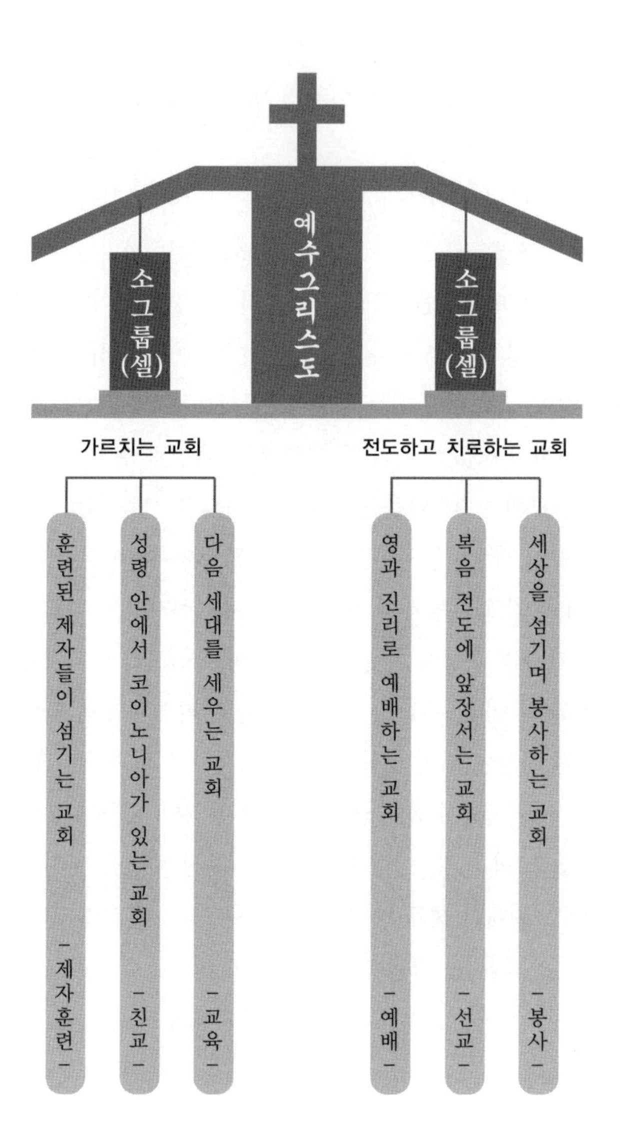
예수그리스도
소그룹(셀)
소그룹(셀)
가르치는 교회
전도하고 치료하는 교회
훈련된 제자들이 섬기는 교회 –제자훈련–
성령 안에서 코이노니아가 있는 교회 –친교–
다음 세대를 세우는 교회 –교육–
영과 진리로 예배하는 교회 –예배–
복음 전도에 앞장서는 교회 –선교–
세상을 섬기며 봉사하는 교회 –봉사–

교회의 영원한 모델, 초대 교회

르네상스란 '재생 · 부활' 이란 의미를 가진 프랑스어이다. 서양 역사에서 중세는 암흑기고 침체기였다. 이런 중세의 암흑기를 끝내고 근대를 시작한 운동을 르네상스라고 한다. 고대 그리스의 철학과 학문, 문화를 가장 이상적이라고 하여 그때를 재생시키고 부활시켜서 새로운 부흥을 맞을 전기를 마련하자는 운동이다.

고대 그리스의 학문과 문화가 세속의 역사에서 이상적인 모델이라면, 교회의 역사와 구속사에서 이상적인 교회의 모델은 초대 교회다. 그래서 어떤 시대든, 어느 곳에 있는 교회든 교회가 침체되거나 건강하지 못하거나 부흥을 꾀하고자할 때 우리가 다시 재생시키고 부활시 켜야 하는 모델은 초대 교회다. 그러니까 초대 교회는 모든 교회가 추구해야 할 푯대이다. 사도행전 2장 42절에서 47절 말씀을 통해 초대 교회가 어떠했는지 네 가지로 살펴보고, 오늘날 우리 교회가 나아갈 방향을 다시 점검해 보자.

"그들이 사도의 가르침을 받아 서로 교제하고 떡을 떼며 오로지 기도하기를 힘쓰니라"(42절). 초대 교회는 무엇보다 경건에 힘쓰는 교회였다. 그러므로 오늘날 교회는 첫째, 경건에 힘쓰는 교회가 되어야 한다. 여기에 보면 초대 교회 성도들이 '사도의 가르침을 받았다.' 고 하는데, 그들이 사도를 통해 하나님의 말씀을 배웠다는 말이다. 그리고 기도하기를 힘썼다. 초대 교회는 '말씀과 기도에 힘쓰는 교회', 즉 '경건에 힘쓰는 교회' 였다.

기독교인들에게 기본은 무엇인가? 다름 아닌 '말씀과 기도' 다. 이것은 기독교 신앙에서 가장 기본이며 가장 고급이다. 초신자도 교회의 중직자나 목회자도 가장 중요하게 힘써야 하는 부분이다.

초대 교회 성도들은 사도들에게 하나님의 말씀을 배웠다. 말씀을 배우고, 말씀대로 살고, 기도하기에 힘썼다. 말씀과 기도에 힘썼다는 것은 한마디로 경건에 힘썼다는 말이다. 그래서 초대 교회는 무엇보다 경건에 힘쓰는 교회였다.

미국의 교회뿐 아니라 한국의 대다수 교회들이 '교회 성장의 모델' 로 삼는 대표적인 교회 중 하나가 빌 하이벨스 목사가 시무하는 윌로우크릭교회이다. 지난 30년간 윌로우크릭교회의 현대예배, 소그룹운동, 찬양집회 등 다양한 프로그램이 그대로 한국 교회에 직수입되어 실행되었다.

그런데 지난 2008년, 「폭로 : 우리는 어디에 있는가?」라는 책에서 빌 하이벨스 목사는 공개적으로 "충격적이다. 우리는 잘못했다. 실수했다. 영적 성장은 훌륭한 교회 프로그램에서 나오는 게 아니라 기도, 성경 읽기, 교제라는 원리에서 비롯된다."고 양심고백을 했다. 자신이 담임하는 교회가 잘 준비된 프로그램과 놀랄 만한 이벤트로 어떤 기업 못지않게 큰 성장은 이루었지만 말씀과 기도라는 영적 본질은 놓쳤다고 했다. 그리고 말씀과 기도로 돌아가자는 '교회의 르네상스 운동' 을 외쳤다.

교회는 프로그램이나 이벤트가 아니라 말씀과 기도의 본질로 돌아가야 한다. 물론 현대의 트렌드와 흐름을 무시해서는 안 되지만 주된 것은 말씀과 기도다. 말씀과 기도가 메인이 되고 그리고 부수적으로 다른 프로그램이 따라와야 한다. 이처럼 교회는 항상 경건에 힘쓰는 교회가 되어야 한다.

둘째, 사랑을 실천하는 교회가 되어야 한다. 42절에 보면 '서로 교제하고 떡을 떼었다.' 라고 나온다. 이들은 주식이 떡이니까 우리로 치면 함께 밥을 먹는다는 말이다. 함께 밥을 먹으면서 사랑의 교제를 했다는 것이다. 애찬을 나누는 것이다. 우리가 '가족' 을 또 다른 말로 뭐라 하는가? '식구' 라고 한다. 한자를 그대로 풀면 식구란 '밥을 같이 먹는 입' 이다. 즉 밥을 같이 먹는 사람이 식구다.

교회의 성도들은 모두 영적인 식사를 함께 하는 한 가족, 한 식구다. 하나님을 한 분 아버지로 둔 영적인 가족이다. 그래서 교회의 성도들은 밥을 같이 먹으면서 주 안에서 사랑의 친교, 사랑의 코이노니아를 나눈다.

또한 초대 교회 성도들의 사랑의 절정은 있는 자와 없는 자가 전부 물질을 내어 놓고 각 사람의 필요에 따라서 나눴다는 사실이다. 자신의 '재산권' 과 '소유권' 을 다 포기하고 주님 앞에 바치고 교우들과 나눈 셈이다. "믿는 사람이 다 함께 있어 모든 물건을 서로 통용하고 또 재산과 소유를 팔아 각 사람의 필요를 따라 나눠 주며"(44, 45절).

바로 이 성경구절을 보고 칼 마르크스가 '야! 바로 이거다. 이것이 유토피아고 천국이구나.' 하고 '공산주의 사상' 을 만들었다. 그런데 문제는 공산주의는 '인본주의' 에 입각해서 가진 자에게 강제로 소유권을 포기하게 하고 유무상통하려고 했기 때문에 망했다. 원죄를 가진 인간은 인본주의적인 방법이나 강제적인 방법으로 절대로 자기의 물질을 포기하지 못한다. '성령의 감동' 과 '십자가 사랑' 으로만 진정으로 유무상통할 수 있는데, 마르크스는 이러한 본질을 보지 못하고, 하나님과 성령은 부정하면서 그저 성령의 역사의 결과만 얻으려고 했던 셈이다.

어떤 면에서는 물질을 나누는 것을 '사랑의 완성' 이라고까지 말할 수 있다. 자신이 가진 물질을 주기 위해서는 상대를 '사랑하는 마음' 이 있어야 하고, 그 마음이 단순히 동정과 일시적인 감정의 차원에서 머물지 않고 실천으로 이어지는 '지속적이고 진실어린 사랑', 즉 의지적인 사랑이 있어야 한다. 먹을 것은 주지 않으면서 "많이 먹어라." 하고 입을 것을 주지 않으면서 "따뜻하게 입어라."고 한다면 거짓 사랑이다. 실천 없이 입으로만 하는 사랑은 거짓이다. 그래서 감리교 창시자인 존 웨슬리도 "주머니의 헌신이 없이는 참된 헌신이 아니다."라고 말했다.

실제 생활에서 물질과 돈은 생명과 같다. 돈이 없으면 생활할 수 없는데, 이를 나누고 준다는 말은 마치 생명을 나누는 것과도 같다. 그러므로 물질을 나눈다는 말 속에는 단순히 물질뿐만 아니라 '영적인 의미'가 있다. 예수님의 십자가 사랑은 문자 그대로 우리를 살리시기 위해 생명을 내어주신 것인데, 우리가 물질을 나누고 유무상통한다는 것은 바로 그 십자가 사랑을 조금이나마 실천하는 일이다. 그래서 우리는 주는 사람이 되어야 한다. '복음을 주는 사람', '시간을 주는 사람', '물질을 주는 사람'이 되어야 한다. 이것이 사랑을 실천하는 길이다.

셋째, 예배하는 교회가 되어야 한다. 46절의 "날마다 마음을 같이하여 성전에 모이기를 힘쓰고"라는 말과 47절의 "하나님을 찬미하며"라는 말은 초대 교회가 하나님을 찬양하고 높여 드리고 하나님께 예배드리는 데 힘썼다는 사실을 의미한다. 하나님께서 이스라엘 민족을 자신의 백성으로 선택하셔서 구속사를 본격적으로 시작하신 출발은, 애굽에서 노예살이 하던 이스라엘 백성을 출애굽 시키신 사건이다.

하나님께서는 모세에게 불타는 떨기나무로 나타나셔서 모세를 지도자로 부르시면서 바로에게 가서 "히브리 사람의 하나님 여호와께서 우리에게 임하셨은즉 우리가 우리 하나님 여호와께 제사를 드리려 하오니 사흘 길쯤 광야로 가도록 허락하소서 하라."(출 3:18)고 말씀하셨다. 즉 하나님이 자신의 백성을 선택하시고 부르신 이유는 자신의 백성을 통해 예배를 받기 위해서이다.

예수님도 요한복음 4장 23절에서 "아버지께서는 자기에게 이렇게 예배하는 자들을 찾으시느니라."고 말씀하셨다. 오늘날도 하나님께서는 예배하는 자를 찾으시다가 우리 성도들이 예배하는 모습을 보고 기뻐하신다. '하나님이 받으시는 예배', '하나님이 기뻐하시는 예배'에 대한 가장 간결하고도 정확한 정의는 예수님이 직접 해 주셨다. 요한복음 4장 24절이다. "하나님은 영이시니 예배하는 자가 영과 진리로 예배할지니라." 옛날 성경인 개역한글에 보면 "신령과 진정으로 예배할지니라."라고 나온다.

그러니까 예배라고 해서 모든 예배를 다 하나님이 받으시지는 않는다. ① 하나님이 기쁘게 받으시는 예배는 먼저 영으로 드리는 예배이다. 하나님께서 인간을 크게 세 부분으로 창조하셨다. '몸'과 '혼'과 '영'이다. 혼은 보통 '정신'이나 '지성', '지능'이라고도 한다. 동물도 정신이나 지능이 있다. 원숭이나 돌고래는 지능이 높다. 하나님께서 사람을 창조하실 때만 특별히 자신의 생기를 사람의 코에 불어 넣으셨다. "여호와 하나님이 땅의 흙으로 사람을 지으시고 생기를 그 코에 불어넣으시니 사람이 생령이 되니라"(창 2:7). 사람은 하나님의 영을 받은 '생령'이다. 동물과 달리 인간만이 영적인 존재다.

계란에 비유하면 껍질은 몸, 흰자는 혼, 노른자는 영이라고 할 수 있다. 구약의 성전에 비유하면 성전 뜰은 몸, 성소는 혼, 지성소는 영이다. 그런데 하나님이 사람을 만나 주시는 곳은 어디인가? 지성소이다. 법궤 위의 시온좌이다. 즉 하나님은 영이시기 때문에 사람이 영으로 예배드릴 때만 하나님을 만날 수 있고 교통할 수 있다.

한국의 대표적인 지성인 이어령 씨가 예수 믿게 된 후에 쓴 책이 「지성에서 영성으로」이다. 즉 '혼에서 영으로'이다. 지성이 혼이다. 지성으로, 혼으로 하나님을 만나는 것이 아니라 영으로 하나님을 만나야 한다. 지성이 아무리 좋은 석학도 영성 없이는 하나님을 만날 수 없다. 하나님은 영이시기에 영으로만 만날 수 있다.

② 하나님이 기쁘시게 받으시는 예배는 진리로 드리는 예배이다. 진정으로 드리는 예배다. 예배는 희랍어로 '레투르기아' 다. 노예가 자기의 전 생애를 바쳐 주인을 위해 일한다는 뜻으로, 이 단어는 하나님을 섬기며 예배드릴 때 사용했다. 따라서 진리로 예배드린다는 것은 다른 말로 '전심(全心)' 으로 예배를 드린다는 것이다. 진리란 이것도 되고 저것도 되는 것이 아니라 오직 이것만이 전부고 절대적이라는 의미이다.

만약에 어느 부인이 "나는 내 남편도 사랑하고 또 이웃집 남자도 사랑해요."라고 하면 말이 안 된다. 사랑하는 사람으로부터 가장 받고 싶은 것은 그 사람의 모든 마음이다. 전심을 주고받는 것이 참된 사랑이다.

우리가 주의 백성이 되었다는 말은 주님의 신부가 되었다는 뜻이다. 십계명의 제1계명도 '나 외에는 다른 신을 두지 말라.' 는 것이다. 하나님이 우리에게 원하시는 것은 분심(分心)이 아니라 전심(全心)이다. 따라서 하나님께 전심으로, 진정으로, 진리로 예배드릴 때 그 예배를 하나님께서 기쁘게 받아 주신다.

그런데 현대의 많은 교회들이 이러한 예배의 본질을 망각하고 그저 영화 한 편 보듯이 예배를 보고 간다. 철학자 키에르케고르는 예배를 연극에 비유해서 이렇게 말한다. "배우는 연극을 드리는 자요, 관객은 연극을 보는 자다. 이같이 예배에서 우리 모두는 배우처럼 드리는 자가 되어야 하고 관객은 한 분 하나님이셔야 한다. 이것이 참된 예배다." 관객은 졸고 딴 생각해도 연극이 진행되는 데 아무 지장이 없다. 그런데 배우가 자기가 맡은 대사나 행동을 하지 않으면 연극이 진행되지 않는다. 그래서 배우는 연극이 상연되는 내내 정신을 집중하고 마음을 다해서 성심성의껏 자신의 대사와 행동에 몰입한다.

우리 모두가 연극배우들처럼 각자 맡은 바 소임을 다할 때 하나님께서 그 예배를 기쁘게 받으신다. 설교자로, 사회자로, 기도자로, 성가대원으로, 헌금위원으로, 찬양하고 기도하고 하나님의 말씀을 듣는 예배자로, 모두가 각자의 역할에 전심으로 최선을 다해 하나님께 올려 드릴 때 하나님께서 그 예배를 기쁘게 흠향하신다.

더 나아가 이렇게 특정한 장소에서 특정한 시간을 구별하여 드리는 좁은 의미의 예배뿐만 아니라 우리의 '모든 삶이 하나님께 산제사로 올려 드리는 예배' 가 되어야 한다. "먹든지 마시든지 무엇을 하든지 다 하나님의 영광을 위하여 하라"(고전 10:31). 삶 전체가 넓은 의미의 예배가 되어야 하는 것이다.

넷째, 선교하는 교회가 되어야 한다. "주께서 구원받는 사람을 날마다 더하게 하시니라"(47절). 구원받는 사람을 더하는 '선교하는 교회' 가 되어야 한다. 마태복음 28장 19, 20절 말씀처럼 예수님이 이 세상에서 마지막으로 하신 최고의 '지상명령', '최고의 명령' 은 "그러므로 너희는 가서 모든 민족을 제자로 삼아 아버지와 아들과 성령의 이름으로 세례를 베풀고 내가 너희에게 분부한 모든 것을 가르쳐 지키게 하라."는 것이다. 사도행전 1장 8절에서도 "오직 성령이 너희에게 임하시면 너희가 권능을 받고 예루살렘과 온 유대와 사마리아와 땅 끝까지 이르러 내 증인이 되리라."고 말씀하셨다.

그러므로 모든 교회는 "나는 선교한다. 그러므로 나는 존재한다."고 말해야 한다. 선교하지 않는 교회는 주님의 교회가 아니다. 교회가 존재하는 이유는 십자가 복음을 전파하고 땅 끝까지 이르러 주님의 증인이 되기 위해서이다.

그런데 우리가 주의 깊게 잘 봐야 하는 사실이 있다. 그것은 내 힘으로, 내 능력으로 증인이 될 수 있는 것이 아니라 성령께서 내게 임하실 때 증인이 될 수 있다는 사실이다. 전도가 되고 부흥이 되는 것도 내가, 우리 교회가 하는 것이 아니라 주님이 하시는 것이다.

말씀을 잘 보면 구원받는 사람을 누가 더하는가? 주께서 더하신다. 비록 나를 통하고, 우리 교회를 통하지만 모두 주님이 하신 일이다. 선교의 주체가 하나님이시라는 말이다. 그래서 모든 선교는 '하나님의 선교' 다. 이처럼 선교란 내가 하나의 밀알이 되어 죽는 것이다. 나의 자아가 죽을 때 내 안에 예수께서 살아나셔서 역사하시고, 내가 죽을 때 복음의 열매를 맺는 것이 선교다.

순회선교단의 김용의 선교사님에게는 다섯 남매가 있다. 자식들 이름만 봐도 그 가정의 분위기를 알 수 있다. 첫째 아들 이름은 충성이다. "죽도록 충성하라." 고 그렇게 지었다. 둘째는 인애다. 히브리어로 헷세드, 즉 하나님의 무한하시고 자비로우신 사랑을 가리킨다. '인애하신 구세주여' 라는 찬송도 있지 않은가? 셋째는 찬송이다. 넷째는 응답이다.

응답이는 어렸을 때 "응답하라, 오버"라는 놀림을 많이 받았다고 한다. 막내는 선교다. 이름 자체가 부담스럽다. 선교사가 안 될 수가 없다. 결국 5남매가 모두 선교사가 되었다. 그러다 보니 온 가족이 한국에 모이기가 힘들었다.

그러던 어느 해, 가족이 모두 한국에 모이게 되었는데, 때마침 김용의 선교사님 생일이었다. 다섯 남매가 아버지를 위해 돈을 모아 생일 케이크를 샀다. 그런데 김용의 선교사님이 표현하기를, 이제껏 살면서 자기는 그렇게 작은 케이크는 처음 보았다는 것이다. 초를 더 이상 꽂을 자리가 없었다고 한다. 자녀들이 모두 선교사이니 가난할 수밖에 없지 않은가.

이 케이크를 바라보면서 갑자기 사모님이 눈물을 빵 터트리셨다. 믿음으로 살지만 여러 가지 마음이 들면서 눈물을 멈추질 못했다. 그때 자식들이 분위기를 전환하려고 아버지에 얽힌 추억들을 한 마디씩 하기로 했다. 그리고 마지막으로 충성이 차례가 되었다.

충성이가 아프리카 기니비사우에서 선교활동을 할 때 아버지 김용의 선교사가 그곳을 잠시 방문한 적이 있었다. 기니비사우는 잘 들어 보지도 못한 곳이고 이름도 외우기 힘든 지역이다.

김용의 선교사가 가서 보니 말이 좋아 선교지 그저 문명도 완전히 단절된 곳에서 몇 명 되지 않는 한 부족을 섬기며 뒤치다꺼리하는 것이었다. 그의 마음에 '우리 아들은 나보다 훌륭하고 이런 데서 썩을 사람이 아닌데.' 하는 생각이 떠나지 않았다고 한다. 그런데도 기도하면서 마음을 바꾸어 아들에게 편지를 한 장 주고 떠났다. 충성이는 지금 그 이야기를 하는 것이다.

"아버지! 그때 저에게 편지 주신 것 기억하세요? 저는 아프리카에서 사역하는 내내 그 편지를 벽에 붙여 놓고 힘을 얻었어요. 혹시 맨 마지막에 뭐라고 쓰셨는지 기억나세요?"

"아니, 기억나지 않는구나. 뭐라고 썼더라?" "아버지의 그 고백을, 그날 밤 저 또한 하나님께 드렸어요. 이렇게 적으셨습니다. '사랑하는 아들아, 우리 땅 끝에서 죽어 하늘 한복판에서 만나자.' 저는 이 말을 가슴 판에 새겼습니다. 아버지, 훌륭한 믿음의 선배가 되어 주셔서 감사합니다. 우리 땅 끝에서 죽어 하늘 한복판에서 만나요."

내가 주의 복음을 전하기 위해 죽을 때 주님께서는 바로 그런 나를 통해, 우리 교회를 통해, 구원받는 사람을 날마다 더하게 하시는 부흥을 부어 주신다.

이런 이야기가 있다. 가브리엘 천사가 공생애를 마치시고 천국에 오시는 예수님을 영접하며 물었다. "주님! 주님께서는 저 땅에서 죄인들을 살리시기 위해 대신 십자가를 지시고 큰 고난을 당하셨군요. 그런데 주님께서 저들을 위해 십자가에서 고난 받으시고 죽으셨다는 사실을 저들이 다 알고 있습니까?"

그러자 예수님이 대답했다. "아니. 아직은 몰라." "모르면 어떻게 되는 것입니까?" "모두 모르는 것은 아니고 예루살렘에 있는 베드로, 요한, 야고보 등 몇 사람에게 내가 증거해 달라고 부탁하고 왔어."

가브리엘이 다시 물었다. "그래도 혹시 그들이 잘 전하지 않을 수도 있고, 세월이 지나가면 그 사람들도 다 죽을 텐데 그러고 나면 주님께서 십자가에서 죽으신 그 엄청난 구속의 역사를 누가 전한답니까? 그렇게 중요한 일인데 그들이 전하지 않을 경우를 대비해서 다른 대안을 마련해 놓고 오셨겠죠?"

예수님은 대답하셨다. "아니, 나는 그 방법 외에 다른 어떤 대책이나 계획을 가지고 있지 않아. 나는 그들이 내 증인이 되어 주리라 믿어."

하나님의 아들이신 주님께서 죄인인 우리에게 모든 것을 거셨다. 연약하고 허물 많은 나에게 주님께서 올인을 하셨다면 어떻게 우리가 주님께 올인하지 않을 수 있겠는가. 비록 우리에게 허물이 있고 이 땅의 교회가 여기 저기 병들어 비판을 받을지라도 주님께서는 여전히 자신의 몸 된 교회와 그 지체인 우리를 통해서만 일하신다. 교회가 없다면 세상 어디에도 십자가 복음을 전할 기관이 없다. 그런 의미에서 교회만이 이 땅의 유일한 소망이다.

그러므로 경건에 힘쓰는 교회, 사랑을 실천하는 교회, 예배하는 교회, 선교하는 교회가 되는 일에 올인하여 주님의 사랑과 생명과 축복의 통로로서의 사명을 잘 감당하는 우리가 되어야 한다.

제 7 장

인간과 종말

기독교의 인간이해 | 종말론

기독교의 인간이해

소크라테스가 했던 "너 자신을 알라"는 말은 원래 희랍의 아폴로 신전에 쓰여 있던 글이다. 영원한 신이 거하는 성전에서 너는 신이 아니라 인간이며, 무한한 존재가 아니라 유한한 존재이고, 죽을 수밖에 없는 존재임을 깨달으라는 뜻으로 기록한 것이다. 이처럼 고대 희랍인들에게 진리란 항상 인간이 자신의 유한성을 깨닫는 데서부터 출발하는 것이었다.

인간은 인간 자신에 관해 물음을 갖는 유일한 존재다. 신은 이미 모든 것을 알고 있기 때문에 물을 필요가 없고, 동 · 식물은 자신에 관한 존재 물음을 할 능력이 없기 때문이다. '인간이란 무엇인가?', '나는 누구인가?', '우리는 어디로부터 와서 어디로 가는가?' 라는 물음에 대해 수천 년 동안 수많은 사람들이 여러 가지 답변을 시도해 왔다. 그러나 어느 답변도 최종적이거나 만족할 만한 해답을 주지 못하고 오히려 상대주의와 허무주의를 초래할 뿐이었다.

특히 근대 이후 인간에 대한 관심은 더욱 고조되어 철학, 생물학, 법학, 사회학, 심리학, 경제학 등에서 인간에 대한 많은 이론들이 제시되었다. 그러나 이러한 인간학 이론들조차도 일리(一理) 있는 통찰을 주기는 하지만 만족할 만한 대답을 주지 못하고 있다. 이는 "논리와 과학이 아무리 발달해도 인간의 근본 문제는 해결할 수 없다."는 말을 실감케 한다.

그러므로 우리는 우리에게 주어진 자연이성, 곧 일반 계시를 통해 인간에 대한 유한성을 자각하고 무한하고 영원한 신을 생각하게 된다. 이러한 신에 대한 인식이 기독교의 인간이해를 가능하게 한다. 즉 우리는 일반 계시를 통해 인간의 본질에 대해 어렴풋이 알게 된다. 그리고 성경과 예수 그리스도, 곧 특별 계시를 통해 인간에 대한 분명한 답을 얻게 된다.

기독교의 인간이해는 대개 세 부분으로 구성된다. '하나님의 피조물로서의 인간', '하나님의 형상으로서의 인간', '죄인으로서의 인간'이다.

먼저 '하나님의 피조물로서의 인간'에 대해 살펴보자. 성경에서 인간은 태초에 하나님께서 창조하신 피조물이다. 피조물로서의 인간이해는 하나님과의 관계 안에서만 인간이 온전히 이해될 수 있음을 시사하고 있다. 즉 인간에 관한 이해는 하나님에 관한 이해와 분리될 수 없다.

종교 개혁자 칼빈은 "하나님의 인식과 인간의 자기인식은 서로 결합되어 있다."고 말한다. 즉 인간을 알기 위해서는 반드시 하나님을 알아야만 한다. 인간을 아무리 들여다보고 연구해 봐야 인간을 알 수 없다. 인간을 만드신 하나님을 알아야지만 인간을 알고, 인생의 의미와 목표를 알 수 있다. 인간이란 홀로, 스스로 존재하는 것이 아니라 하나님과의 관계 속에서만 존재한다. '하나님 앞에 있는 인간', 이것이 바로 인간존재의 본질이다.

하나님은 창조주요 인간은 피조물이라는 사실은 첫째, 인간은 하나님으로부터 온 존재임을 뜻한다. 즉 '인간은 어디에서 왔는가?'라는 인간의 기원에 관한 물음에 대답을 준다. 인간의 시작이 하나님께로부터 왔다는 말은 결국 그 마지막도 하나님의 주권 안에 있다는 뜻이다. 그러므로 '인간은 하나님께로부터 왔다가 하나님께로 돌아가는 존재'이다. 바울은 로마서 11장 36절에서 "이는 만물이 주에게서 나오고 주로 말미암고 주에게로 돌아감이라."고 말한다.

하나님으로부터 지음받은 인간은 인간을 지으신 하나님을 위하여 살아야 하며, 하나님 앞에서(Coram Deo), 하나님과 사귀면서 살아야 한다. 하나님의 말씀에 순종하면서 그분에게 모든 영광을 돌리기 위해 살아갈 때 참된 의미를 찾게 되는 것이다.

둘째, 인간은 하나님과 구별된 존재임을 뜻한다. 하나님은 영원 전부터 계신 분이지만 인간은 하나님께서 창조하신 시간과 함께 존재하게 된 시간적 존재이다. 이렇게 창조자와 피조자(被造者) 사이에는 결코 혼동될 수 없는 차이가 있다. 인간과 인간적인 것을 신격화하는 일은 기독교에 위배되는 것이다. 하나님과 인간은 '무한한 질적 차이'가 있다. 시간과 영원의 차이이다. 키에르케고르의 말처럼 하나님은 하늘에 계시고 인간은 땅에 있다. 칼 바르트 역시 이 입장을 취하면서 "하나님(영원)은 예수 그리스도에게서 인간(시간)을 만나신다."고 말한다.

셋째, 인간이 책임을 가진 존재임을 뜻한다. 즉 인간은 인간을 지으신 하나님의 은혜에 대해 사랑으로 응답하는 삶을 살아야 하는 책임이 있는 존재다. 뿐만 아니라 동료 인간과의 관계에서는 사회적 존재로서 이웃을 사랑하고 돌보아야 하는 책임을 다해야 한다.

넷째, 인간이 유한한 존재임을 뜻한다. 피조성이란 곧 인간의 한계성을 말한다. 인간은 죽음과 생명의 유한성, 의존성 및 불완전성 등을 하나님의 창조계획에 속하는 것으로 겸손하게 받아들여야 한다. 죄란 피조된 인간이 그의 한계성을 인정하지 않는 교만함에서 비롯되는 것이다.

다섯째, 인생의 근본 문제는 오직 창조주 하나님께로 나아갈 때만 해결될 수 있음을 뜻한다.

미국의 디트로이트 시는 자동차 공장들이 몰려 있는 도시다. 추운 겨울날이었다. 디트로이트 외곽에 살고 있는 유명한 정비사가 아침에 차를 몰고 출근하다가 차가 고장이 났다. 길옆에 차를 세우고 고장 난 원인을 열심히 찾았지만 발견할 수가 없었다. 그는 날씨도 춥고 어쩔 줄 몰라 당황스럽기만 했다.

그때 지나가던 세단 하나가 옆에 멈췄다. 차에서 내린 노신사는 "제가 도와 드릴까요?"라고 말했다. 정비사는 속으로 '디트로이트에서 가장 유명한 일류 정비사인 내가 못 고치는 이 차를 고치겠다니' 라고 생각하면서 노신사를 바라보았다.

노신사는 잠시 몇 군데를 만지더니 시동을 걸어 보라고 했다. 정말로 시동이 걸렸고, 깜짝 놀라 도대체 그가 누구인지 의아해하는 정비사에게 노신사는 명함을 주고 사라졌다. 명함에는 '헨리포드' 라고 적혀 있었다. 노신사는 그 자동차를 만든 사람이었다.

삼성전자 제품을 사용하다가 고장 나고 문제가 생기면 삼정전자 AS센터를 찾아간다. 제품을 만든 곳에 가야 문제가 해결된다. 인간이 피조물이라는 것은 인생의 어떤 문제든지 창조주 하나님께 나아가기만 하면 해결받는다는 의미이다. 세상적인 방법은 근본적인 해결 방법이 될 수 없다.

이번엔 '하나님의 형상으로서의 인간' 에 대해 살펴보자. 하나님은 인간을 창조하시되 그의 형상대로 창조하셨다(창 1:27). 다른 피조물과는 달리 하나님의 특별한 사랑으로 인간이 창조되었다는 뜻이다.

하나님의 형상대로 창조되었다는 말은 어느 특수 계층을 말하는 것이 아니라 모든 인간이 그렇다는 것이다. 그러므로 하나님의 형상대로 창조된 인간을 신분, 계급, 지식, 소유라는 잣대로 차별하는 것은 인간에 대한 범죄일 뿐 아니라 하나님의 형상대로 지으신 하나님께 범죄하는 셈이다. 즉 인간에 대한 범죄는 곧 하나님께 대한 범죄다.

따라서 인간의 생명과 인권은 어떤 상황에서도 존중하고 존귀하게 여겨야 한다. 인간은 피조물 중에서 가장 지고한 존재이기에 어떠한 이유에서든지 다른 인간의 생명을 빼앗을 수 없다.

그러나 인간의 죄로 말미암아 원죄 이후의 인간에게는 이 형상이 온전한 형태로 남아 있지 않다. 그래서 우리는 믿음을 통해 하나님과 예수 그리스도의 영인 성령의 충만함을 받아서 그 형상을 회복해야만 한다.

장갑은 손의 형상을 따라 만들어졌다. 장갑을 손이 아닌 다른 것으로 채우려고 노력해도 완전히 채워지지 않는다. 아무리 채우려고 해도 손가락 끝마디는 허전하게 남아 있다. 손의 형상으로 만들어진 장갑에는 손이 들어가야 온전히 채워질 수 있고, 그 원래 목적을 다할 수 있다.

마찬가지로 인간은 하나님의 형상대로 만들어졌기 때문에 돈이나 권력이나 명예, 학식과 쾌락 등을 추구하며 만족을 얻으려고 하지만 결국은 채워지지 않는 허무함이 있을 뿐이다. 모든 것을 다 누려 보았던 솔로몬은 "헛되고 헛되며 헛되고 헛되니 모든 것이 헛되도다."(전 1:2)라고 고백한다.

인간이 하나님의 형상대로 창조되었다는 것은, 곧 하나님의 영이신 성령이 아니고서는 참된 만족을 얻을 수 없다는 의미이다. 인간은 처음부터 성령이 아니고서는 채워지지 않도록 프로그램화 되었다. 따라서 우리 자신을 성령께 온전히 양도하여 성령 충만한 삶을 살아야 한다. 성령에 이끌려 살아갈 때 인간은 하나님의 원래 창조 목적대로 쓰임받을 수 있다.

마지막으로 '죄인으로서의 인간' 에 대해 살펴보자. 기독교는 인간을 죄인으로 본다. '하나님의 형상으로서의 인간' 이 하나님이 창조하신 인간의 본래 상태라면, '죄인으로서의 인간' 은 본래 상태가 파괴된 인간의 상태를 말한다. 여기서 죄는 기독교 신학에서 중심적 위치를 차지하게 된다. 사실 기독교 신앙의 모든 내용은 '죄인으로서의 인간' 과 관련되어 있다. 하나님, 창조, 예수 그리스도, 교회, 성령, 구원, 종말 등 모든 신앙의 내용은 인간의 죄와 관계된다.

어떤 사람이 독화살을 맞았다. 독화살로 심한 고통을 당하고 독이 점점 몸에 퍼져서 가족들은 그를 살리기 위해 의사를 불러왔다. 독화살 맞은 사람은 이렇게 말했다.

"아직 화살을 뽑아서는 안 된다. 나는 먼저 화살을 쏜 사람이 어떤 성을 가졌는지 알아야겠다. 아직 화살을 뽑아서는 안 된다. 나는 먼저 화살을 쏜 사람이 키가 큰지 작은지 알아야겠다. 아직 화살을 뽑아서는 안 된다. 나는 먼저 이 활이 뽕나무로 되었는지 물푸레나무로 되었는지 알아야겠다. 아직 화살을 뽑아서는 안 된다. 나는 먼저 화살 깃털이 매 털로 되었는지 독수리 털로 되었는지 알아야겠다."

독화살을 맞은 사람은 그러다가 이런 사실들을 알기도 전에 독이 온 몸에 퍼져 죽게 되었다.

우리 인생은 모두 독화살 맞은 자와 같다. 인간은 누구나 태어나는 순간부터 점점 죽음으로 다가가는 존재다. 몸에 독이 차차 퍼지는 것같이 죽음이 퍼져 나간다. 독화살 맞은 사람은 빨리 독화살을 빼고 치료받으면 살 수 있다. 그런데 생명과 관련해서 본질적이지 않은 불필요한 것들을 추구하거나 미망(迷妄)에 사로잡혀 생명을 잃고 마는 것이다.

아담의 죄로 말미암아 모든 사람에게 죽음이 들어왔다. 그래서 모든 인생은 독화살 맞은 자이다. 돈이나 권력이나 명예나 학식이 그 독화살을 제거해 주지 못한다. 이 독이 몸에 다 퍼져 죽기 전에 독화살을 빼고 치료해 줄 의사는 오직 예수 그리스도 한 분 뿐이다. 독을 제거할 해독제는 오직 예수 그리스도의 십자가의 보혈뿐이다. 그 피만이 우리의 죄를 정결하게 씻겨 준다. 죽음이 아담 한 사람으로 말미암았으나 예수 그리스도를 영접하는 자는 영생을 얻고 죽음에서 생명으로 옮겨지는 것이다.

하나님의 형상대로 창조된 인간은 최초의 인간인 아담의 죄로 말미암아 하나님과의 관계가 단절되고 죽을 수밖에 없는 존재가 되었다. 인간을 사랑하시는 하나님은 죽을 수밖에 없게 된 인간을 구원하시기 위해 자신의 독생자인 예수 그리스도를 인류에게 보내 주셨다. 그리고 인간은 예수 그리스도를 믿는 믿음을 통해 그리스도의 대속의 은총으로 하나님과의 관계를 회복하고 구원을 얻게 되었다. 그러므로 예수 그리스도는 죄 된 인간에게 유일한 길과 진리와 생명이시다. 실로 인간은 예수 그리스도를 통해 하나님께로 돌아가 영생을 얻을 수 있는 존재인 것이다.

종말론

많은 기독교인들이 종말에 대해 이야기하기를 꺼려하거나 부정적인 이미지를 가지고 있다. 특정한 시간에 종말이 온다고 주장하는 이른바, '시한부 종말론' 자들의 비도덕적이고 현실도피적인 일련의 무리한 행동들 때문이다. 이 같은 시한부 종말론자들의 말이 틀린 까닭은 주님께서 "그날과 그때는 아무도 모르나니 하늘의 천사들도, 아들도 모르고 오직 아버지만 아시느니라."(마 24:36)고 분명히 밝히고 있는 사실과 정반대 주장을 하고 있기 때문이다.

종말에 대한 주제는 부정적이거나 회피될 주제가 아니다. 오히려 기독교 신앙의 중심을 차지하고 있으며, 불의한 현실 속에서 소망의 근거가 되고 긍정적인 믿음을 갖게 한다. 기독교 신앙의 핵심은 한마디로 창조, 구속, 종말이라고 말할 수 있다. 창조된 것은 반드시 종말이 있다는 것, 즉 시작이 있는 것은 반드시 끝이 있다는 가르침이 기독교의 근본 진리다. 그러므로 "기독교가 철저하게 종말론적이지 않다면 기독교와 어떤 관계도 갖고 있지 않다."는 칼 바르트의 고백과 "종말론은 기독교의 어머니"라는 케제만의 말은 결코 지나친 말이 아니다.

파스칼은 '인간은 우주 안에서 가장 연약한 갈대다. 그러나 인간은 생각하는 갈대' 라고 했다. 인간은 과거를 돌아보면서 미래를 생각하고, 미래를 생각하면서 현재를 결정한다. 그러므로 종말이나 미래의 문제는 그야말로 나중에 가서 생각해 볼 문제가 아니라, 오늘의 문제이며 현재 삶의 태도를 결정하는 가장 근본적인 문제다.

'종말' 이라는 개념은 '마지막의 것', '궁극적인 것' 을 뜻하는 희랍어 '에스카톤(eschaton)' 에서 유래한다. 그러나 '에스카톤' 은 '마지막' 과 '끝남' 을 뜻하는 동시에 '목적(telos)' 을 뜻한다. '우리의 목적이 무엇인가?' 하는 것이 우리의 현재를 지배한다. 예컨대 사법고시를 준비하는 사람은 그 모든 관심의 초점이 사시합격이라는 목적을 향하고 있으며, 그의 현재의 모든 삶은 판사나 검사가 되는 소망을 이루기 위한 노력으로 점철된다.

그러므로 사도 바울은 우리가 소망하는 종말과 내세의 삶이 없다고 한다면 모든 사람 가운데 기독교인이 가장 불쌍한 자(고전 15:19)라고 말한다. 그러나 우리는 여기에서 '종말' 과 '내세' 라는 용어의 차이점을 명확히 알아야 한다. 종말과 내세를 혼동하면 종말론적 신앙이 오직 마지막 날에 있을 심판과 개인의 죽음 이후에 맞는 세계에만 관심을 갖도록 할 수 있기 때문이다. 더 나아가 주님께서 이미 이 땅에서 시작하신 하나님 나라에 대해서는 잘 모르거나 무관심하기 쉽다.

성경의 용어 가운데 "말세에"(행 2:17; 딤후 3:1; 약 5:3), "마지막 때"(요일 2:18; 히 1:2), 그리고 "세상 끝에"(히 9:26) 등은 예수님이 이 땅에 육신을 입고 오시면서부터 '이미(already)' 시작된 종말을 가리킨다. 이에 비해 "마지막 날에"(요 6:39; 11:24; 12:48), "내세에"(눅 18:30) 그리고 "세상 끝에"(마 13:40) 등은 예수님이 심판주로 영광과 권능 가운데 재림하심으로 임하게 될 '아직(not yet)' 완성되지 않은 미래적 종말을 가리킨다.

이러한 사실로 볼 때 '시작된 종말' 은 그리스도의 초림으로 시작하여 그리스도의 재림까지 그 장구한 시대를 가리키고, '미래적 종말' 곧 '내세' 는 그리스도의 재림으로 열리는 심판과 새 하늘과 새 땅에서 최후로 맞는 그 마지막 날을 의미한다.

이 같은 '종말'과 '내세'에 대한 구분이 구약에는 없다. 즉 구약의 선지자들은 단지 두 세대인 '이 세대'와 '오는 세대'로만 구분한다. 구약의 예언은 메시아의 오심과 세상의 종말을 동일한 것으로 표현하기 때문에 마지막 날(종말)이란 곧 새로운 세상의 시작을 의미했다. 종말에 대해 예언을 많이 한 이사야 선지자도 메시아를 통해 이루실 하나님의 구원의 나라와 마지막 날에 있을 심판의 나라를 중첩해서 보았다.

그러나 신약의 예수님과 사도들은 이 차이를 알고서 구별해 사용했다. 즉 메시아의 오심을 초림과 재림으로 나누고, 메시아 시대의 단계도 현재의 메시아 시대와 미래의 완성기로 명확히 구분한다.

예수님은 자신이 이 땅에 오심으로써 때가 이미 찼고 하나님의 은혜의 나라가 시작되었음을 아셨다(마 11:12; 눅 4:21). 즉 죄인들이 복음을 듣고 회개하여 하나님의 은혜와 긍휼로 죄를 용서받고 하나님의 자녀의 권리를 회복하여 구원과 생명을 누리는 바, 하나님의 은혜의 나라가 예수님 자신의 인격과 사역을 통해 시작되었음을 아셨던 것이다. 그래서 예수님은 현재 이미 하나님의 나라가 임했다고 선언했고(마 4:17), 사람들 가운데 벌써 임해 있다고 하셨다(눅 17:21).

그러면서도 다른 한편으로는 하나님의 나라가 아직 오고 있다고 가르치셨다(마 7:23, 8:11, 12; 25:31~34). 예수님은 자신이 마지막 날에 영광과 능력 가운데 재림하실 때에 심판하는 권세를 가지고 최종적으로 영생과 영벌을 결정할 것이라고 하셨다.

이에 반해 세례 요한은 종말을 심판에만 주로 관련지어 알고 있었기 때문에 시작된 종말을 이해하지 못했다. 그래서 '시작된 종말'과 '미래의 종말' 사이에 시간적 간격이 있다는 점도 파악하지 못했고, 심판에 앞서 은혜가 베풀어지게 되어 있다는 선지자들의 예언의 말씀도 마음에 새겨 놓지 못했던 것이다. 이 점에서 현재 시작된 하나님의 은혜의 나라가 요한에게는 하나의 비밀이었다(마 13:11).

그러나 예수님은 하나님의 깊은 비밀을 다 알고 계셨다. 즉 하나님의 은혜의 나라가 먼저 있고, 그리고 상당한 시간이 경과하여 마지막 날에 권능의 나라가 임한다는 사실을 아셨다. 그래서 예수님의 복음 선포에는 은혜와 죄사함, 오래 참으심 등이 두드러진 데 반해, 세례 요한은 불의 심판을 강조했다. 그런즉 오늘날 교회에서도 은혜의 복음이 먼저 선포되고, 심판은 미래의 관점에서 선포되는 균형이 필요하다.

바울의 종말론의 구조도 시작된 종말(이 세대)과 미래의 종말(오는 세대)로 되어 있다. 이는 우리가 지금 예수를 믿어 하나님의 자녀가 되는 권세를 가지고 하나님의 나라를 유업으로 받았으나 장차 온전히 누리게 되고, 지금 성령의 충만과 은사들을 누리지만 그날에 가서야 넘치게 누리며, 성령께서 지금 보증이 되셔서 장차 하나님의 자녀로서 온전히 영생을 누리게 된다.

종말은 예수 그리스도가 구세주로 오셔서 이 땅에 역사적 실재로 천국을 건설하신 바, '시작된 종말'이 있는가 하면, 예수 그리스도가 심판주로 다시 오셔서 모든 산 자와 죽은 자들을 선악 간에 심판하심으로 여실 영원한 새 하늘과 새 땅의 '미래의 종말' 또는 내세가 있다. 그래서 종말론적으로 말하자면, 하나님의 나라는 이 땅에서 이미 시작된 현재의 실재일 뿐만 아니라 장차 새 하늘과 새 땅에서 이루어질 미래의 실재이며, 역사 속에서의 성취이자 역사의 끝에 있을 완성인 셈이다. 성경에는 이 같이 종말의 현재적이고 미래적인 측면이 모두 나와 있다.

따라서 이미 시작된 종말은 앞으로 오고 있는 종말의 준비이다. 그런 까닭에 성도들은 오늘 여기에서 하나님 나라의 시민으로서 하나님의 뜻을 따라 복음에 합당한 삶을 살되(빌 1:27), 아직 오고 있는 미래의 마지막 종말에 있을 부활을 소망하면서 예수 그리스도의 다시 오심과 새 하늘과 새 땅을 기다리는 가운데 있다. 즉 '이미(already)' 와 '아직(not yet)' 의 긴장과 기다림 속에서 마지막 때를 살고 있는 것이다.

미래의 종말은 예수 그리스도께서 권능으로 심판하시는 나라다. 예수님은 성부 하나님께서 정해 놓으신, 아무도 알지 못하는 때에 홀연히 임하셔서 심판하신다(마 24:14, 30, 36). 하나님 아버지의 원대로 의롭게 심판하셔서(요 5:30), 선한 일을 행한 자는 '생명의 부활' 로, 악한 일을 행한 자는 '심판의 부활' 로 나오게 하신다(요 5:29).

성도인 우리는 오고 있는 미래의 종말과 하나님의 심판의 권능의 나라를 어떤 자세로 대망해야 하는가? 하나님의 심판을 어떻게 준비하고, 부활과 새 하늘과 새 땅을 어떻게 소망하며 기다려야 하는가? 예수님은 '깨어 준비하고 믿고 순종하라.' 는 두 가지 말씀으로 요약한다.

그렇다면 어떻게 해야 깨어 준비하며 믿고 순종하는 것인가? '충성되고 지혜로운 종처럼' 맡은 직분을 성실히 행해야 한다(마 24:44, 45). 지극히 작은 자에게 사랑으로 베푸는 삶을 충실히 살아가야 한다(마 25:40). 또한 영광스럽고 존귀하신 하나님을 힘써 구하고 예배해야 한다(롬 2:7).

제 8 장

성 례

세례의 의미 | 교파별 세례이해 | 성찬의 의미 | 교파별 성찬이해

세례의 의미

기독교의 세례예식은 고대 동방종교의 침수의식으로부터 어느 정도 영향을 받았다. 하지만 직접적인 배경은 구약성경이며 팔레스타인 지방의 종교적 세례단체로부터 받은 영향이 크다. 예수님은 세례 요한에게 세례를 받았지만 자신이 세례를 베풀었다는 기록은 없지만 어쨌든 기독교의 세례의식은 초대 교회로부터 비롯되었다. 구약의 과월제(過越祭) 사건(이스라엘 백성이 이집트의 노예 생활에서 탈출하여 기적적으로 홍해를 건넜던 사건) 및 예수님의 십자가상의 죽음과 부활 사건을 기념하고 거기에 참여한다는 뜻에서 베풀어졌다.

세례는 예수님 당시 다른 종교에서도 널리 유포되었던 예식이었다. 그러나 기독교 세례가 다른 종교의 세례와 구분되는 점은 '예수 그리스도의 이름으로' 세례를 준다는 사실이다. 즉 기독교 세례의 유일성과 독특성은 '예수 그리스도의 이름으로' 세례를 주는 것이다.

이러한 세례의 신학적 의미를 처음으로 명백히 한 사람은 사도 바울이다. 바울은 그리스도의 죽음과 부활에 참여하는 일이 세례가 가지는 기본적인 의미라고 말한다. 그러므로 세례란 첫째, 예수 그리스도의 죽음과 부활에 참여함을 의미한다.

바울은 로마서 6장 3절부터 5절에서 이렇게 말한다. "무릇 그리스도 예수와 합하여 세례를 받은 우리는 그의 죽으심과 합하여 세례를 받은 줄을 알지 못하느냐 그러므로 우리가 그의 죽으심과 합하여 세례를 받음으로 그와 함께 장사되었나니 이는 아버지의 영광으로 말미암아 그리스도를 죽은 자 가운데서 살리심과 같이 우리로 또한 새 생명 가운데서 행하게 하려 함이라 만일 우리가 그의 죽으심과 같은 모양으로 연합한 자가 되었으면 또한 그의 부활과 같은 모양으로 연합한 자도 되리라."

골로새서 2장 12절에서는 "너희가 세례로 그리스도와 함께 장사되고 또 죽은 자들 가운데서 그를 일으키신 하나님의 역사를 믿음으로 말미암아 그 안에서 함께 일으키심을 받았느니라."고 말한다.

바울에 따르면 세례는 예수 그리스도와 함께 죽고 다시 살아나는 것을 뜻한다. 본래 세례는 물속에 온 몸을 잠그는 침례 형태로 거행되었다. 그러나 박해 시대에는 몰래 숨어서 세례를 거행하고 몸이 불편해서 물이 있는 곳까지 거동하지 못하는 자들에게 세례를 하다 보니 머리에 물을 뿌리는 약식 세례가 거행된 것이다.

현재는 교파별로 침례를 하기도 하고, 머리에 물을 뿌리는 세례를 하기도 하지만 그 의미는 동일하다. 즉 온 몸을 물속에 잠그는 것은 인간의 죄 된 존재가 예수 그리스도와 함께 죽음을 뜻한다. 그 반면 물속에서 나오는 것은 부활하신 그리스도와 함께 새로운 삶으로 부활하는 것을 뜻한다.

세례를 통해 우리는 그리스도와 함께 장사되었으며, 새 생명 가운데서 살게 되었다. 그리스도인은 단순히 그리스도의 뒤를 따르거나 모방하는 정도가 아니라 그리스도의 죽음에 참여하는 동시에 그리스도의 부활에 참여하는 자들이다. 세례를 받는 순간 수세자(세례를 받는 사람)는 그리스도와 함께 십자가에 달리고 죽는다. 그리고 그리스도와 함께 죽은 수세자는 부활한 그리스도와 함께 새로운 생명으로 살아난다. "그런즉 이제는 내가 산 것이 아니요 오직 내 안에 그리스도께서 사신 것"(갈 2:20)이다.

둘째, 죄의 고백과 회개, 죄의 용서와 죄 씻음을 의미한다. 기독교 세례의 역사적 근원을 이루는 세례 요한의 세례는 죄를 용서받기 위한 회개의 세례였다. 수세자는 세례를 받음으로써 그의 개인적인 죄의 행위뿐만 아니라 그의 죄 된 존재를 그리스도에게 고백하며 죄의 길을 버리고 하나님 나라에 속한 하나님의 자녀로 살아가리라고 결단하는 것이다. 그리고 그리스도 안에서 역사적으로 일어난, 죄에 대한 용서와 구원을 자신의 것으로 받아들인다.

특히 신약성서는 세례를 깨끗하게 씻는 것으로 표현한다. 그리스도인들은 세례와 함께 "씻음"(고전 6:11)을 받는다. 세례는 다시 태어남, 곧 "중생의 씻음"(딛 3:5)이요, 말씀으로 깨끗하게 '씻음'(엡 5:26)을 뜻한다. 히브리서 10장 22절을 보면 그리스도인들의 마음뿐만 아니라 '몸'도 세례와 함께 깨끗이 씻음을 받는다. 우리가 몸이 더러워지면 물로 씻듯이 우리의 죄는 예수 그리스도의 보혈로 깨끗이 씻기는 것이다.

셋째, 칭의와 해방을 의미한다. 세례는 하나님의 의롭다하심, 곧 칭의를 받으며(고전 6:11; 롬 6:11), 죄의 노예 상태로부터 하나님의 자녀의 신분으로 해방된다는 뜻이다. 세례와 함께 그리스도인은 죄와 죽음이 다스리는 삶으로부터 하나님의 의와 사랑이 다스리는 새로운 삶으로 해방된다. 이 해방은 하나님의 모든 피조물들이 악의 세력으로부터 벗어나 하나님의 나라로 들어와 자유롭게 되는, 보편적 해방의 시작이다. 그것은 억압으로부터 참 자유를 향한 첫 걸음이다.

넷째, 주권의 교체를 의미한다. 기독교의 세례는 수세자 자신이 자기에게 베푸는 것이 아니라 세례를 주는 다른 사람이 집행한다. 따라서 자기 세례가 아니라 타인에 의한 세례이다. 수세자는 스스로 자기를 그리스도의 소유로 만드는 것이 아니라 세례를 통해 그리스도의 소유가 되는 셈이다. 수세자는 세례를 받음으로써 죄악의 주권에서 벗어나 그리스도의 주권 속으로 옮겨진다.

이제 그의 삶을 다스리는 것은 자기 자신도, 이 세상의 그 무엇도 아니다. 그를 위해 십자가에 달려 죽으시고 부활하신 그리스도가 그의 삶을 다스리신다. 세례와 함께 수세자는 그리스도와 '연합' 된 것이다. 그러므로 종교 개혁자 칼빈은 "세례는 그리스도의 삶과 죽음으로 통합되는 것일 뿐 아니라 그리스도와 하나가 됨을 뜻한다."고 말한다.

다섯째, 그리스도의 몸에 소속됨을 의미한다. 그리스도와 연합한다는 말은 그리스도의 몸, 즉 그리스도를 주로 고백하는 하나님의 백성들과 결합하며 주님의 몸 된 교회에 소속된다는 것을 뜻한다. 세례를 받음으로 수세자는 모든 그리스도인들과 함께 한 몸을 이루며 한 믿음과 한 성령과 한 희망 속에서 한 하나님을 모시고 살아가게 된다.

바울은 "몸이 하나요 성령도 한 분이시니 이와 같이 너희가 부르심의 한 소망 안에서 부르심을 받았느니라 주도 한 분이시요 믿음도 하나요 세례도 하나요 하나님도 한 분이시니 곧 만유의 아버지시라 만유 위에 계시고 만유를 통일하시고 만유 가운데 계시도다."(엡 4:4~6)라고 말한다.

이와 같이 세례는 십자가에 달리고 부활하신 그리스도와 일치와 통일을 이룬다는 의미인 동시에 교파와 민족과 인종과 성별, 직업의 차이를 초월하여 세계 교회와 일치와 결합을 이룬다는 의미이다.

사도 바울은 "누구든지 그리스도와 합하기 위하여 세례를 받은 자는 그리스도로 옷 입었느니라 너희는 유대인이나 헬라인이나 종이나 자유인이나 남자나 여자나 다 그리스도 예수 안에서 하나이니라."(갈 3:27, 28)라고 말한다.

여섯째, 성령의 능력 안에 있게 됨을 의미한다. 신약 성서는 세례와 함께 성령이 부어진다는 사실을 확신하고 있다. 즉 고린도전서 6장 11절에는 "주 예수 그리스도의 이름과 우리 하나님의 성령 안에서 씻음과 거룩함과 의롭다 하심을 받았느니라."고 기록되어 있다.

세례와 함께 성령님은 세례 받은 사람을 이 세계로부터 불러내어 예수 그리스도에게 귀속시키며, 그리스도의 의와 거룩한 삶과 영광에 참여하게 한다. 성령님은 세례 받는 사람 안에 거하며 그를 감화시키고 변화시키며 성령 안에서 살게 한다.

일곱째, 하나님 나라가 앞당겨서 일어남을 의미한다. 세례는 단순히 그리스도의 죽음과 부활에 대한 회상뿐만이 아니라 미래에 올 하나님 나라가 앞당겨 일어남(선취)을 뜻한다. 장차 임하게 될 하나님 나라가 예수 그리스도를 통해 그 도래를 이미 나타내는 동시에 믿음을 지킨 성도가 죽음의 삶을 버리고 부활의 삶으로 전향한다는 사실을 나타내는 것이다.

이처럼 세례는 예수 그리스도의 죽음을 회상하게 하는 동시에 부활의 미래를 기다리게 하며 이 기다림을 통해 약속된 미래를 현재화시킨다. 즉 세례는 과거의 회상인 동시에 미래의 선취이다.

그러므로 우리는 세례를 과거에 일어난 예수 그리스도의 죽음과 부활에 대한 회상 및 입교 의식으로만 생각해서는 안 된다. 이를 넘어서서 하나님 나라의 미래를 앞당겨 일어나게 하는 선취의 의미를 가지고 있다. 죄와 죽음의 세력에 대립하는 하나님 나라의 새로운 힘, 곧 성령의 능력이 세례와 함께 앞당겨 일어나는 것이다.

여덟째, 부르심과 파송을 의미한다. 세례를 통해 그리스도인은 하나님의 구원의 은혜를 받으며 구원의 미래를 희망하게 된다. 참으로 구원의 은혜를 경험하며 구원의 종말론적 미래를 기다리는 사람은 그의 삶을 하나님께 맡길 수밖에 없다. 그리스도의 뒤를 따라 하나님의 보편적 구원의 의미를 향해 자기의 삶을 바칠 수밖에 없는 것이다.

구원의 은혜를 경험했다고 하면서도 자기의 소유에 집착하고 소유의 증대와 출세를 삶의 주요 목적으로 삼는다면 올바른 기독교 신앙이라고 말할 수 없다. 세례는 수세자가 자기의 삶의 길을 하나님에게 내어 맡기며 하나님의 더 큰 구원의 미래를 향해 부르심과 보내심을 받는 사건이다.

세례를 통해 깨끗하게 씻기고 의롭다 하심을 받은 수세자는 깨끗하지 못하고 의롭지 못한 이 세상을 등지라는 말이 아니다. 오히려 이 세상을 깨끗하고 의롭게 만들기 위해 하나님의 보내심을 받은 자라는 뜻이다.

이 사실을 우리는 이사야 6장 8절에 나오는 이사야 선지자의 부르심에서 분명히 볼 수 있다. 스랍의 하나가 숯불을 이사야의 입술에 댄다. 이렇게 이사야는 죄를 용서받고 깨끗하게 된다. 지금으로 말하면 이사야가 세례를 받은 셈이다. 이때 이사야는 "내가 누구를 보내며 누가 우리를 위하여 갈꼬." 라는 하나님의 부르심을 듣는다. 이 부르심에 대해 그는 "내가 여기 있나이다 나를 보내소서."라고 응답하고 하나님의 파송을 받는다. 여기서 우리는 세례란 하나님의 부르심을 듣고 응답하는 사건임을 분명히 알 수 있다.

실로 세례는 이 세계의 모든 것을 등지고 마음의 기쁨과 평안만을 누리게 하는 사건이라기보다, 죽었다가 부활한 그리스도와 연합하여 주님이 다스리는 하나님 나라의 미래를 향해 보내심을 받는 사건이다.

교파별 세례이해

약 2천 년 전 예수 그리스도 안에서 일어난 하나님의 역사적 구원의 사건은, 이 사건에 대한 말씀 선포와 성례전을 통해 기독교인들에게 오늘의 사건으로 일어난다. 역사의 유일회적인 십자가와 부활 사건은 말씀과 성례전을 매개로 하여 이를 믿는 자들에게 현재의 사건이 된다. 그러므로 말씀과 성례전은 '구원의 방편' 이자 '은혜의 매체' 인 셈이다.

가톨릭 교회는 일곱 가지 성례전(가톨릭에서는 성사라고 말함)을 제정하였다. 즉 세례, 견신례, 성찬, 고해, 사제 서품식, 결혼식, 종유식이 그것이다. 그러나 개신교는 세례와 성찬 두 가지만을 성례로 인정한다. 왜냐하면 이 두 가지만 예수께서 친히 제정하셨기 때문이다. 이미 2세기에 교부 터툴리안은 '세례와 성찬의 성례전' 에 대해 언급했다. 어거스틴은 성례전을 "눈으로 볼 수 있는 말씀"이라고 한다.

성례란 그리스도로 말미암아 제정된 거룩한 의식으로 이 의식을 통해 그리스도 안에 나타난 하나님의 은혜와 언약의 혜택이 신자들에게 나타나고 인(seal)쳐지며 적용된다. 그리고 신자들은 하나님에게 그들의 신앙과 순종을 표현하는 의식이다.

개신교 전통에 따르면 예수 그리스도의 구원을 우리에게 전하는 성령의 은혜는 '말씀'과 '세례'와 '성찬'을 통해 전달된다. 그런데 구원을 전하는 순서가 세례가 먼저고 그 다음이 성찬이다. 세례는 '시작의 성례전'이요 '은혜의 문'이라면, 성찬은 '완성의 성례전'이요 '은혜의 길'이다.

세례를 통해 인간은 영원한 생명으로 다시 태어나고, 성찬을 통해 영원한 생명이 유지된다. 세례를 통해 인간은 하나님과 새로운 계약 관계를 맺게 되고, 성찬을 통해 이 계약 관계가 유지된다. 세례를 통해 인간은 하나님의 나라에 속한 새 피조물이 되고, 성찬을 통해 새로운 피조물의 존재가 유지되고 완성되어 간다.

기독교의 모든 교회들은 세례를 베풀고 있다. "세례는 예수 그리스도로 말미암아 세워졌으며, 신자들은 세례를 통해 그리스도의 몸 된 교회에 속한 지체가 되고, 법적으로 그리스도인의 신분을 얻게 된다."는 점에서 의견을 같이한다.

또한 세례는 반복할 수 없으며 단 한 번밖에 없는 사건이요, 삼위일체 하나님의 이름으로 물을 수세자의 신체 어느 부분에 뿌리든지 온 몸을 물속에 잠금(침례)으로써 집행된다는 점에서도 의견이 일치한다. 그러나 가톨릭교회와 개신교의 루터교회와 개혁교회, 그리고 감리교회는 세례에 대해 상이한 견해를 가지고 있다.

첫째, 가톨릭교회는 세례를 통해 예수 그리스도의 칭의의 은혜가 직접 수세자에게 부여된다고 말한다. 중세신학의 표현을 빌리자면, 세례를 받는 순간 원죄가 제거되고 인간이 하나님에게 용납될 수 있는 초자연적이고 영적인 자질이 수세자에게 부어진다. 즉 세례와 동시에 원죄를 포함한 모든 죄를 용서받고 본래의 원의(Original Justice)가 회복된다.

그러나 그럼에도 불구하고 죄를 지을 수 있는 가능성이 수세자에게 여전히 남아 있다. 이 가능성 때문에 수세자는 다시 죽음에 이를 수 있는 죄를 짓고 세례를 통해 받은 은혜를 잃어버릴 수 있다.

그래서 가톨릭교회는 '고해(고백)성사'를 통해 원의를 다시 회복할 수 있는 성례전을 제정한 것이다. 가톨릭교회에서는 거듭나지 않은 사람이 구원받기 위해 세례가 필수인 것처럼, 세례를 받은 다음에 죄를 짓고 타락한 사람이 구원받기 위해서 고해성사가 필수인 셈이다.

둘째, 루터에 따르면 세례를 통해 모든 죄를 용서받고 하나님의 의롭다 하심, 곧 칭의를 얻는다. 그러나 우리는 세례를 받은 다음에도 죄인이다. '의인인 동시에 죄인'인 것이다. 세례는 인간에게 어떤 새로운 자질을 부여한다는 뜻이 아니라 세례와 함께 성령의 능력으로 죄와 싸우며 마지막 죽을 때 죄인을 그 죄로부터 구원하실 것을 약속받는다는 뜻이다.

루터는 세례에 사용되는 물 자체가 구원의 효력을 가지고 있지는 않다고 말한다. 말씀을 통해 비로소 구원의 효력을 가진다. 말씀에 대한 믿음이 있을 때에만 세례는 효력을 가지는 것이다.

특히 루터는 세례와 신앙의 결합을 강조한다. 세례 의식과 관계된 말씀을 믿지 않는 사람에게 세례는 아무런 의미도 효력도 없다. 그러나 말씀과 결합된 물은 죄인의 죄를 용서하고, 그를 다시 태어나게 하는 하나님의 힘을 가지고 있다.

세례와 신앙의 관계에 대해 루터는 종교개혁의 성례전론의 원칙을 다시 한 번 표명한다. 예수님은 마가복음 16장 16절에서 "믿고 세례를 받는 사람은 구원을 얻을 것이요."라고 말씀하셨다. 여기서 예수님은 세례에 앞서 믿음을 전제한다. 믿음 없는 세례는 아무 효력이 없다. 루터는 "믿지 않는 사람은 비록 그가 세례를 받았다 할지라도 멸망한다. 세례가 자동으로 구원을 주는 것이 아니라 세례에 대한 믿음이 구원을 준다."고 말한다.

이와 같이 세례에는 믿음이 반드시 필요하다면, '아직 믿음이 없는 어린 아이는 세례를 받을 수 없지 않은가?', 즉 '유아세례는 부당하지 않은가?'라는 물음이 제기된다. 이는 종교개혁 당시에 이단으로 정죄된 재세례파의 주장이었다. 이들은 비자각적인 유아세례를 비성서적이라고 보고 자각적인 신앙고백 이후에 받는 세례만이 유일한 세례라고 말한다. 이에 대해 루터는 여러 가지 이유를 들어 유아세례를 옹호한다.

> 1) 유아는 세례 받도록 인도하는 사람들에게 신앙의 도움 및 주입을 받는다. 2) 하나님의 말씀은 유아는 물론 유아보다 더 귀가 먹고 불경건한 사람도 변화시킬 수 있는 능력이 있다. 3) 기독교가 시작될 때부터 유아세례를 실시했다. 4) 복음서에서 예수님은 어린이들이 그에게 오는 것을 허용하고 하나님의 나라가 그들의 것이라고 축복했다. 5) 제자들에게 모든 백성들에게 세례를 주라고 명령하실 때 어린아이들을 제외하지 않으셨다. 6) 사도들은 회개하는 사람의 온 '집'에서 세례를 주었다. 7) 그런즉 유아세례를 주는 것은 하나님의 뜻에 대립하지 않고 오히려 일치한다.

셋째, 칼빈을 중심으로 한 개혁교회의 견해에 따르면 인간을 구원하는 능력이 물속에 내재하지 않는다. 세례는 하나님께서 그분의 말씀과 성령을 통해 역사하심을 증명하는 표징이다. 말씀의 타당성을 증명하는 봉인과 같다. 물론 세례는 신자들의 신앙을 강화하고 새로운 삶을 살도록 예수님이 세우신 의식이다. 그리고 하나님은 세례가 상징하는 바를 세례와 함께 이루신다. 그러나 세례는 하나님이 그분의 말씀과 성령을 통해 영적으로 이루시는 일에 대한 외적 · 물질적 표징으로 남는다.

칼빈은 세례가 원죄를 씻고 본래의 원의를 회복해 준다는 가톨릭교회 교리는 잘못되었다고 지적한다. 세례를 받은 다음에도 인간성의 타락은 그대로 남아 있고 자기중심적인 욕망도 여전히 있다. 단지 세례는 세례 이후에 지을 수 있는 죄를 하나님께서 기억하지 않으시고 우리에게 돌리지 않으리라는 약속을 뜻한다.

또한 칼빈은 유아세례를 적극적으로 지지한다. 그는 유아세례를 지지하는 이유를 이렇게 말한다.

> 1) 구약성경에서도 어린이들이 할례로 성화를 받았다. 2) 예수님이 어린이들을 용납하시고 축복하셨다. 3) 예수님은 어린이들을 하나님의 나라에 받아들일 것이라고 약속하셨다. 4) 세례요한도 어릴 때 성화를 받았다. 5) 예수님도 유년시절 성화의 예식을 받았다. 6) 하나님이 만일 어떤 아이를 예정하셨다면 어떤 모양으로든지 신앙을 그 아이에게 주입하여 주실 것이다.

넷째, 웨슬리를 중심으로 한 감리교회에 따르면 세례는 그리스도가 제정한 은혜의 수단이다. 웨슬리가 말하는 은혜에 대한 이해는 이중적이다. 하나는 그리스도의 대속의 죽음과 희생으로 얻은 은혜요, 다른 하나는 성령의 역사로 말미암아 믿음과 칭의, 구원과 성화를 가능케 하는 은혜이다. 이 은혜는 신도들이 하나님을 믿게 하며 사랑하게 하고 봉사하게 하는, 성령이 주시는 힘이다. 즉 은혜는 물질(substance)보다 힘(dunamis)으로 이해된다.

이런 점에서 볼 때 세례에서 은혜를 받는다는 말은 어떤 물질적 은혜를 받는 것이 아니다. 값없이 주시는 그리스도의 대속과 희생으로 죄악을 이길 힘을 얻으며 동시에 성령의 역사하심으로 새롭게 거듭난 삶을 살 수 있는 힘을 얻는 것이다.

웨슬리는 세례를 신도들과 하나님 사이에 언약을 이루는 성례전으로 표현한다. 세례가 하나님의 언약의 상징이었던 할례에 대치할 만한 것이라고 본 셈이다. 그래서 할례가 '하나님의 언약'의 표적이요 인증인 것처럼 세례도 마찬가지라고 본다. 그에게 세례는 입교뿐 아니라 그리스도의 몸에 접붙임을 받는 것, 그리고 하나님의 양자녀가 됨을 인증하는 것이다. 그도 루터와 칼빈처럼 유아세례의 중요성을 인식하여 그 타당성을 주장하였다.

또한 웨슬리는 사람이 세례를 받아 거듭난다는 것은 새로운 삶의 시작일 뿐이며, 이 생명이 세례 이후에 유지되고 또 성장하려면 세례 받은 사람이 하나님과의 관계에서 책임 있는 삶을 사는 데에 의존해야 한다고 말한다.

이 같은 이해로 웨슬리에게 세례란 포괄적인 성격을 지닌다. 곧 세례는 세례 받는 순간에 일어나는 하나의 사건, 즉 '중생'과 세례 받은 사람의 생애 전체, 즉 '성화' 양자를 포함하고 있다. 또한 세례는 종말론적인 의미를 가지는데, 하나님과의 계속적인 관계를 통해 성장하며 마침내는 완성될 것으로 기대되기 때문이다.

결국 웨슬리의 중심적인 관심과 강조는 세례가 갖는 발전적 성격과, 세례 받은 사람이 언제 세례를 받았든지 현재 여기에서 책임 있는 삶을 살고 있느냐에 있었던 것이다. 그러므로 웨슬리는 "만일 우리가 세례에 합당하게 살아간다면, 즉 우리가 회개하고 믿고 복음에 순종한다면 세례는 바로 우리를 구원하는 것이다."라고 말한다.

성찬의 의미

기독교 역사에서 성찬은 중요한 위치를 차지해 왔다. 가톨릭에서 미사란 성체(聖體)의 제의라고도 한다. 즉 그리스도가 십자가에 매달리게 되는 전날 밤에 제자들과 함께 최후의 만찬을 가졌을 때 제정한 의식이 성찬의 기원이다.

개신교에서는 설교가 중심적 위치를 차지하고 있다고 할 수 있지만 그럼에도 불구하고 성찬은 여전히 중요한 위치를 차지한다. 그런데 성찬은 한마디로 정의할 수 없는, 다양한 의미를 가지고 있다. 이러한 여러 가지 의미를 파악해야지만 성찬에 대해 온전히 이해할 수 있다.

첫째, 성찬은 무엇보다 먼저 하나님께 감사함을 의미한다. 예수님의 최후만찬에 대한 사도 바울의 보도에 따르면, 예수님은 떡을 나누어 주시기 전에 하나님께 감사를 드렸다. 교회에서 일찍부터 성찬을 유카리스트(Eucharist)라고 부르는 이유가 여기에 있다. 이 말은 희랍어 '유카리스티아' 에서 유래하는데 '감사' 를 뜻한다. 따라서 성찬은 무엇보다 먼저 하나님께 감사한다는 의미이다.

그렇다면 '예수님은 무엇에 대해 하나님께 감사를 드렸을까?' 하는 의문이 생긴다. 사실 예수님의 최후만찬에 대한 신약성서의 기사는 이를 구체적으로 서술하고 있지는 않다. 그럼에도 불구하고 우리가 추정해 볼 수 있는 부분은 먼저 예수님은 떡과 포도주가 상징하는 일용할 양식에 대해 감사드렸다는 점이다. 많은 사람들이 굶주리고 있는데 일용할 양식이 허락되었기 때문이며, 근본적으로 양식은 하나님께서 주시는 하나님의 은혜이기 때문이다.

또한 예수님은 아버지 되신 하나님의 창조와 구원과 인도하심에 대해 감사드렸을 것이다. 그러므로 기독교의 성찬도 하나님의 창조와 구원과 인도하심에 대한 감사를 의미한다. 본질적으로 성찬은 예수 그리스도 안에서 일어난, 하나님의 죄의 용서와 구원의 세계, 곧 하나님의 나라에 대한 약속에 대해 감사드리는 행위다.

이렇게 성찬은 하나님께서 예수 그리스도를 통해 성령의 도우심 가운데 인간을 위해 행하신 구원의 역사를 찬양하며, 장차 하나님 나라를 완성하실 모든 역사에 대해 감사로 응답하는 의식이다.

둘째, 인간의 죄로 말미암아 하나님과 단절된 관계가 예수 그리스도의 십자가의 죽음으로 하나님과 인간 사이에 '새 계약' 이 맺어진다는 것을 의미한다. 최후의 만찬에 대한 신약성서의 보도에 따르면 포도주는 '계약의 피' 에 해당한다. 그러므로 성찬 예식은 예수 안에서 일어난, 하나님과 인간의 새 계약이 현재화되고 성찬에 참여하는 사람들은 하나님과의 계약 관계에 있게 됨을 뜻한다.

성찬은 그리스도께서 단 한 번 바치신 희생을 통해 지금도 온 인류를 구원하시기 위해 역사하는, 효과적인 은혜의 표징이다. 예수님은 대제사장이시면서 온 인류를 대속하기 위한 희생제물이 되심으로써 자기 비움과 순종의 희생을 나타내셨다. 따라서 성찬에 참여하는 그리스도인들은 하나님과 새로운 계약을 맺은 백성이 된다.

이 계약의 사건은 '죄의 용서' 와 '칭의' 와 결부되어 있다. 그리스도인들은 성찬을 받음으로써 죄를 용서받으며 하나님으로부터 의롭다 하시는 인정을 받는다. 곧 성찬은 죄를 용서받은 사건이요 칭의를 입은 사건이다. 게다가 그것은 그리스도 안에서 일어난, 죄의 용서와 칭의에 대한 회상에 불과한 것이 아니라 성령을 통해 지금 여기에서 일어나는 사건이다. 즉 성찬은 죄와 용서와 칭의에 대한 새로운 계약을 맺은 사건을 의미한다.

셋째, 십자가에서 죽임을 당하시고 부활하신 예수 그리스도에 대해 기념하는 것이다. 종교 개혁자 츠빙글리의 말처럼 성찬은 십자가에 달려 자기를 희생제물로 바친 그리스도의 고난과 죽음에 대한 회상을 뜻한다. 이는 영적 회상의 표식이요 '회상의 성찬', '기념의 성찬'이다.

회상을 통해 과거와 현재의 시간적 차이가 극복되며 여기와 저기의 공간적 차이가 극복된다. 따라서 그리스도인들은 지금 여기에서 행하는 성찬을 통해 2천 년 전 골고다에서 일어난 그리스도의 고난에 영적으로 참여하게 된다. 성찬은 회상을 통해 과거의 그리스도를 지금 여기에서 만나며, 그분의 고난에 참여하고, 예수 그리스도와 사귐을 갖는 것을 의미한다.

이러한 성찬을 통해 그리스도께서 과거에 하신 일에 대한 회상, 그분이 이루신 구속의 현재화, 그리고 구원의 종말론적 완성에 대한 기대가 성찬에서 입체적으로 실현된다. 따라서 성찬은 단지 과거의 기념행위가 아니라, 현재 성찬에 참여하는 모든 성도들에게 그리스도의 희생을 재현하는 기념행위다.

넷째, 하나님 앞에서 모든 사람은 평등하다는 사실을 드러낸다. 성찬 앞에서 인간의 모든 구별은 사라진다. 신분이 높은 사람이나 낮은 사람, 사용자나 피고용자, 남자나 여자, 인종의 구별 없이 모든 사람이 똑같은 음식을 함께 나눈다. 성찬을 대할 때 이러한 인간적인 모든 기준과 잣대는 아무런 의미가 없다. 따라서 성찬은 모든 사람이 하나님 앞에서 평등하다는 것을 의미한다. 어떤 사람이건 모두 하나님 앞에서 용서받고 구속받을 죄인일 뿐이다.

다섯째, 그리스도인들의 친교와 '하나 됨'을 의미한다. 성찬은 그리스도와 연합하여 지체의식을 가지고 성도의 교제를 이룬다. 여기서 친교란 그리스도와 하나 됨, 사람들 간에 하나 됨, 그리고 세상을 향한 사역에서 하나 됨을 의미한다.

요한복음 17장은 전체가 예수님의 기도문이다. 예수님이 십자가를 지시기 직전에 하신 기도로, 그분께서 이 땅에 오신 목적과 사역을 잘 드러낸 기도문이다. 그 요지는 결국 하나가 되게 해 달라는 간구였다.

성부와 성자, 성령께서 하나가 되시고 주님을 머리로 하는 몸 된 교회와 교회에 속한 모든 지체인 성도가 하나 되는 것이 우리 주님께서 기도하시고 바라시던 일이다. 그리고 한 몸이 된 교회가 그리스도의 복음을 땅 끝까지 전하는 사명을 감당하여 온 인류가 주님 안에서 하나가 되고 구원받는 백성이 되는 것이 우리 주님께서 소원하신 바이다.

이러한 맥락에서 성찬은 예수님과 그리스도인, 그리스도인과 그리스도인, 교회와 교회, 그리고 더 나아가 교회와 세계의 일치를 이루는 데 기여하여 세상을 향한 섬김과 나눔의 사명을 결단하게 하는 데 그 의미가 있다.

여섯째, 종말에 완성될 하나님 나라의 표징이다. 최후의 만찬에 대한 신약성경의 기록에서 우리는 예수 그리스도께서 장차 오실 미래에 대한 종말론적인 차원을 볼 수 있다. 마가복음 14장 25절에서 예수님은 "진실로 너희에게 이르노니 내가 포도나무에서 난 것을 하나님 나라에서 새 것으로 마시는 날까지 다시 마시지 아니하리라."고 말씀하셨다. 이러한 종말론적 기다림의 지평은 최후 만찬에 대한 다른 세 가지 보도(마 26:29; 눅 22:18; 고전 11:26)에도 나타난다.

종말론적 기다림의 차원에서 예수님은 장차 오실 분이며, 성찬은 장차 오실 예수님에 대한 기다림의 의미를 가지고 있다. 따라서 우리는 최후의 만찬에 대한 예수님의 말씀 속에서 '이별의 말씀'을 보는 동시에 다시 오셔서 하나님 나라의 대 만찬을 가질 것이라는 '약속의 말씀'과, 이때를 기다리라고 명령하는 '기다림의 말씀'을 보아야 한다.

그러므로 과거에 오셨던 예수 그리스도에 대한 회상과 기념으로서의 성찬은 또한 장차 오실 그리스도에 대한 기다림과 희망의 표식을 의미한다. 십자가에 달려 죽으신 예수 그리스도는 성찬 속에서 부활의 능력과 함께 장차 오실 분으로 나타나는 것이다.

처참하게 십자가에서 죽으신 예수님은 부활의 능력을 입고 다시 오실 것이다. 재림하실 주님은 하나님 나라의 대 만찬의 주인공으로 영광을 받으며 오실 것이다. 그러므로 성찬은 십자가의 고난을 당하신 그리스도와의 사귐과 연합을 뜻할 뿐 아니라 미래에 다시 오실 그리스도와의 사귐과 연합을 뜻한다.

실로 성찬은 단순히 십자가에서 고난을 당하신 예수 그리스도를 슬퍼하는 '슬픔의 만찬'이 아니라 다시 오실 그분을 기다리고 기뻐하는 '기쁨의 만찬'이요, '이별의 만찬'이 아니라 '사귐의 만찬'이다. 또한 '기념의 만찬', '회상의 만찬'이며 '기다림의 만찬'이요 '희망의 만찬'이다.

따라서 기독교의 성찬은 이중 구조를 가지고 있다. 곧 과거에 일어난 예수 그리스도의 죽음을 슬퍼하고 회상하는 구조를 가진 동시에 부활한 주님이 다시 오실 것을 기뻐하고 기다리는 구조를 가지고 있다.

이 두 가지 구조, 곧 '회상'과 '기다림'은 분리될 수 없다. 그리스도의 고난과 죽음에 대한 회상은 생명의 주로 다시 오실 그분의 재림에 대한 기다림과 결합되어 있고, 그분의 재림에 대한 기다림은 그분의 고난과 죽음에 대한 회상과 결합되어 있는 것이다.

교파별 성찬이해

대중매체가 눈부시게 발달하여 예전 같으면 교회에 직접 나와서 해야만 하는 일들을 많은 부분 집에서도 해결할 수 있게 되었다. 예컨대 텔레비전이나 인터넷을 통해 유명 강사들의 설교를 자신이 원하는 시간에 얼마든지 보고 들을 수 있게 된 것이다. 심지어 어떤 방송에서는 계좌번호를 자막으로 내보내 헌금이나 후원도 온라인(On Line)에서 할 수 있게 되었다.

그러나 이러한 시대에도 반드시 교회에 직접 나와야만 하는, 즉 오프라인(Off Line)에서만 가능한 일들이 있다. 그 중에 대표적인 일이 세례와 성찬이다. 세례는 평생에 한 번 받지만 성찬은 성도가 계속해서 참여해야 하는 성례전이다. 따라서 요즘같이 대중매체가 발달한 시대에 성찬에 대한 이해를 깊게 하고 교회의 예전을 새롭게 회복하는 일은 대단히 중요하다. 특히 성찬이 중심인 가톨릭의 미사와 달리 말씀과 설교가 중심인 개신교의 예배에서는 이러한 부분에 주의를 기울일 필요가 있다.

성찬 예식은 예수님이 잡히시기 전날 저녁에 열두 제자들과 함께 식사하신 후 떡과 포도주를 제자들에게 주시면서 떡은 “내 몸이라” 하셨고, 포도주는 “너희를 위하여 흘리는 나의 피라”고 하시며, “받아먹어라.”, “이를 행할 때마다 나를 기념하라.”고 하신 예수님의 말씀에 근거하여 행하고 있는 것이다.

그러므로 성찬이란 예수님의 피와 살을 상징하는 떡과 포도주를 나누어 먹고 마심으로 주님의 대속의 죽음과 십자가를 기념하는 성스런 예식이다(눅 22:19, 20). 세례를 받은 자들만이 참여하며 떡과 포도주를 먹고 마심으로 속죄 제물이 되신 예수 그리스도의 죽음을 깊이 생각하고, 성령으로 말미암아 그리스도와 한 몸이 되며, 구원에 대한 확증을 갖게 하고, 성도의 교제에 참여하게 하는 예식인 것이다.

이러한 성찬에 대해 교파와 학자들 간에 다소 차이가 있는데, 대표적인 네 가지 이론은 가톨릭교회의 화체설, 루터의 공재설, 츠빙글리의 기념설(상징설), 그리고 칼빈의 영적 임재설이다. 이 네 가지 이론에 근거해 좀 더 구체적으로 성찬에 대해 살펴보도록 하자.

가톨릭교회는 '화체설(化體說)'을 주장한다. 그러나 처음부터 교리적으로 확정된 성찬론을 가지고 있었던 것은 아니다. 기나긴 교회의 역사를 통해 성찬론을 확정하게 되었다. 이렇게 확정된 가톨릭 교리에 따르면 성찬은 근본적으로 예수 그리스도께서 자신의 몸 된 교회에 주신 은사인 동시에 사제를 통해 교회가 하나님께 바치는 희생제물이다. 예수 그리스도는 성찬의 희생제물로 자신을 교회에 내어주며, 교회는 사제를 통해 그리스도와 자기 자신을 하나님께 바친다.

성찬은 골고다에서 일어난, 예수님의 십자가의 희생제물과 드리는 방식은 다르지만 동일한 희생제물이다. 이렇게 성찬을 통해 예수 그리스도의 희생제물이 반복되고 현실화되는데, 미사의 희생제물은 참된 속죄의 희생제물이다. 미사에서 성도들은 하나님께 봉헌될 예수님의 몸과 피를 받아서 먹고 마신다.

물론 단 한 번 일어난 그리스도의 십자가의 희생제물이 불충분하거나 보충되어야 하기 때문이 아니다. 단지 십자가에 달려 희생제물로 바쳐진 예수 그리스도가 미사를 통해 새롭게 교회와 성도에게 내어주며 하나님께 다시 봉헌되는 것이다.

성찬에 사용되는 재료와 그리스도의 몸과 피의 관계에 대해 가톨릭교회는 '화체설'을 주장한다. 화체설은 교부 이그나티우스의 주장으로, 사제가 떡과 포도주를 놓고 성령이 임재해 달라고 기도하는 순간 실제로 예수님의 살과 피로 변한다는 것이다. 이는 1215년 라테랑 공회에서 가톨릭 교리로 확정되었다. 이러한 실체 변화는 우리의 일반적인 경험의 영역을 초월하는데, 가톨릭교회는 하나님의 계시로 말미암은 신비라고 말한다.

또한 가톨릭의 전통적 관습에 따르면 평신도는 포도주 잔을 받을 수 없다. 평신도가 포도주를 마시다가 바닥에 흘리거나 잔을 떨어뜨리게 되면 예수님의 피가 쏟아진다고 여기기 때문이다. 이 경우 사제가 혀로 핥아먹는다. 또한 그리스도의 몸인 떡 안에 이미 주님의 피가 있기 때문에 평신도들에게는 대부분 떡만 준다.

그러나 종교 개혁자 루터는 가톨릭교회의 화체설을 반대하고 '공재설(共在說)'을 주장한다. 육안으로 볼 수 없는 그리스도의 몸과 피가 눈에 보이는 성물(빵과 포도주) 안에, 성물과 함께 있다. 즉 그리스도의 몸과 피가 떡과 포도주 안에 임재한다.

이렇게 루터는 가톨릭교회의 화체설을 반대하면서 츠빙글리의 극단적인 상징설도 반대한다. 사제가 성별한 떡과 포도주가 그리스도의 몸과 피로 변하지도 않지만 츠빙글리 말처럼 단순히 상징에 불과하지도 않다. 그리스도는 인간이 파악할 수 없는 방법으로 떡과 포도주에 실재로 임재하는 것이다.

그러므로 떡과 포도주 '안에, 그리고 그 가운데' 계신 그리스도의 참 몸과 피이다. 그 이유는 무엇인가? 루터는 사제가 선포하는 성찬 제정사, 곧 "이것은 내 피"라는 사제의 말씀이 성찬과 결합되기 때문이라고 밝힌다. 이 말씀이 없다면 떡과 포도주는 단순한 물질에 불과하다. 그러므로 떡과 포도주가 그리스도의 몸과 피로 되게 하는 것은 말씀이다. 루터는 "말씀이 외적인 물질에 부여될 때 그것은 성례전이 된다."는 어거스틴의 말을 자신의 견해에 대한 근거로 삼는다.

루터의 공재설에 따르면 성찬은 사제가 베푸는 행위도, 성찬에 참여하는 성도의 행위도 아니다. 그것은 근본적으로 하나님의 은혜다. 인간은 이것을 받기만 할 뿐이다.

츠빙글리는 '기념설' 혹은 '상징설'의 입장을 취한다. 성찬의 떡과 포도주는 단지 죄의 대속물로 죽으신 그리스도의 희생을 기념할 뿐이지, 그 이상의 실체적 변화나 그리스도의 몸과 피가 떡과 포도주에 임재하는 것은 아니라고 본다.

츠빙글리는 성찬이란 우리 죄를 대속하신 그리스도를 기념하고, 성도들의 구속 신앙을 견고하게 하며, 믿음의 공동체 일원으로서 자기 정체성을 확인하는 의식일 뿐이라고 말한다. 그에게는 성찬이 결혼기념일과 같은 기념의 한계를 넘지 못했기 때문에 그는 매주일 행하던 성찬을 연 4회로 줄였다.

칼빈에게 성찬은 '영적인 사건'이다. 그는 루터와 마찬가지로 가톨릭교회의 화체설과 츠빙글리의 기념설(상징설)을 반대한다. 성찬을 그리스도의 몸을 입으로 먹고 그의 피를 마신다는 루터의 생각에도 반대한다. 칼빈에 따르면 그리스도의 인간적인 육신은 하늘로 올라갔으며 하나님의 오른편이라는 장소에 제한되어 있다. 그리스도의 인간적인 육신은 어디에나 있을 수 없다. 루터의 경우처럼 수없이 많은 교회의 모든 제단 위에 놓여 있는 떡과 포도주 안에 있다고 말할 수 없는 것이다. 그리스도는 우리 가운데 계시기 위해 그의 장소를 바꾸는 것이 아니라 그의 육의 현재적 능력을 하늘로부터 우리 안에 보낸다.

따라서 성찬은 상징에 불과하다는 츠빙글리의 견해도 옳지 않지만 그리스도의 몸이 하늘에서 내려와 수많은 제단에 편재하며 신자들의 입속으로 들어간다는 루터의 표상도 옳지 않다는 것이 칼빈의 견해다.

칼빈은 승천하신 그리스도는 단지 그의 신성에 있어서 성령을 통해 하나님의 편재에 참여한다고 말한다. 그리스도는 하늘에 계시는데, 성령의 능력을 통해 자기를 내어준다. 우리는 '오직 성령을 통해' 그리스도의 육의 능력을 받으며 '우리 안에 계신 그리스도를 소유하여 가진다.'

그러므로 성찬을 받는 사람들은 루터의 말처럼 떡과 포도주 '안에, 함께 그리고 그 가운데' 공간적으로 현존하는 그리스도의 몸과 피를 입으로 먹고 마심으로써, 그리스도와 연합하는 것이 아니라 하늘에 계시면서 성령 가운데 현존하는 그리스도와 연합한다.

떡과 포도주를 받는 수찬자와 그리스도를 하나로 연합시키는 것은 화체설처럼 그리스도의 몸과 피로 변한 떡과 포도주도 아니요, 공재설처럼 그리스도의 몸과 피가 그 안에 공간적으로 현존하는 떡과 포도주도 아니다.

칼빈은 이 결합의 끈을 '그리스도의 영'이라고 부른다. 성령을 통해 신자들의 영은 그리스도에게로 올라가며 하늘에 계신 그리스도의 몸과 피를 영적으로 먹고 마신다. 따라서 성찬은 '영적인 사건'이다. 또한 칼빈은 믿음 없는 성찬은 무의미하다고 말한다. 성찬이 믿음을 가진 사람에게는 '생명으로' 인도하지만, 믿음 없이 성찬에 참여하는 사람에게는 '멸망으로' 작용한다는 것이다. 이렇게 성찬의 은혜와 약속은 믿음이 전제되어 있는 사람에게만 부여된다.

제 9 장

신앙생활

예배 | 기도 | 전도 | 십일조 신앙의 성경적 근거

예배

영어로 예배를 '워십(worship)'이라고 한다. '가치'를 뜻하는 '워쓰(worth)'와 '신분'을 뜻하는 '십(ship)'의 합성어이다. 즉 워십이란 최상의 존경과 존귀를 받을 만한 가치가 있는 분께 드려지는 행위란 뜻이다. 인간이 하나님께 예배하는 것은 그분에게 최상의 가치를 돌리는 것을 의미한다. 그러므로 예배는 이 세상 그 무엇보다도 하나님께 우선순위를 둔다는 고백의 행위다.

예배가 하나님께 최상의 가치를 돌려드림으로 오직 하나님만 드러나게 하는 일이라면, 이는 구체적으로 무엇을 의미하는가? 이 사실을 알기 위해서는 구약의 예배인 제사에 대해 살펴보아야 한다. 구약에 나오는 다섯 가지 제사는 철저히 하나님께 초점이 맞추어진 정성스러운 의식이었다. 오늘날 우리의 예배가 그와 같은 마음과 정신으로 드려진다면, 그 예배는 신령과 진정으로 드리는 예배가 될 것이다. 구약의 다섯 가지 제사를 통해 예배의 의미를 살펴보자.

첫째, 구약 시대의 가장 대표적인 제사는 '번제'다. 번제의 특징은 제물을 조금도 남김없이 온전히 불태워 버리는 것이다. 이는 제사를 드리는 자가 자기 자신을 온전히 하나님께 드린다는 의미를 가지고 있다. 하나님 앞에서의 철저한 '자기 부인' 과 하나님께 대한 온전한 '자기 의탁' 이다. 그러므로 구약의 번제는 언제나 예배의 가장 근본적인 모범이 된다. 왜냐하면 예배가 곧 하나님 앞에서 자기 부인이요, 하나님께 대한 철저한 자기 의탁이기 때문이다.

레위기 1장 3절에 보면 "그 예물이 소의 번제이면 흠 없는 수컷으로 회막 문에서 여호와 앞에 기쁘게 받으시도록 드릴지니라."고 나온다. 따라서 번제를 드리는 자는 반드시 '흠 없는' 제물을 하나님께 바쳐야만 했다. 그러기 위해서는 제사를 드리기 전에, 바치려는 제물에 흠이 있는지 없는지를 살펴야만 했다. 조그마한 흠이 있어도 안 되기 때문에 매우 정성스럽게 확인해야만 했다. 바른 제사를 드리기 위해 반드시 준비 단계가 선행되었던 것이다. 이와 같이 예배는 준비된 마음으로 드려야 한다. 정성스럽게 준비하는 마음 없이 드리는 예배는 '흠 없는' 예배가 될 수 없다.

번제는 "여호와 앞에 기쁘게 받으시도록" 드려야만 했다. 이는 예배드리는 주체가 인간이 아니라 하나님이라는 사실을 의미한다. 예배는 인간이 보기에 좋게, 인간의 기쁨을 위해 행하는 종교 예식이 아니다. 언제나 하나님이 보시기에 좋게, 하나님께서 기뻐하시도록 드려야 한다. 그래야 하나님의 기쁨이 나의 기쁨으로 채워진다.

또한 번제는 제사 드리는 자가 제물의 머리에 안수하는 것으로부터 시작된다(레 1:4). 안수(按手)란 문자 그대로 '머리 위에 손을 얹는 것' 이다. 제사를 드리는 자는 제물로 바치는 짐승의 머리 위에 손을 얹는다. 그리고 자신의 죄를 하나님 앞에 고한다. 그 순간 그 사람의 죄는 짐승에게 전가된다. 이처럼 제물로 인해 자기의 죄가 대속되는 것을 눈으로 확인하면서 드리는 제사는 감사와 감격의 제사가 되는 것이다.

예배는 '회개' 로부터 시작되어야 한다. 지난 한 주간 동안 지었던 모든 죄를 주님 앞에 고하고, 그 모든 죄에 대해 영원한 희생제물이 되신 예수 그리스도의 십자가의 대속을 감사드리며 예배드릴 때, 우리는 최상의 가치를 하나님께 올려드릴 수 있다. 예배는 죽을 수밖에 없는 죄인임에도 불구하고 의롭다고 인정해 주시는 하나님의 은혜에 감사하고 감격해서 드리는 것이다.

둘째, 구약 시대에는 곡물을 제물로 드렸던 '소제'가 있었다. 소제는 하나님에 대한 헌신과 충성을 나타내는 제사였다. 그러므로 소제는 이러한 제사가 회막이나 성전에서 드려지는 것으로 끝나지 않고 일상의 삶 속에서 완성된다는 것을 의미한다. 예배는 예배 그 자체가 하나님께 대한 헌신이요 충성이다. 참된 예배는 그저 예배 시간에 느끼는 일시적인 감격과 감동이 아니라, 그 감동이 우리의 삶 속에서 주님께 대한 헌신과 봉사로 지속되어야 하는 것이다.

소제는 곡물을 예물로 삼되 그 곡물을 반드시 '고운 가루'로 빻아야만 했다(레 2:1). 조그만 덩어리가 있어도 안 된다. 미세한 분말이 될 때까지 갈아야 한다. 제사를 드리는 자는 곡물을 갈면서 자기의 생각과 뜻을 몽땅 함께 가는 것이다. 그러나 그것만으로는 부족하다. 그 위에 '고운 기름'과 '유향'을 더해야만 했다(레 2:1). 보통 기름이 아닌 고운 기름, 그리고 유향은 모두 귀중한 것을 상징한다. 영적으로 볼 때 기름은 성령을, 유향은 기도를 의미한다.

예배는 우리의 뜻과 생각을 말씀의 절구통에 넣어 빻고 가는 시간이다. 조금이라도 내 것이 남아서는 안 된다. 미세한 분말이 될 때까지 완전 해체한 다음 그 '고운 가루'를 하나님께 드릴 때, 하나님께서는 성령의 기름 부으심을 통해 그것을 하나님의 것으로 새롭게 하신다. 예배 자체가 헌신이요 충성이 되는 것이다.

셋째, '속죄제'가 있다. 속죄제는 삶 가운데서 죄를 깨닫게 될 때마다 속죄하기 위해 드리는 제사였다. 제사 방법은 번제와 비슷하다. 그러나 이 제사의 특징은 죄를 깨닫는 즉시 제사를 드린다는 점이다. 그 다음 제삿날까지 기다리지 않고 그 즉시 드리는 것이다. 이는 제사와 삶이 분리되어 있는 것이 아니라 불가분의 관련을 맺고 있음을 의미한다.

다윗은 이스라엘 민족이 가장 존경하고 자랑스러워하는 인물 가운데 한 사람이다. 과연 다윗의 위대함이 어디에 있는가? 그의 힘이나 정치력에 있지 않았다. 자신의 잘못을 깨달았을 때 즉시 시인하고 회개하는 용기에 있었다. 하나님은 그가 죄가 없고 허물이 없어서 축복하신 것이 아니다. 다윗의 허물에도 불구하고 죄를 깨닫는 즉시 회개하는 그의 삶을 속죄 제사로 기쁘게 받으시고 축복하신 것이다.

철학자 키에르케고르는 "죄를 짓는 것은 인간적이다. 그러나 죄에 머무르는 것은 마귀적이다."라고 말한다. 동양의 고전인 〈논어〉에도 "군자는 잘못하였다면 곧 고치는 것을 꺼리지 말아야 한다."고 기록되어 있다.

예배는 삶과 분리되어서는 안 된다. 삶에 영향을 미치는 예배여야 하고, 예배를 위한 삶이어야 한다. 예배의 생활화, 생활의 예배화가 되어야 한다. 그래야지만 교회 안에서만 머무는 힘없는 그리스도인이 아니라 교회 밖에서도 빛과 소금의 역할을 다할 수 있는 능력 있는 그리스도인이 될 수 있는 것이다.

넷째, '속건제'가 있다. 속건제는 물질과 관련된 죄를 속죄하기 위해 드리는 제사다. 속죄하기 위한 제사라는 의미에서는 속죄제와 동일하다. 그러나 중요한 차이점은 속죄제는 돌이킬 수 없는 죄에 대해 용서를 구하기 위해 드리는 제사인 반면, 속건제는 돌이킬 수 있는 죄에 대해 보상하고 사죄하기 위해 드려지는 제사라는 사실이다.

다윗이 우리아를 죽인 일은 돌이킬 수 없는 죄다. 어떤 경우에도 우리아가 다시 살아날 수 없기 때문이다. 그때는 속죄제를 드려 하나님께 사함을 받아야만 한다. 그러나 만약 어떤 사람에게 10만 원을 사기 쳤다면 이 경우는 속건제에 해당된다. 돌이킬 수 있기 때문이다. 하나님께 제사를 드려 자신이 저지른 죄에 대해 하나님의 사하심을 받을 뿐만 아니라, 그 당사자를 찾아가 사기 쳤던 돈을 보상해 주고 그에게 사죄해야 한다. 이것이 속건제다.

속건제는 오늘날 우리에게도 적용된다. 제사 형태만 예배로 바뀌었을 뿐 그 내용과 정신은 여전히 유효하다. 이 와 같은 죄를 범했다면, 하나님께 회개하고 해당되는 사람에게는 경제적으로 보상을 해야 한다.

다섯째, '화목제' 가 있다. 화목제의 특징은 '나눔' 이다. 번제의 제물은 모두 태워져 하나님께 바쳐졌다. 그러나 화목제는 기름은 하나님 앞에 불태우고, 제사장의 몫으로 정해진 제물의 가슴과 오른쪽 뒷다리를 제외한 모든 부분은 제물을 바치는 자가 이웃과 함께 나누어 먹었다. 그래서 화목제는 일종의 '잔치 제사' 였다. 모두 함께 기쁨을 나눌 수 있는 '축제 제사' 였다. 이런 의미에서 현대의 예배가 잔치요 축제가 되어야 한다.

예배는 반드시 사람과의 나눔, 미워하던 사람과의 화목으로 마무리되어야 한다. 화목의 열매를 맺는 예배가 신령과 진정으로 드리는 예배다. 그래서 우리는 성전을 찾고 찬송을 부르며, 기도를 드리고, 진지하게 말씀을 듣는다.

그토록 열심히 예배에 참석하고도 그 예배가 우리의 삶 속에서 나눔과 화목의 열매를 맺지 못한다면 참된 예배를 드렸다고 할 수 없다. 즉, 삶으로 연결되지도 못하고 삶에 영향도 미치지 못하는 예배는 하나님의 뜻에 합당치 않은 거짓 예배다. 오히려 참된 예배는 우리가 예배를 드리고 예배당의 문을 나서는 그 순간부터 시작되는 것이다.

이제 우리의 예배는 달라져야 한다. 교회로 출발하기 전에 우리 집에서부터 시작된 예배는 예배당에서 절정을 이루고, 우리에게 능력을 주시는 하나님의 손길을 힘입어 우리의 삶 속에서 마무리되어야 한다. 우리의 삶이 온통 하나님께 드려지는 산제사와 예배가 되어야 하는 것이다.

기도

한 친구에게서 들은 이야기다. 그 친구는 아버지가 외국에 계셔서 오랫동안 떨어져 살았다. 그러다가 아버지가 한국에 들어오시게 되었다. 그는 오랜만에 아버지를 만나게 되니 반갑고 할 말도 많을 거라 생각했다. 그런데 막상 공항에서 아버지를 만났는데 그렇게 서먹하고 할 말도 없었다고 한다.

그 어떤 관계이든 오랜만에 만나면 쌓인 얘기가 많아 할 말도 많을 것 같지만 막상 만나면 할 말이 없다. 오히려 매일 만나 이야기하는 사람과 대화가 끊이지 않고 계속된다.

대화 없는 부자지간은 오히려 남남보다 못하다. 대화 없는 부부가 있다면 이미 파경의 길에 들어선 셈이다. 대화는 건강한 부부관계와 행복한 가정의 척도다. 만남을 통해 관계가 시작되지만 그 관계를 사랑의 관계로 발전시켜 나가고 생명력 있는 관계로 유지시켜 주는 것은 대화다.

기도는 하나님과 인간 사이의 대화다. 예수 그리스도와 만남을 통해 그분을 구주로 영접한 사람은 하나님의 자녀가 되는 권세를 얻는다(요 1:12). 하지만 이런 관계가 성립되었더라도 계속해서 하나님과 대화하고 교제하지 않는다면, 하나님의 사랑을 생생하게 체험할 수도 없고, 그분과 인격적이고 생명력 있는 관계를 만들어 갈 수도 없다. 기도하지 않는 성도는 영적으로 이미 죽은 자다. 그래서 기도를 '영혼의 호흡'이라고 하는 것이다. 그런데 성도들 가운데도 오랫동안 호흡하지 않고 사는 사람도 많은 것 같다.

믿음을 통해 하나님의 자녀가 되는 권세를 얻었다는 것은 기도의 특권을 얻었다는 의미이다. 하지만 아무리 특권이 있어도 사용하지 않는다면 특권이 없는 것과 다를 바가 없다.

전능하신 하나님께서는 세상 만물과 인생의 모든 일을 주재하시지만 항상 믿음의 자녀들의 기도를 통해서 일하기로 결정하셨다. 감리교 창시자 존 웨슬리는 "하나님은 믿음의 기도에 응답하는 일 말고는 이 땅에서 어떤 일도 행하지 않으신다."고 말한다.

하나님께서는 성경과 여러 가지 채널을 통해 우리에게 많은 축복을 주시겠다고 약속하셨다. 이 약속은 믿음의 기도를 통해 성취된다. 만약 우리가 구하지 않는다면 하나님께서 예비하신 많은 선물과 축복을 놓쳐 버리고 말 것이다. 우리가 얻지 못하는 까닭은 구하지 아니 하기 때문이다(약 4:2).

기도의 원리는 마치 휴대폰으로 전화하는 것과 같다. 50m 앞에 있는 사람에게 전화할 때 전파가 50m 앞에서 전화를 받는 사람에게 직선으로 가지 않고 내 음성이 전파로 전환되어 중앙기지국으로 갔다가 거기서 다시 50m 앞에 서 있는 상대방 휴대폰으로 전달된다.

예컨대 기도로 사람의 마음을 움직일 때 내 눈 앞에 있는 사람의 마음을 내가 움직이는 것이 아니라 하나님이라는 중앙기지국에 기도 전파를 올려드리면 거기서 다시 앞에 있는 사람에게 전달되어 마음이 움직여지는 것이다. 사람뿐 아니라 어떤 일을 해결할 때도 마찬가지다.

이처럼 기도는 사람이나 사태를 상대하는 것이 아니라 하나님을 상대하는 것이다. 그래서 기도자는 중앙기지국까지 기도를 잘 올려드리는 것이 중요하다. 실로 하나님께서는 기도를 통해 일하신다. 때문에 하나님의 사랑은 무조건적이지만 그분의 은혜와 축복은 무조건적이지 않다.

그러나 기도를 한다고 모두 옳은 기도는 아니다. 무엇을 기도하느냐가 중요하다. 하나님의 뜻이 무엇인지 알고 기도하는 것이 더욱더 중요하다. 기도가 응답받지 못하는 이유는 구하지 않기 때문이기도 하지만, 구하여도 자신의 정욕에 쓰려고 잘못 구하기 때문이다(약 4:2, 3).

기복적인 요소가 전혀 없이는 믿음과 기도가 성립하기 어렵다. 그러나 문제는 기도에 있어서 기복적인 요인이 전부라고 한다면 예전에 우리 선조들이 정화수를 떠 놓고 드리는 기도와 전혀 차이가 없다는 데 있다. 기복적 요소는 기독교의 기도에서 필요조건이 될 수는 있지만 결코 충분조건이 되어서는 안 된다. 우리 안에서 행하시는 하나님은 자기의 기쁘신 뜻을 위해 우리의 마음속에 소원을 두고 행하신다(빌 2:13).

응답받는 기도는 하나님의 뜻에 합당한 기도다. 하나님의 뜻에 합당한 기도는 성령님이 도우시지 않고는 불가능하다. 그러므로 우리는 먼저 성령님에게 우리 기도를 인도해 달라고 간절히 기도해야 한다. 이렇게 기도할 때 우리의 영원한 친구이며 우리의 조력자이자 상담자인 보혜사 성령님이 친히 우리의 기도를 도우신다. 사도 바울은 로마서 8장 26절에서 "우리는 마땅히 기도할 바를 알지 못하나 오직 성령이 말할 수 없는 탄식으로 우리를 위하여 친히 간구하시느니라."고 말씀하고 있다.

우리는 성령 안에서 기도할 때에 나 자신의 소원이 하나님의 소원으로 바뀌는 놀라운 역사를 경험하게 된다. 나만을 위한 이기적인 욕망의 기도가 하나님의 뜻을 이루기 위한 기도로 변화되는 것이다. 이처럼 기도란 내 소원을 하나님께 관철시키는 것이 아니라 하나님 앞에서 내가 깨어지고 하나님의 소원이 나에게 관철되어 하나님의 소원이 나의 소원이 되는 것이다.

그러므로 기도는 하나님의 목적과 연합하여 그 목적을 이루기 위해 노력하는 것이다. 모든 업무 중에서 기도는 제일 먼저 있어야 한다. 모든 일 중에서 가장 우선되어야 한다. 종교 개혁자 마르틴 루터는 "그리스도인의 직업은 기도하는 일"이라고 했다. 기도하지 않는 사람은 아무것도 아니다. 그가 비록 세상의 재물과 권세를 가지고 있다 하더라도 세상 그 누구보다 못한 존재이며 두려워할 대상이 아니다. 스코틀랜드의 종교 개혁자 존 낙스는 "기도하는 한 사람이 기도하지 않는 한 민족보다 강하다."고 했다. 기도하지 않는 사람은 적어도 하나님과 그리스도와 하늘에 관계해서 볼 때 아무것도 아니다.

마르틴 루터는 기도의 중요성을 이렇게 말한다. "만약 내가 매일 새벽 2시간을 기도로 보내지 않는다면, 그날의 승리는 마귀에게로 돌아갈 것이다. 이제 나는 너무나 할 일이 많아졌기 때문에 매일 3시간을 기도로 보내지 않는다면 결코 이 일을 지탱해 나갈 수 없다." 많은 성도들이 바쁘다는 이유로 기도생활을 게을리 한다. 그러나 할 일이 많아졌다는 것은 하나님의 도움이 더 많이 필요하다는 의미이다. 더 많은 기도가 필요한 것이다.

오늘의 건강한 나의 몸이 존재하기 위해서는 과거의 많은 양식이 축적되어서이기도 하지만 오늘의 양식이 보다 중요하다. 모든 날에 그날의 양식이 필요하듯 모든 날에 그날의 기도가 필요하다. 오늘 아무리 많은 기도를 했다고 하더라도 그것이 내일의 기도를 만족시킬 수는 없다. 오늘의 만나는 오늘 우리에게 필요하며, 하나님께서는 내일도 우리의 필요가 채워져야 할 것임을 알고 계신다. 주님께서 가르쳐 주신 기도를 보면, 예수님은 우리에게 '일용할 양식'을 구하라고 이르셨다. 우리에게는 매일매일의 삶을 온전히 하나님께 의탁하며 드리는 기도가 필요하다는 뜻이다.

우리는 기도를 예수님의 사역과 관련해서 생각해 볼 수 있다. 인간의 원죄로 말미암아 하나님과 인간의 관계는 단절되었다. 예수님은 인간의 몸을 입고 이 땅에 오셨고, 십자가에서 우리 죄를 대속하셨다. 우리는 오직 예수 그리스도를 통해 하나님께 나아갈 수 있다. 그러므로 예수님의 사역에서 그

궁극적인 목적은 하나님과 인간의 단절된 관계를 회복시키는 중보 사역에 있다.

그렇다면 그리스도인이란 무엇인가? 다름 아닌 그리스도를 믿고 그분의 제자가 되어 그분의 중보 사역을 계승하는 사람들이다. 그러나 우리 자신이 화목과 구원, 승리를 만드는 중보자는 아니다. 하나님과 우리 사이에서 유일한 중보자는 오직 예수 그리스도 한 분 뿐이기 때문이다(딤전 2:5). 우리는 단지 보리떡 다섯 개와 물고기 두 마리를 사람들에게 나누어 주는 제자들처럼 분배하는 일을 할 뿐이다. 그 분배하는 일이 바로 중보기도다. 그러므로 우리의 중보기도는 예수님의 중보 사역의 연장이다.

중보기도는 그리스도의 몸 된 교회와 성도를 통한 예수님의 중보 사역의 연속이요 확장이다. 중보기도를 통해 우리는 하나님과 인간 사이에 서서 예수 그리스도를 통한 화목을 촉진하기도 하며, 사탄과 인간 사이에 서서 십자가의 승리를 집행하기도 한다.

유일한 중보자이신 우리 주님께서는 "너희가 내 이름으로 무엇을 구하든지 내가 행하리니 이는 아버지로 하여금 아들로 말미암아 영광을 받으시게 하려 함이라 내 이름으로 무엇이든지 내게 구하면 내가 행하리라."(요 14:13, 14)고 말씀하셨다.

우리가 이 약속의 말씀을 붙잡고 기도할 때 이 기도가 축복의 통로가 되어 하나님께서 우리를 위해 준비하신 온갖 축복을 받아 누릴 뿐 아니라, 이 기도를 통해 세상을 향한 하나님의 구속의 역사가 성취되는 놀라운 일이 일어난다.

전도

예수님이 하나님의 말씀과 모든 율법을 한마디로 정리한 '지상계명(위대한 계명, the Great Commandment)' 은 '하나님 사랑과 이웃 사랑' 이다. 그리고 예수님이 이 세상에서 마지막으로 하신 최고의 '지상명령(위대한 명령, the Great Commission)은 "너희는 가서 모든 족속으로 제자를 삼아 아버지와 아들과 성령의 이름으로 세례를 베풀고 내가 너희에게 분부한 모든 것을 가르쳐 지키게 하라."(마 28:19, 20)는 것이다. 즉 ' 모든 사람에게 복음을 전하여 예수님의 제자로 삼으라.' 는 전도(선교)의 명령이다.

전도란 하나님의 말씀과 십자가의 도를 다른 사람들에게 전하여 예수 그리스도를 구주로 영접할 수 있게 증거 하는 것이다. 이처럼 믿지 않는 모든 사람들에게 십자가 복음을 전하는 것을 전도라고 한다. 그 중에서도 다른 문화권에 '전도' 하는 것은 특별히 '선교' 라고 부르는데, 타 문화권에 가서 복음을 전하는 사람들을 선교사라고 한다.

물론 '국내 선교' 라는 말을 사용하기는 하지만 그런 경우에는 포커스가 조금 다른 것이고 일반적으로 전도가 선교보다 큰 개념으로 사용된다. 국내에 있는 미 자립 교회나 기관을 돕거나, 농어촌 선교와 장애인 선교, 의료 선교 등 국내 선교에서 선교라는 말을 사용할 때는, 선교(宣教)의 사전적 의미인 '종교를 선전하여 널리 편다.' 는 의미에 초점을 맞춘 것이다.

이런 관점에서 보면 선교는 단순히 종교를 선전하여 널리 펴는 일이지만, 전도(傳道)는 그 사람을 믿음에까지 이끌어 주는 적극적인 행동을 수반한다. 그런데 결론적으로 말하면 전도나 선교가 모두 주님을 모르고 죽어 가는 영혼들에게 십자가 복음을 전하여 그리스도에게로 돌아오게 하는 본질에 있어서는 매한가지다.

하지만 우리가 명심해야 할 것은 비록 나를 통해서, 우리 교회를 통해서 전도가 이루어지지만 전도의 주체는 오직 주님이시라는 사실이다. 사도행전 2장 47절을 보면 "주께서 구원받는 사람을 날마다 더하게 하시니라."고 기록되어 있다. 전도의 주체는 내가 아니라 주님이시다.

사람을 만나다 보면 인간적인 교제는 잘되는데 영적인 대화가 안 통하는 사람이 있는가 하면, 영적인 대화는 잘 통하는데 인간적인 교제가 잘 안 되는 경우도 있다. 이렇게 한쪽이 결여되면 그 만남이 공허하거나 무미건조해진다. 그런가 하면 인간적인 교제와 영적인 코드, 둘 다 잘 맞는 사람이 있다.

내게 이런 후배가 한 명 있는데, 그가 하루는 이렇게 간증을 했다. 그는 박력 있는 스타일도 아니고 숫기도 없는데, 부목사로 가는 교회마다 전도담당 목사를 맡았다. 마음이 썩 내키지는 않았지만 하는 수 없이 노방전도, 지하철 전도, 축호전도, 관계전도, 학교전도, 직장전도, 병원전도 등 안 해 본 전도가 없었다. 처음에 노방전도를 할 때는 '요즘 시대에 이런 전도가 효과가 있을까?' 하는 의구심이 들기도 하고 '내가 그래도 미국에서 박사학위도 받았고 신학교에서 강의도 하는데 이렇게까지 해야 하나?' 하는 생각도 했다.

그런데 놀랍게도 그런 마음으로 시작했지만, 전도를 하면서 정말로 주님께서 죽어 가는 영혼을 사랑하는 예수 그리스도의 심장을 그에게 부어 주셨고, 전도한 사람 중에는 그날 자살하려다가 그의 전도를 통해 교회에 나오게 되었고 세례도 받게 되었던 것이다.

우리가 아무리 박사학위를 수십 개 가지고 있어도 그것으로 믿지 않는 사람을 믿게 할 수는 없다. 세상 지식으로 하나님을 믿도록 설득할 수 없는 것이다. 비록 우리의 몸을 통해 복음을 전하지만 복음을 듣는 사람의 마음을 감동하고 그리스도를 구주로 영접하도록 이끄는 역사는 주님께서 하신다. 성령의 역사로 말미암아 믿지 않는 영혼이 그리스도께로 돌아오는 것이다.

전도를 하다 보면 진정 "하나님의 지혜에 있어서는 이 세상이 자기 지혜로 하나님을 알지 못하므로 하나님께서 전도의 미련한 것으로 믿는 자들을 구원하시기를 기뻐하셨도다."(고전 1:21)라는 말씀이 실재임을 고백하지 않을 수 없다. 성도는 전도의 결과에 연연할 것이 아니라 오직 나의 사명은 전도의 씨앗을 뿌리는 일임을 명심해야 한다. 사도 바울은 "너는 말씀을 전파하라 때를 얻든지 못 얻든지 항상 힘쓰라 범사에 오래 참음과 가르침으로 경책하며 경계하며 권하라."(딤후 4:2)고 말한다.

전도 원리 중에 '마이너스 원리'라는 것이 있다. 이것은 예수를 처음 믿게 된 시점을 0점으로 하고 완벽하게 잘 믿는 상태나 사람을 +100점으로 한다. 당연히 예수를 믿지 않는 사람은 마이너스에 있는 사람이다. 그 중에서도 예수를 가장 극단적으로 부인하는 사람은 -100점이라고 놓는다.

그래서 오늘 내가 예수 믿지 않는 사람들, 즉 마이너스에 있는 사람들에게 전도하면 당장 믿지는 않더라도 -30이던 사람이 -20이 될 수 있다. 그리고 그가 또 다른 곳에서 전도를 받아 -10이 되고 나중에는 0이 되어서 언젠가는 예수를 구주로 영접하게 된다. 마치 물이 100도에서 끓는 것처럼 어느 순간 양적인 변화가 쌓여서 질적으로 변하는 시점이 있다는 말이다. 이것을 '하나님의 때', 즉 '카이로스'라고 한다. 그러므로 우리가 오늘 전도의 씨앗을 뿌린 모든 것이 결코 헛되지 않고 언젠가는 어디서든 반드시 결실을 얻게 된다는 것이다.

갈라디아서 6장 9절에 기록된, "우리가 선을 행하되 낙심하지 말지니 포기하지 아니하면 때가 이르매 거두리라."는 말씀은 바로 복음의 씨앗을 심는 일이 가장 큰 선을 행하는 일임을 보여 준다. 만약 우리가 끝까지 낙심하지 않고 포기하지 않으면 주님이 그 열매를 거두게 하실 것이다.

빌 하이벨스 목사님의 저서 중에 「사랑하면 전도합니다」라는 책이 있다. 사랑보다 더 큰 선은 없다. 선을 행하는 것은 곧 사랑하는 것이고 영혼을 사랑하면 전도할 수밖에 없다. 사랑하는 사람이 물에 빠져 죽어 간다면 그냥 가만히 있을 사람이 어디 있겠는가. 전도는 마치 사랑하는 사람이 물에 빠져 죽어 가는 모습을 보고 건지는 심정으로 하는 것이다.

> 「안녕하세요 성령님」의 저자 베니힌 목사님은 은혜를 체험한 후 전도 간증을 해 달라는 요청을 자주 받았다. 그는 어릴 때부터 심한 말더듬이었는데, 특히 긴장하면 그 정도가 심했다. 그래서 늘 주님께 불평했다. "하나님, 전 말도 더듬는데 왜 자꾸 전도 집회에서 말씀을 전하라고 보내시는 겁니까?"
>
> 그러던 어느 날 밤, 많은 사람들이 침울한 표정으로 언덕 비탈로 밀려가고 있는 꿈을 꾸었다. 사람들이 어디로 가고 있는지 궁금하여 그 너머를 보았더니, 이글거리는 불구덩이가 있는 낭떠러지로 밀려서 떨어지고 있었다. 그 꿈을 꾸고 난 뒤에 그는 사명감을 가지고 전도하게 되었다.

한국대학생선교회(CCC)의 김준곤 목사는 '사랑하라'와 '전도하라'는 두 가지 말씀이 성경 안에 나타난 예수님의 명령이라고 말한다. 우리가 사랑하면 전도할 수밖에 없다. 그리고 누군가를 사랑하면 그 사람이 원하는 것을 자연스럽게 행하듯이 예수님을 사랑하면 예수님이 지상명령하신 전도를 하게 되는 것이다. 그리스도인이라는 말은 전도자와 동의어이다. 전도자는 그리스도인이고 그리스도인은 전도자이다.

더 나아가 성숙한 그리스도인은 '입으로 전하는 전도' 뿐 아니라 '삶으로 보여 주는 전도' 를 함께 해야 한다. 그리스도인이 믿지 않는 사람보다 정직하고 친절하며 사랑을 실천하고 선하게 살아가는 모습을 세상에 보여 주는 것이 생활전도의 방편이 된다.

그리스도인이 믿지 않는 사람들보다 뭔가 조금 다를 때 "저 사람은 예수 믿는 사람이래." 하고 입소문이 나고 "예수 믿는 사람은 뭔가 좀 다르구나." 하는 이미지가 전도의 발판이 된다. "작은 차이가 명품을 만듭니다."라는 필립스 광고 문구처럼 믿지 않는 사람들과 그래도 뭔가는 조금 다른 삶, 구별된 삶을 살 때 하나님께서 우리를 명품으로 만들어 전도의 문을 열어 주실 것이다.

바울은 디도서 1장 1절부터 3절에서 그리스도인의 전도에 대한 사명을 말하고 있다. "하나님의 종이요 예수 그리스도의 사도인 나 바울이 사도 된 것은 하나님이 택하신 자들의 믿음과 경건함에 속한 진리의 지식과 영생의 소망을 위함이라 이 영생은 거짓이 없으신 하나님이 영원 전부터 약속하신 것인데 자기 때에 자기의 말씀을 전도로 나타내셨으니 이 전도는 우리 구주 하나님이 명하신 대로 내게 맡기신 것이라."

영국의 유명한 설교자 스펄전 목사에게 한 젊은이가 찾아왔다. "목사님, 제가 이사를 갑니다. 이사 가서는 어떤 교회를 가야 할까요?" 라고 묻자 스펄전 목사가 대답했다. "내가 말하는 두 가지 요소를 갖춘 교회를 찾아가면 된다네. 첫째는, 십자가를 증거 하는 교회여야 하고 둘째는, 전도하는 교회여야 하네. 만일 이 두 가지가 없다면 교회가 아닌 셈이지."

전도는 교회의 선택 사항이 아니고 필수 사항이다. 즉, 교회와 교회의 지체인 성도의 정체성(identity)이 전도에 있다. 우리를 대속하시기 위해 십자가에서 죽으시고 부활하신 주님의 증인이 되는 길이 교회의 본질적인 사명이다. 그런데 이러한 증인의 사명을 감당하려면 반드시 성령 충만함을 입어야 한다. 전도와 영혼 구원의 역사는 사람이 아니라 성령께서 하시기 때문이다. 사도행전 1장 8절에서는 "오직 성령이 너희에게 임하시면 너희가 권능을 받고 예루살렘과 온 유대와 사마리아와 땅 끝까지 이르러 내 증인이 되리라 하시니라."고 말씀하고 있다.

수십 년 전 일본에서 실제로 있었던 실화다. '나가오' 라는 목사가 그리스도인이라고는 단 한 명도 없고 불교만 성행하던 가나시와 부근에 개척교회를 시작했다. 한 달이 지났는데도 교인 한 명이 오지 않았다. 6개월, 1년이 지났는데도 마찬가지였다. 그러나 그는 단 한 번도 거르지 않고 예배를 드렸다. 설교를 듣는 자는 언제나 아내와 어린 자녀뿐이었다.

여러분이라면 어떻게 하겠는가. 이곳은 하나님의 뜻이 아니라고 단정하고 철수하지 않겠는가. 하지만 그는 그곳을 포기하지 않았다. 무려 5년 동안 그곳을 지켰다.

마침내 5년 만에 교인 한 명이 교회를 찾아왔다. 게다가 젊은 청년이었으니 얼마나 기뻤겠는가. 그런데 그 청년은 각혈하는 폐병환자였다. 그 당시 폐병은 저주받은 무서운 병이었다. 그런데도 나가오 목사는 청년을 극진히 보살폈고, 감명을 받은 청년은 나중에 그 유명한 일본 빈민의 아버지, '가가와 도요히꼬' 목사가 되었다.

얼핏 보면 5년 동안 교인 한 명밖에 얻지 못한 나가오 목사는 실패한 목회자인 것 같지만 사실은 정반대이다. 나가오 목사가 없었던들 가가와 목사가 있을 수 없었고, 가가와 도요히꼬 목사가 없었던들 수많은 일본 빈민들이 어떻게 구원받는 대 역사가 일어날 수 있었겠는가.

나가오 목사가 5년 동안 한 명의 교인도 없는 교회를 지킬 수 있었던 까닭은 눈을 들어 하나님을 우러러 보는 자였기 때문이다. 하나님께서 나를 이곳에 보내신 이상, 이 일이 아무리 하찮고 보잘것없어 보여도, 하나님께서는 이 일을 통해 반드시 하나님의 위대한 역사를 이루시리라고 믿었던 것이다.

수천만 명을 주님께로 돌아오게 한 세계적인 복음전도자요, 19세기 미국의 대 부흥에 큰 기둥으로 쓰임받았던 무디(D.L. Moody)는 네 살 때 아버지를 잃고 가난한 어린 시절을 보냈다. 교육도 제대로 받지 못한 그는 생계를 위해, 그리고 빨리 돈을 벌어서 가난을 벗어나야겠다는 다짐을 하고 구두수선공이 되었다.

이 구두수선공을 전도하고 예수 그리스도를 구주로 영접하게 한 사람은 그저 평범한 주일학교 교사인 에드워드 킴볼(Edward Kimball)이었다. 킴볼이 무디 한 사람을 전도했을 때 세계의 역사와 하나님의 구속사에 큰 영향을 미치는 놀라운 일이 벌어졌다.

우리가 다 무디처럼 수천, 수만 명을 전도하지는 못하겠지만 킴볼같이 무디 한 사람을 전도하는 사람은 될 수 있지 않을까. 오늘도 하나님께서는 바로 우리의 전도를 통해서 구원의 역사를 이루어 가신다. 바울은 로마서 10장 13절부터 15절에서 "누구든지 주의 이름을 부르는 자는 구원을 받으리라 그런즉 그들이 믿지 아니하는 이를 어찌 부르리요 듣지도 못한 이를 어찌 믿으리요 전파하는 자가 없이 어찌 들으리요 보내심을 받지 아니하였으면 어찌 전파하리요 기록된 바 아름답도다 좋은 소식을 전하는 자들의 발이여." 라고 설파한다.

진정 우리가 주님의 몸 된 교회의 지체로서 그리스도의 심장을 가지고, 우리의 입술이 주님을 찬양하고 주님의 복음을 전하는 입술이 되고, 우리의 손길이 주님의 사랑의 손길이 되고, 우리의 발걸음이 십자가 복음을 전파하는 발걸음이 될 때, 우리의 삶이 주님 보시기에 아름다운 모습이 될 것이다. 그리고 바로 이런 우리를 통해서 영혼 구원과 하나님 나라의 확장이라는 놀라운 역사가 일어나는 것이다.

십일조 신앙의 성경적 근거

성도에게는 생각과 행동의 절대적인 표준이 성경이다. 성경에서 십일조에 대해 나오는 최초의 구절은 창세기 14장 17~24절이다. 성도들이 돈 얘기를 하는 것이 영적이지 않다 하여 언급하는 것 자체를 피하기도 하지만 그렇지 않다.

오히려 성도가 분명한 '성경적 물질관'을 갖는 것은 대단히 중요하다. 인간은 육을 가지고 살아가기 때문에 항상 물질이 있어야 하며, 현대 사회에서는 돈이 없으면 당장 살아갈 수가 없다. 물질에 대해서 분명한 '기독교적 물질관'이 없으면 오히려 물신숭배나 유물사관에 빠져들 위험이 있다.

어떻게 보면 인간사의 모든 문제와 일들이 직간접적으로 전부 돈 때문에 일어난다고 해도 과언이 아니다. 돈이 없으면 당장 살아갈 수 없기 때문에 사람들이 돈을 추구하고 돈 때문에 분쟁이 일어나고, 나라 간에 전쟁도 일어난다. 돈 때문에 형제나 부모와 등지기도 하고, 심지어 돈 때문에 형제나 부모를 죽이기도 한다. 돈이 예의고, 돈이 효도고, 돈이 사랑이 되어 버린 시대에 살고 있다.

복음서에서 예수님이 하신 교훈의 6분의 1은 돈과 관련되어 있다. 특히 예수님의 비유들을 보면 3분의 1이 돈과 관계있다. 달란트 비유, 포도원 품꾼의 비유, 무자비한 종의 비유, 어리석은 부자 이야기 등이 그것이다.

특히 청지기 비유에서 예수님은 "지극히 작은 것에 충성된 자는 큰 것에도 충성되고"(눅 16:10)고 말씀하신다. 여기서 지극히 작은 것은 돈 관리를 가리킨다. 주인이 맡긴 돈을 청지기가 충성되게 잘 관리해야 한다는 말이다.

영성운동가 리처드 포스터는 "돈에 대한 사람들의 태도를 알아보면 하나님께 대한 태도를 알 수 있다. 그래서 돈은 영성의 척도가 된다."라고 했다. 신학자 헤럴드 피케트는 "그리스도인의 영성의 출발점은 바로 십일조를 실천하는 데서부터 시작된다."고 했다. 감리교 창시자 존 웨슬리는 "주머니의 헌신이 없이는 참된 헌신이 아니다."라고 했다.

우리는 더욱더 분명한 '성경적 물질관'을 가지고 있어야 한다. 그래서 성경에 최초로 나오는 십일조 이야기를 통해 다시금 기독교적 물질관, 십일조 신앙의 성경적 근거를 확인하고, 이 믿음을 말씀의 반석 위에 세우고자 한다.

소돔에서 살았던 아브라함의 조카 롯이 당시 가나안의 패권을 장악했던 그돌라오멜의 포로로 잡혀갔다. 아브라함은 가솔 318명을 이끌고 막강한 군사력을 지닌 그돌라오멜 동맹군을 물리치고 빼앗겼던 것을 다 찾아왔다. "모든 빼앗겼던 재물과 자기의 조카 롯과 그의 재물과 또 부녀와 친척을 다 찾아왔더라"(창 14:16). 마치 기드온의 3백 용사처럼 믿음으로 나아갔고 하나님의 도우심으로 큰 승리를 거두었다. 기드온 3백 용사의 원조가 아브라함이다.

그리고 개선장군으로 돌아오는 모습을 기록한 성경구절이 창세기 14장 17절이다. "아브람이 그돌라오멜과 그와 함께한 왕들을 쳐부수고 돌아올 때에 소돔 왕이 사웨 골짜기 곧 왕의 골짜기로 나와 그를 영접하였고."

하나님은 아브라함의 지위를 한순간에 높이셨다. 아무도 알아주지 않고 인정해 주지 않던 무명의 뜨내기 목자 신분에서, 그 교만한 소돔 왕이 먼 곳까지 나와 영접하는 위치까지 그 지위를 높이셨다. 하나님은 말씀에 순종하며 믿음으로 사는 자기 백성을 항상 이런 식으로 대우하신다. 반드시 하나님의 때가 되면 말씀을 좇아 사는 사람을 이렇게 높이시는 하나님이시다.

계속해서 18절에는 "살렘 왕 멜기세덱이 떡과 포도주를 가지고 나왔으니 그는 지극히 높으신 하나님의 제사장이었더라."라고 기록되어 있다. 아브라함을 영접한 사람은 소돔 왕뿐만 아니라 살렘 왕 멜기세덱도 있었다. 멜기세덱은 신구약성경 전체를 통해 단 세 번 언급된다. 창세기 14장과 히브리서 5~7장, 시편 110편 4절에만 나온다. 시편 110편 4절에는 "여호와는 맹세하고 변하지 아니하시리라 이르시기를 너는 멜기세덱의 서열을 따라 영원한 제사장이라 하셨도다."라고 멜기세덱에 대해 짧게 기록되어 있다.

멜기세덱은 베일에 가려진 왕이요 제사장이며 예수님을 예표한다. 그는 첫째, '살렘 왕'이다. '살렘'이란 예루살렘을 줄인 말인데 '샬롬', 즉 '평화'라는 뜻이다. 그래서 '살렘의 왕'이란 '평화의 왕'이란 의미이다. 예수님도 이 땅의 평화의 왕으로 오셨는데, 멜기세덱이 이를 예표한다.

둘째, 멜기세덱은 '의의 왕'이다. '멜기'는 '왕'이란 뜻이며 '세덱'은 '의로움', '의'란 뜻이다. 그래서 '의의 왕'이다. 셋째, 멜기세덱이 떡과 포도주를 아브라함에게 준 것은 예수님의 성만찬을 예표한다. 예수님이 십자가에 달리시기 전 최후의 만찬에서 제자들에게 나누어 주셨던 음식이 떡과 포도주이다. 떡은 예수님의 몸이므로 생명의 떡이요, 포도주는 예수님의 피로 생명의 음료이다.

넷째, 멜기세덱을 가리켜 '지극히 높으신 하나님의 제사장'이라고 소개한다. 왜 그가 이렇게 소개되는 것일까? 19, 20절 말씀을 살펴보자. "그가 아브람에게 축복하여 이르되 천지의 주재이시요 지극히 높으신 하나님이여 아브람에게 복을 주옵소서 너희 대적을 네 손에 붙이신 지극히 높으신 하나님을 찬송할지로다 하매 아브람이 그 얻은 것에서 십 분의 일을 멜기세덱에게 주었더라."

멜기세덱은 떡과 포도주로 아브라함을 위로한 후에 아브라함을 축복한다. 그에게는 '축복권'이 있었다. 그리고 축복해 주는 멜기세덱에게 아브라함은 십일조를 바친다. 여기서 우리는 멜기세덱이 십일조를 받을 만한 사람이었음을 알 수 있다. 즉 지극히 높으신 하나님의 제사장이라는 의미다.

히브리서 6장 20절 말씀은 그가 예수님과 깊은 관련이 있다고 기록한다. "그리로 앞서 가신 예수께서 멜기세덱의 반차를 따라 영원히 대제사장이 되어 우리를 위하여 들어 가셨느니라." 놀랍게도 예수님이 멜기세덱의 반차를 좇아 영원한 대제사장이 되었다고 한다. 따라서 멜기세덱은 구약에 나타난 예수 그리스도이다.

히브리서 7장 1절부터 3절에서는 이렇게 기록하고 있다. "이 멜기세덱은 살렘 왕이요 지극히 높으신 하나님의 제사장이라 여러 왕을 쳐서 죽이고 돌아오는 아브라함을 만나 복을 빈 자라 아브라함이 모든 것의 십 분의 일을 그에게 나누어 주니라 그 이름을 해석하면 먼저는 의의 왕이요 그 다음은 살렘 왕이니 곧 평강의 왕이요 아버지도 없고 어머니도 없고 족보도 없고 시작한 날도 없고 생명의 끝도 없어 하나님의 아들과 닮아서 항상 제사장으로 있느니라."

여기서 우리는 멜기세덱에 대해 좀 더 정확한 정보를 얻을 수 있다. 그는 부모가 없고 족보도 없다. 시작도 없고 끝도 없는 사람이다. 하나님의 아들과 동일한 제사장이었다. 그런 그가 왜 아브라함을 영접하며 축복하였을까? 사실 우리에게는 이 점이 더 중요하다. 이유는 간단하다.

아브라함이 상식을 의지하지 않고 믿음을 의지하여 나아갔기 때문이다. 즉 롯이 위기에 처해 있을 때 아브라함이 상식적으로 행동하지 않고 하나님을 믿고 나아갔다. 믿음으로 나아가는 자에게는 반드시 하나님의 간섭하심과 도우심이 있다. 골리앗과 같은 힘과 세상 방식이 판치는 세상에서 모든 주권이 하나님께 있다는 다윗과 같은 믿음으로 나아갈 때, 하나님께서 이기게 하신다.

아브라함은 창세기 14장 19, 20절에 나오는 멜기세덱의 축복에 관한 설교를 듣고 두 가지를 깨달았다. 만약 멜기세덱이 이 설교를 하지 않았더라면 아브라함은 실수했을지도 모른다. 왜냐하면 이 뒤에 무서운 유혹이 왔기 때문이다. 소돔 왕이 전리품을 나누자고 한 것이다.

그러나 아브라함은 멜기세덱의 축복 설교를 듣고 정신을 차렸다. 바른 믿음을 다시금 굳게 세웠다. 그러므로 우리가 예배의 자리에 나아오고 하나님의 말씀을 듣는 일은 대단히 중요하다. 하나님의 말씀을 들어야지만 바르게 살 수 있다. 영적 전투에서 승리할 수 있다. 믿음으로 영원한 천국을 향해 행진할 수 있다.

아브라함은 멜기세덱의 축복설교를 듣고 승리를 주신 분이 하나님이라는 사실을 확실히 깨달았다. 마음속으로 막연하게 알고 있는 것과 다른 사람을 통해서 확인되는 것은 다르다. 더군다나 하나님의 제사장으로부터 확인받을 때 더 큰 믿음의 확신이 생겼다.

안 그래도 '이번 싸움은 하나님이 이기게 하셨을 거야. 그렇지 않고서야 어떻게 318명으로 그 대군을 이길 수 있었겠어?' 하고 생각하는데, 멜기세덱이 "너희 대적을 네 손에 붙이신 지극히 높으신 하나님을 찬송할지로다." 라고 말하니 분명한 확신이 들었다. 하나님이 하셨으니 모든 전리품이 전부 하나님의 소유임을 알고 십일조를 드렸던 것이다.

십일조는 십 분의 일이 하나님의 것이라는 의미가 결코 아니다. 십 분의 십 모두가 하나님의 것인데 앞의 것, 처음 것 십분의 일을 하나님께 감사함으로 드리고, 나머지 하나님의 것 십 분의 구를 우리가 은혜로 사용하는 것이다. 따라서 우리가 가진 모든 것은 나의 것이 아니다. 하나님의 것을 우리가 은혜로 쓰는 것일 뿐이다.

24시간 365일, 내 인생의 모든 시간과 내가 가진 모든 재물과 모든 명예와 지위가 다 하나님의 것이다. 이 사실을 인정하는 것이 십일조 신앙이다. 내가 가진 모든 물질의 주권이 하나님께 있음을 인정하는 것이 십일조이다. 그렇기 때문에 우리는 우리가 가진 것에 대한 소유권이 없다. 모든 소유권은 하나님께 있다.

단지 우리는 하나님의 것을 맡아서 관리하는 청지기로서 관리권만 있다. 그러므로 오늘날 우리에게 있는 물질은 나의 것이 아니다. 모두 하나님의 것이다. 하나님께서 주신 것을 맡아 관리하는 청지기로서 하나님의 뜻을 잘 분별하여 하나님의 일을 하기 위해 사용해야 한다.

그럴 때 착하고 충성된 종이라고 칭찬받을 수 있다. 이처럼 하나님께서는 십일조를 받으실 때 그 물질보다 십일조를 바치는 사람의 마음과 믿음을 먼저 받으신다. 그리고 그를 축복하시고 높이신다.

우리는 물질에 대한 십일조뿐 아니라 시간에 대한 십일조도 드려야 한다. 시간은 곧 생명이다. 하루 24시간을 주신 하나님께 2시간 40분의 십일조를 드려라. 하루 중에 2시간 40분을 기도하고 말씀 읽는 시간으로 보내라. 텔레비전을 보고 전화하고 커피 마시는 데에는 두세 시간을 금방 쓰지 않는가. 그런 식으로 하나님과 하루 2시간 기도하고 40분 성경을 읽으면 시간의 십일조를 드릴 수 있다. 그러면 내 삶이 달라진다. 물론 당장 눈에 보이는 결과가 없을 수도 있다. 하지만 여기서의 인생은 잠깐이다. 반드시 영원한 세상에서 누리게 될 영원한 복이 우리에게 있다. 그러므로 시간의 십일조를 반드시 드리기 바란다.

성경에서 '십일조' 하면 생각나는 구절이 또 어디에 있는가? 말라기 3장 10절이다. 성경은 하나님을 의심하거나 시험하지 말라고 했는데 유일하게 하나님을 시험해 보라는 데가 말라기 3장 10절이다. "만군의 여호와가 이르노라 너희의 온전한 십일조를 창고에 들여 나의 집에 양식이 있게 하고 그것으로 나를 시험하여 내가 하늘 문을 열고 너희에게 복을 쌓을 곳이 없도록 붓지 아니하나 보라."

십일조 신앙은 단순히 물질의 주권이 하나님께 있음을 인정하는 것뿐만 아니라 우리의 모든 인생과 생명, 이 세상의 주권이 하나님께 있음을 고백하는 가장 중요한 신앙이다. 기본적인 신앙이다.

따라서 십일조는 신앙생활을 오래하고 믿음이 좋은 사람이 하는 것이 아니라 예수 믿는 순간부터 하는 것이다. 믿음의 초보자들이 하는 것이 십일조다. 예수를 믿는다는 것은 그분이 나의 주인이시고 주권자이시라고 믿는 것이기 때문이다. 십일조 신앙은 믿음의 초보 단계이다. 십일조 신앙이 없이 믿음을 말한다면 어불성설이다.

이와 같이 아브라함은 멜기세덱의 설교를 듣고 십일조 신앙을 정립했다. 앞서 말했듯이 헤럴드 피케트는 영성의 출발점이 십일조를 실천하는 데 있다고 하지 않았는가.

십일조 신앙은 '내가 한 것이 아니라 모두 주님이 하신 것입니다.' 라는 신앙고백이다. 내게 무엇이 주어지든 이것은 전부 하나님께서 주신 것이다. 아브라함의 십일조 신앙은 자기의 죽음을 선언하는 것이다. 내가 죽고 오직 하나님만을 주인으로 삼아 살겠다는 신앙고백이요, 신앙실천이다. 내게 있는 모든 것이 오직 여호와 하나님께로부터 왔다고 고백하는 것이다. 물질의 노예가 되지 않고 하나님의 종이 되겠다는 선언이다.

우리는 아브라함의 십일조 신앙을 통해 그리스도인의 분명한 물질관을 확립해야 한다. 십일조의 성경적 근거를 확실히 알고 성경적인 재정관을 가져야 한다. 내가 가진 모든 것의 소유권은 오직 하나님께 있다. 나의 생명도 하나님의 것이다. 하물며 물질은 말할 나위 없다.

내게는 오늘날 나에게 허용하신 물질을 하나님의 뜻대로 사용하고 흘려보내는 청지기로서의 관리권만 있다. 따라서 늘 기도하고 하나님의 말씀에 귀 기울여 하나님의 뜻을 분별해야 한다. 내가 지금 잠시 맡고 있는 하나님의 물질로 영혼을 구원하고, 하나님의 나라를 확장하며, 하나님의 뜻을 이루는 데 사용하는, 착하고 충성된 청지기의 사명을 제대로 감당해야 한다.

제 10 장

주기도문, 사도신경, 십계명

주기도문

지인에게서 들은 이야기다. 그가 어린 딸과 1시간가량 '신랑각시 놀이'를 했다. 그런데 놀이가 끝나자 딸아이가 물었다. "아빠, 신랑이 여자지?"

우리는 매주 주기도문을 암송한다. 그렇다고 오랜 신앙생활과 주기도문을 암송한 반복 횟수가 반드시 주기도문의 의미를 정확하게 안다고 보증해 주는 것은 아니다. 만약 주기도문을 묵상하고 연구하여 그 의미를 정확히 이해하지 않는다면, 오랜 시간 '신랑각시 놀이'를 한 뒤에 "아빠, 신랑이 여자지?"라고 묻는 소녀의 오류로부터 우리 또한 벗어날 수 없다.

주기도문을 암송만 하고 그 의미를 올바로 알지 못하는 사람들이 많아서 루터는 "이 기도는 최대의 순교자일지도 모른다."고 하였다. 즉 많은 사람들이 주기도문을 암송하지만 그 의미를 이해하고 진정으로 나의 기도로 삼고 있지 않기 때문에 주기도문이 순교를 당한다는 말이다.

우리는 흔히 주기도문을 가리켜 '주기도문', '주의 기도' 혹은 '주기도'라고 일컫는다. 그러나 정확히 말하면 '주님께서 가르쳐 주신 기도문'이다. 엄밀한 의미에서 이것은 주의 기도가 아니다. 주기도문의 내용 가운데 "우리가 우리에게 죄 지은 자를 사하여 준 것같이 우리 죄를 사하여 주옵시고."라는 기도를 우리 주님이 하실 필요는 없기 때문이다. 히브리서 4장 15절에서 주님은 죄가 없으신 분이라고 분명히 말씀하고 있지 않은가.

그러므로 주기도문은 하나의 모범적인 기도이다. 마땅히 우리가 기도할 때 이렇게 기도할 수 있도록 주님이 우리에게 가르쳐 주신 기도다. 그래서 어떤 사람들은 심지어 이 기도를 가리켜 '제자들의 기도'라고 부르기도 한다.

주기도문은 크게 세 부분으로 이루어져 있다. 첫째, 기도의 대상이신 하나님에 대한 규정과 부름 둘째, 기도의 내용인 여섯 가지 탄원 셋째, 송영으로 구성되어 있다. 여섯 가지 탄원은 다시 두 부분으로 나눌 수 있는데, 처음 세 가지는 이름이 거룩히 여김을 받고, 나라가 임하고, 하나님의 뜻이 이루어지는, 하나님에 관한 종말론적인 기원이다. 나머지 세 가지는 일용할 양식, 주님의 용서, 시험의 극복이라는, 인간에 관한 현실적인 기원들이다.

"하늘에 계신 우리 아버지여."

이것은 기도의 대상이 뚜렷한 인격을 가지신 살아 계신 절대자 하나님이심을 명백하게 가르쳐 준다. 우리는 자연신교나 다신교 신자들처럼 알 수 없는 미지의 신이나 우상을 향해 기도하고 있는 것이 아니다. 인본주의자들이나 철학자들처럼 우리의 양심을 향해서 기도하거나 독백 같은 기도를 드리는 것이 아니다.

"하늘에 계신"이란 말은 공간적인 개념만으로 이해해서는 안 된다. 성경에서 '하늘'은 우주의 핵심, 하늘의 보좌가 있는 곳, 거기서부터 우주의 통치가 실현되고 하나님의 섭리가 나타나는 것을 의미한다.

하나님에 대한 "아버지"라는 표현은 예수님으로 말미암아 새롭게 부각된 표현이다. 이것은 아람어 '아바(abba)'로 '아빠'라는 뜻을 가진, 어린아이의 언어다. 즉 하나님에 대한 신앙인의 바람직한 태도는 어린아이와 같은 '전적인 신뢰' 임을 보여 주고 있다.

"이름이 거룩히 여김을 받으시오며"

고대인에게 이름은 세력 그 자체였다. 적의 이름을 아는 자는 그 이름을 판자 위에 써 놓고 그 판자를 쪼개어 적을 파괴하는 상징으로 사용했다. 곧 한 사람의 이름을 안다는 사실은 그 사람 자신을 아는 것을 뜻했다(창 32:28, 29). 따라서 아버지의 이름이 거룩히 여김을 받게 해 달라는 것과 아버지 당신이 거룩히 여김을 받게 해 달라는 것은 동일한 내용이다.

"나라이 임하옵시며"

우리말 개역성경의 '나라이' 는 옛 표기법을 그대로 쓴 것인데, '나라가' 로 해야 문법적으로 옳다. 개역개정과 표준새번역, 공동번역에서는 '나라가' 로 되어 있다.

공관복음서에서 공통된 사실은 예수님이 공생애를 '하나님의 나라' 혹은 '하늘나라' 를 선포하면서 시작하신다는 점이다. "때가 찼고 하나님의 나라가 가까이 왔으니 회개하고 복음을 믿으라"(막 1:15), "내가 다른 동네들에서도 하나님의 나라 복음을 전하여야 하리니 나는 이 일을 위해 보내심을 받았노라"(눅 4:43).

예수님이 이 세상에 오신 목적은 바로 하나님의 나라를 사람들에게 공포하기 위해서이다. 하나님의 나라, 하늘나라, 천국은 동의어로 사용되는데, 이것이 예수 그리스도의 중심적인 메시지와 선언이었고 주기도의 중심적 기원이다.

'나라' 를 의미하는 희랍어 '바실레이아' 는 장소의 개념보다는 '통치' 또는 '지배' 를 뜻한다. 그래서 하나님의 나라는 하나님의 통치 또는 하나님의 지배와 주권을 의미한다. 이 기원은 하나님께서 우리의 심령과 세상을 지배하고 통치하도록 간구하는 것이다.

"뜻이 하늘에서 이룬 것같이 땅에서도 이루어지이다."

여기서 하나님의 뜻이란 무엇인가? 하나님의 뜻이 이루어지게 해 달라는 기원은 그 뜻이 이루어지는 것을 방해하는 세상과 사탄의 세력이 있음을 전제한다. 그러나 하나님의 뜻은 이러한 저항에도 불구하고 온 우주 만물을 구원하기 위한 당신의 계획을 관철시키는 데에 있다. 예수님은 바로 그 사명을 위해 오셨으며 예수님을 따르는 자들은 그 사역을 감당하는 사람들이다.

'하늘에서와 같이 땅에서도' 라고 할 때는 하나님의 뜻이 이미 하늘에서는 이루어졌고, 바로 그런 방식으로 땅에서도 이루어지게 해 달라는 탄원이다. 곧 하늘은 땅을 위한 모델이 된다.

"오늘날 우리에게 일용할 양식을 주옵시고"

주님께서 그날그날에 필요한 양식을 구하라는 말은 삶을 지탱하는 데 극히 필요한 최소한의 물질만을 구해야 한다는 사실을 상징적으로 가르치려는 의도에서 비롯된 것이다. 창고에 가득 쌓아 둘 수 있는 많은 양식이 아니라, 일용할 양식을 구하라는 것은 신뢰를 철저히 하나님에게만 두고 살라는 것이다.

"우리가 우리에게 죄 지은 자를 사하여 준 것같이 우리 죄를 사하여 주옵시고"

용서의 원리는 이미 하나님으로부터 용서받은 죄인이 일상생활에서 구체적인 경우에 하나님께 용서를 구할 때 가져야 할 정신적인 자세를 말하고 있다.

사람이 양식으로만 살 수 없듯이 하나님의 용서 없이는 마음의 평안을 누릴 수 없으며 구원을 얻을 수 없음을 이 기원은 함축하고 있다.

"우리를 시험에 들게 하지 마옵시고, 다만 악에서 구하옵소서."

여기서 시험은 우리 인생에서 보편적이며 불가피한 것이다. 인간은 자신의 힘으로 이러한 시험을 이길 수 없다. 마귀는 인간보다 매우 강한 존재이기 때문이다. 그러나 하나님의 자녀들은 하나님께 기도할 수 있는 특권을 사용하여 마귀를 이길 수 있다. 그래서 우리는 시험에 들지 말고 악에서 구해 달라고 기도하는 것이다.

"대개 나라와 권세와 영광이 아버지께 영원히 있사옵나이다. 아멘."

이 송영은 전반부에서 하나님의 나라를 기원한 그 나라와, 후반부에서 우리를 위한 간구를 한 바, 그것들을 이룰 수 있는 능력, 이 모든 것이 이루어져서 돌아갈 영광이 영원히 하나님께 있다는 뜻이다.

주기도문에서는 시련을 당하는 현실 속에서도 최후의 보장과 신뢰를 오직 하나님께만 둔 채, 끝까지 굴복하지 않고 살아가는 것을 이상적인 삶의 모습으로 설정하고 있다. 그래서 초대 교회 구성원들은 이 기도를 암송할 때마다 그들의 발은 땅에 딛고 있으나 머리는 하늘을 쳐다보며 살아야 한다는, 통일된 삶의 방식을 재확인하고 이를 더욱 강화시켜 나갈 수 있었다.

이제 우리는 주님께서 가르쳐 주신 기도를 암송할 때마다 사탄이 권세를 잡은 이 세상 현실에 절망하는 대신 하늘을 바라보며 종말론적 소망을 가지고 하루하루의 삶을 승리해 나가야 할 것이다.

사도신경

요즘 과학 기술과 정보통신 기술이 얼마나 발달했는지, '세상 참 좋아졌다.' 는 생각을 많이 하게 된다. 특히 모르는 길을 운전하고 갈 때는 내비게이션으로 지도검색을 해서 목적지까지 어디로 어떻게 가야 하는지를 살펴본다.

나는 바로 안내를 듣지 않고 목적지까지 미리 모의 주행하는 화면을 보고 간다. 모의 주행할 때 저배율 지도가 먼저 나오고 이어서 고배율 지도가 나온다. 저배율 지도에서는 대충 위치와 길을 파악할 수 있고, 고배율 지도에서는 세밀하고 자세한 위치를 알 수 있다.

저배율 지도는 숲과 같고 고배율 지도는 나무와 같다. 우리가 목적지에 정확하고 올바로 도착하기 위해서는 저배율 지도와 고배율 지도, 두 가지가 모두 필요하다.

그리스도인이란 예수 그리스도께서 가신 길을 바로 알고 그 길을 바로 가는 사람들이다. 그 길을 온전히 가기 위해서는 성경 66권과 같은 고배율 지도뿐만 아니라 사도신경과 같은 저배율 지도가 필요하다. 수백만 단어에 달하는 성경이 그 안에 모든 것이 다 들어 있는 축척도가 큰 지도라면, 짧은 문단으로 구성된 사도신경은 아주 간단히 압축된 소축척 지도로서, 세세한 항목들을 무시하고 있으면서도 기독교 신앙의 중요한 요점들을 일목요연하게 보여 준다.

루터는 "우리나 우리 신앙의 선조들이 이 신앙고백을 창안한 것이 아닙니다. 벌이 온갖 아름다운 꽃들에게서 꿀을 모으듯 사도신경은 어린이들과 일반 신자들을 위하여 성경 내용 전체, 사랑하는 예언자들과 사도들의 글을 아름답게 잘 모아서 요약해 놓았습니다."라고 말한다.

주께서 가신 길을 잘 알기 위해서는 가능한 한 성경을 연구하고 살아 계신 그리스도를 인격적으로 신뢰해야 한다. 이 같은 목적을 성취하기 위한 수단으로 사도신경을 살펴보는 것은 큰 의미가 있다. 성경에 대한 개론적 소개를 한다는 의미를 가지는 동시에 기독교 신앙의 제반 근거들을 거시적으로 분석한다는 의미를 가진다. 숲과 나무의 비유를 들어 말하자면 사도신경이 무엇인지 알아본다는 것은 기독교의 숲을 이해하는 것이다.

사도신경(The Apostles' Creed)에서 '사도'란 열두 사도를 말하며, '신경'이란 신조와 같은 뜻으로 우리가 믿는 신앙을 공식적으로 표현하는 것을 말한다. 사도신경이란 명칭은 4세기 말 루피누스(Tyrannius Rufinus)의 기록에서 처음 나타났다. 루피누스에 따르면, 열두 제자가 오순절에 성령을 받은 후 복음을 전하기 위해 흩어지기 전에 기독교 신앙의 요체를 한 항목씩 고백했고, 이 열두 항목을 모아 사도신경을 만들었다고 한다. 이 같은 초대교회의 전승은 중세까지 그대로 받아들여졌다.

그러나 이러한 설은 15세기에 이르러 인문주의자 발라(Laurentius Valla)에 의해 부인되었다. 대부분 신학자들도 사도신경이라고 부르는 이유가 사도들에게서 직접 유래되었다기보다는, 사도적 신앙(the apostolic faith)의 기본 내용들을 재현시켜 준다는 의미에서라는 주장이 더 타당하다고 인정했다. 따라서 사도신경이라는 명칭은 사도들이 썼기 때문에 붙인 이름이 아니라 사도의 교리를 가르치고 있기 때문에 붙여진 이름이다.

여기에 이르러서 우리는 '열두 사도가 사도신경을 만든 저자가 아니라면, 누가 어떤 과정을 통해 지금과 같은 사도신경을 만들었는가?' 하는 의문을 갖게 된다. 그러나 안타깝게도 사도신경을 누가 작성했는지, 어떤 경로를 통해 완성되었는지, 분명하게 알려진 사실이 없다.

단지 사도신경의 성서적 기원만을 추측할 뿐이다. 즉 마태복음 28장 19절과 16장 16절이 사도신경의 모체라고 추정하는 것이다. 마태복음 28장 19절에 보면 "너희는 가서 모든 민족을 제자로 삼아 아버지와 아들과 성령의 이름으로 세례를 베풀고."라고 기록되어 있다. 이 같은 우리 주님의 명령으로 이 성경구절은 세례를 베풀 때 사용되는 기본 예전 형식으로 정착되었다. 따라서 사도신경의 초기 형태는 세례를 베풀기 위한 문답식이었다고 보는 편이 타당하다

또한 기독교 역사상 예수님에 대해 최초로 기록한 신앙고백인 마태복음 16장 16절에서 베드로는 "주는 그리스도시요 살아 계신 하나님의 아들이시니이다."라고 말한다. 베드로의 이 신앙고백은 예수님에게 집중되어 있다. 예수님이 우리의 주시요 그리스도라고 고백한다. 그래서 다른 고대 신조와 마찬가지로 하나님과 예수 그리스도, 성령의 3부로 나뉘어 있는 사도신경의 기본 골격에 성자에 대한 내용이 확대되었다.

초대 교회는 기독교에 입문하거나 세례를 받으려는 사람에게는 반드시 삼위일체 하나님에 대한 고백을 확인하는 과정을 거쳤다. 이러한 기본 틀에 하나씩 가르쳐야 할 핵심적인 교리의 내용들을 기도와 토론, 연구 과정을 거쳐 조심스럽게 첨가한 것이다. 특히 예수 그리스도에 관한 내용이 많은 이유는 예수 그리스도에 관한 견해를 중심으로 이단도 많이 발생했고 논쟁도 많았기 때문이다.

오늘날 우리가 고백하는 사도신경과 같은 모습은 6세기경에 정립되었다.

현재 우리가 고백하고 있는 사도신경은 크게 네 부분으로 나누어 볼 수 있다. 첫째, 창조주 하나님을 우리 아버지로 고백하는 부분이고 둘째, 예수 그리스도를 구주 메시아로 고백하는 부분이며 셋째, 성령님을 내재하시고 위로하시며 함께하시는 하나님으로 고백하는 부분이고 넷째, 교회는 그리스도의 피로 값 주고 사신 거룩한 주님의 교회이며 이 교회의 사명과 부활, 영원한 생명에 대해 고백하는 부분이다. 이 네 부분이 사도신경을 이루고 있다. 분량으로 보면 약 80퍼센트가 삼위일체 하나님에 관한 내용인데, 그 중에서도 성자 하나님에 관한 부분이 80퍼센트를 차지한다. 특히 '믿는다.' 는 말(총 네 번)이 각 주제마다 나오는 데에 유념할 필요가 있다. 종교적인 용어로서 '믿는다.' 는 말은 죽느냐, 사느냐, 구원을 얻을 수 있느냐, 없느냐의 결과를 초래하는 힘을 가지는 용어이다.

사도신경은 어느 한 뛰어난 신학자가 형성한 것이 아니라 예수님의 말씀을 시작으로 초대 교회 열두 사도와 속사도들, 교부들, 그리고 수많은 교회 회의들을 거치고 수많은 사람들의 기도와 연구, 수정을 거치면서 수백 년간에 걸쳐서 만들어진 기독교 교리의 핵심을 요약한 고백문이다.

이러한 수많은 하나님의 사람들과 사도신경의 형성 과정 배후에는 하나님의 섭리와 성령님의 역사하심이 있었음을 교회의 역사가 증명하고 있다. 이렇게 형성된 사도신경은 세례를 받아야 할 사람들이 필수적으로 고백해야 할 표준으로서, 성도들의 교육의 기본 틀로서, 이단을 가려내고 교회의 순결성을 보존하는 틀로서 사용되는 것이다.

믿음이란 성령님의 감동으로 우리 마음에 일어나는 사건이다. 마음에 일어난 믿음은 입술로 고백해야 하며, 고백한 믿음은 변화된 삶으로 나타날 때 성숙한 그리스도인의 모습을 이루며 열매를 맺을 수 있다. 어떤 사람은 '전지(全知)하신 하나님께서 내 마음과 믿음을 아시는데 굳이 입술의 고백이 필요한가?' 라고 생각할지 모르지만 우리 주님께서는 "누구든지 사람 앞에서 나를 시인하면 나도 하늘에 계신 내 아버지 앞에서 그를 시인할 것이요 누구든지 사람 앞에서 나를 부인하면 나도 하늘에 계신 내 아버지 앞에서 그를 부인하리라."(마 10:32, 33)고 말씀하셨다.

그리고 주님은 자신의 몸 된 교회의 기초를 베드로의 신앙고백 위에 세우셨다. 사도 바울은 "네가 만일 네 입으로 예수를 주로 시인하며 또 하나님께서 그를 죽은 자 가운데서 살리신 것을 네 마음에 믿으면 구원을 받으리라 사람이 마음으로 믿어 의에 이르고 입으로 시인하여 구원에 이르느니라."(롬 10:9, 10)고 말한다.

모든 언약과 맹세는 고백에 근거한다. 결혼식이 아무리 성대하고 화려하게 진행되어도 다른 모든 순서는 신랑신부의 서약과 응답에서 그 진가가 발휘된다. 신랑신부의 언약과 고백이 없으면 그 결혼식은 허사로 돌아간다. 우리의 신앙도 신랑 되신 주님 앞에서 진실하게 고백해야만 하는 것이다.

십계명

기독교인의 신앙생활에서 필수적인 2대 요소는 말씀과 기도다. 우리는 성경을 읽고 묵상함으로써 무엇을 믿으며 또 어떻게 행할 것인지를 알게 된다. 성경의 많은 내용 중에서 무엇을 믿을 것인지를 요약해서 신조화한 것이 사도신경이며, 어떻게 행할 것인가를 발췌해서 규범화한 것이 십계명이다.

또한 성경을 읽어서 무엇을 믿을 것인가를 알게 하는 통찰력과 어떻게 행할 것을 알아 행하게 하는 추진력을 주는 것이 기도이다. 따라서 기도의 모범이 되는 주기도문과 말씀과 기도에 근거한 사도신경, 그리고 십계명은 기독교인의 신앙생활을 인도하는 3대 지침이라 할 수 있다.

유대인들의 전통적인 계산에 따르면, 시내 산과 모압 지역에서 주신 하나님의 토라 말씀은 모두 613개 조항의 '계명' 혹은 '율법'의 형태로 되어 있다. 이 613개 계명 중에서 248개는 '~하라'는 내용이고, 365개는 '~하지 말라'는 내용이다. 이렇게 이스라엘 사람들의 삶의 규범이 되는 계명은 613개이다.

이 많은 계명 가운데 가장 핵심 계명들을 열 가지로 요약, 압축해 놓은 것이 바로 십계명이다. 하나님께서 모세를 통해 자신의 백성에게 주신 십계명을 받은 시기는 대략 이스라엘 백성이 애굽에서 탈출하여 시내 산에 머문 시기로, B.C. 1450년경으로 추정하고 있다.

그런데 한 가지 지적할 사항은 구약에서는 '십계명(Ten Commandments)' 이라는 용어를 사용하지 않는다는 것이다. 단순히 '10개의 말씀(Ten Words)' 이라고만 되어 있다. 그러다가 주전 3세기 중엽, 이집트 최대의 국제 항구 도시였던 알렉산드리아에서 히브리어 성경이 당시 국제 공용어였던 희랍어로 번역되었다. 이것을 '70인역(The Septuagint)' 이라 부르는데, 이 70인역에서 '데카 로고이(deka=10, logoi=말씀들)' 로 번역되었다. 이 희랍어에서 영어로 십계명이라는 뜻의 데카로그(the Decalogue)가 생겨난 것이다.

십계명의 구성을 보면 십계명 중 제1계명부터 4계명은 대신관계에 관한 내용으로 하나님을 사랑하라는 말씀이다. 제5계명부터 10계명은 대인관계에 관한 내용으로 사람(이웃)을 사랑하라는 말씀이다.

십계명에서 제1계명은 '예배의 대상' 을 분명하게 제한하고 규정지은, 하나님 자신이 하나님의 신분을 강조하신 계명이다. 하나님은 참 예배의 대상이며, 하나님만이 영원한 자존자이심을 밝히셨다(출 3:14). 많은 사람들이 이러한 사실을 깨닫지 못하여 세상의 권력자나 도울 힘이 없는 세상과 사람을 의지하는데, 결국에 그러한 태도는 우리에게 실망만을 줄 것이다. 사람은 사랑을 나누고 교제하는 대상이지 섬겨야 할 대상은 아니다. 제1계명은 섬겨야 할 대상은 오직 하나님 한 분뿐임을 밝히고 있다.

제1계명

하나님의 유일성과 유일하신 하나님께 대한 온전한 충성을 강조한다. 하나님은 우리의 생활 속에서 으뜸 되는 자리를 차지하고 싶어 하신다. 아니, 우리의 전부를 소유하고 싶어 하신다. 하나님은 관심이 전혀 나누어지는 일이 없이 순전한 우리의 전부를 요구하신다. 신앙이란 '이것이냐 저것이냐?', '전체냐 무(無)냐?'의 문제이지, 중간 입장의 문제가 아니다.

제2계명

하나님을 그릇된 방법으로 섬기지 말라는, '예배의 방법'을 말하고 있다. 즉 하나님을 육안으로 볼 수 있게 유형적인 형상이나 모형으로 섬길 수 없다고 경고하고 있다. 하나님은 영이시기 때문에 하나님의 형상을 만들어서 섬기는 예배 방법은 잘못이다. 우상은 실체이신 하나님을 바라보지 못하도록 우리의 눈을 가려 우리의 눈이 죽은 물건이나 죽을 수밖에 없는 인간을 향하게 한다.

옛날 사람들은 하늘에 있는 해와 달과 별이나, 땅에 있는 인간과 동물의 형상, 물속에 있는 것 등을 섬겼다. 현대인들은 비록 옛날 사람들처럼 일월성신이나 동물의 형상은 섬기지 않아도 돈과 물질, 과학문명이나 사상을 하나님보다 위에 두거나 사랑한다. 그러나 하나님보다 더 사랑하는 모든 것이 우상이므로 현대인들은 새로운 형태의 우상숭배를 하고 있는 것이다. 제2계명은 바로 이 같은 잘못된 예배의 방법을 경고한다.

우리의 모든 관심은 우리를 사랑하셔서 우리를 위해 목숨을 버리셨고, 부활하시고 승천하신 그분, 나의 길이며 진리이며 생명이신 예수 그리스도 한 분에게만 두어야 하는 것이다.

제3계명

예배의 참된 정신인 하나님께 대한 경외를 가르치고 있는, '예배의 자세'에 관한 내용이다. 창조주 하나님의 귀한 이름은 찬양과 예배의 대상이 되어야지 인간이 다른 목적을 이루기 위한 수단으로 이용될 수 없다. 앞으로는 하나님의 이름을 내세우면서도 뒤로는 인간적인 다른 목적을 숨기고 있다면 제3계명을 범하는 것이다.

구약 시대 옛 이스라엘에게 주신 여호와 하나님의 이름을 망령되이 일컫지 말라는 말씀은 신약 시대 새 이스라엘인 그리스도인들의 계명이 된다. 그리스도인들은 그리스도라는 이름을 힘입어 하나님 앞에 나아가며, 모든 죄를 대속받고, 기도와 간구에 응답을 받는 것이다. 그러므로 예수님은 제3계명의 부정적 표현을 긍정적으로 바꾸시고 보다 적극적으로 말씀하신다. 즉 하나님의 이름이 거룩히 여김을 받도록 기도하라고 하신 것이다.

제3계명이 우리에게 주는 의미는 존귀한 주님의 이름을 전하고 찬양하며 감사해야 하고, 그 이름을 영화롭게 해야 한다는 것이다. 그리고 우리의 입술로, 삶으로, 우리의 행동으로 그 이름에 영광을 돌려야 한다.

제4계명

일주일 중에 하루를 쉬며 성별하여 거룩하게 지키도록 하는, '예배의 날짜' 에 관한 조항이다. 신약 시대에 들어오면서 이 같은 안식일의 날짜는 예수님이 부활하신 주일이 되었다. 예수님은 안식일 제도를 폐지하신 것이 아니라, '일로부터의 휴식' 이라는 소극적인 안식일 개념에서 '다른 사람을 위해 선을 행하는' 적극적인 안식일 개념으로, 안식일의 의미와 폭을 넓혀 주셨다.

주일은 주님을 기억하는 날이며 주님과 교제하고 성도들과 교제하는 날이다. 주님께 감사하는 날이며, 예배와 찬송, 헌금을 통해 우리의 감사를 구체적으로 표현하는 날이며, 하나님의 말씀을 받아 주님과 사람들을 위해 무엇을 할지를 깨닫고 결단하는 날이다.

인간에게는 육체의 안식도 중요하지만, 궁극적으로는 영혼의 안식이 더욱 본질적이고 중요하다. 인간의 죄에 대한 문제를 해결하시고, 죄를 사함 받아 평안과 자유함을 얻은 영혼들에게 참된 안식을 주시려고 오신 예수 그리스도 안에 바로 그런 안식이 있다.

아마도 모세의 첫째 돌비에는 1계명부터 4계명까지, 둘째 돌비에는 5계명부터 10계명까지 기록되어 있으리라 추정된다. 이렇게 1계명부터 4계명까지의 대신관계가 수직이 되고 5계명부터 10계명까지는 수평이 되어 십자가의 관계를 상징하기도 한다.

예수님도 그 내용을 요약해서 첫째 돌비는 하나님과의 사랑, 둘째 돌비는 이웃에 대한 사랑이라고 말씀하셨다. 주님께서도 두 가지를 모든 율법의 요약이요 대강령이라고 말씀하셨다는 사실을 감안해 볼 때 십계명은 곧 사랑하라는 계명인 셈이다.

계명들은 야곱의 사다리에 비유할 수 있다. 첫 부분인 제1계명부터 4계명은 하나님께 관계하고 있고 하늘에 닿는 사다리가 된다. 둘째 부분인 제5계명부터 10계명은 이웃과의 관계에 대한 계명으로 땅에 놓여 있는 사다리의 발이 된다. 양쪽 가운데 어느 한 쪽이 없다면 땅에 있는 우리가 하늘과 교통할 수 없듯이 우리의 신앙 또한 양쪽의 균형을 통해 온전해질 수 있다.

제5계명

대인관계의 제1계명이라 할 수 있다. 이러한 순서 배열은 그 자체가 중요한 의미를 지니며, 이웃과의 관계에 대한 계명들 가운데 부모에 대한 계명이 가장 중요하다는 뜻이다. 우리가 이 세상에 태어나 맨 처음 갖게 되는 인간관계는 부모님들과의 관계다.

그러나 이러한 배열에는 이보다 더 깊은 의미가 있다. 부모에 관한 제5계명은 제6계명부터 제10계명에 나오는, 이웃과의 관계에 대한 계명과도 관련 있지만, 제1계명부터 제4계명에 나오는, 하나님과의 관계에 대한 계명과도 관련 있다. 또한 제5계명은 앞에 나온 네 가지 계명들(대신관계에 관한 계명들)과 뒤에 오는 다섯 가지 계명들(대인관계에 관한 계명들) 사이에서 양쪽을 연결시켜 주는 고리와 같은 역할을 하고 있다.

그렇다면 부모를 공경하라는 말씀이 어떻게 하나님과 관련이 되는가? 부모는 나에게 생명을 주신 분이다. 이런 뜻에서 부모란 나에게는 내 생명의 창조자가 되는 존재이다. 물론 모든 생명의 궁극적인 근원은 창조주이신 하나님이시다. 그러나 부모 없이는 나의 생명이 잉태되는 하나님의 창조 역사 역시 이루어질 수 없었다. 그러므로 나를 낳아 주신 부모는 하나님의 창조 사업에서 동역자의 위치에 있다. 성서는 인간이 가져야 할 하나님에 대한 태도와 자녀들이 가져야 할 부모에 대한 태도를 동등하게 취급하고 있다. 그런 의미에서 루터는 부모를 '하나님의 대리자' 로 이해하였다.

제6계명

'생명의 규범' 에 관한 조항이다. 살인하지 말라는 계명을 축자적으로 해석하여 어떠한 경우에도 사람을 죽이는 것을 금지하는 말씀으로 받아들일 수는 없다. 성경 말씀은 어떤 부분이든 전체의 빛 아래서 읽고 해석해야 하기 때문이다. 즉 성경에는 전쟁의 경우와 사형의 경우, 정당방위나 과실치사의 경우에는 이 항목을 기계적으로 적용하고 있지 않다.

대부분 사람들은 제6계명이 자신과는 상관없는 계명이라고 생각하기 쉽다. 그러나 예수님은 제6계명을 심화시켜 해석하셨다. 마태복음 5장 21, 22절에서 주님께서는 "옛 사람에게 말한 바 살인하지 말라 누구든지 살인하면 심판을 받게 되리라 하였다는 것을 너희가 들었으나 나는 너희에게 이르노니 형제에게 노하는 자마다 심판을 받게 되고 형제를 대하여 라가(히브리인의 욕설-저자 주)라 하는 자는 공회에 잡혀 가게 되고 미련한 놈이라 하는 자는 지옥 불에 들어가게 되리라."고 말씀하신다. 다시 말해 우리 주님은 미움과 살인을 같은 차원에서 다루고 있다. 증오는 살인의 원인이 아니라 살인의 시작이라는 뜻이다.

제7계명

'성의 규범' 에 관한 조항이다. 유대교에서는 간음을 가장 무서운 죄 가운데 하나로 여긴다. 탈무드에는 어떠한 경우에도 정당화될 수 없고 용서받을 수도 없는 세 가지 죄가 있다고 말한다. 첫째는, 우상 숭배하는 죄이고 둘째는, 다른 사람을 고의로 죽이는 고살 죄이며 셋째는, 간음죄이다. 이만큼 제7계명은 하나님의 백성들의 삶에서 중요한 규범이었다. 그러나 그들에게 간음보다 더 흔한 죄는 없었다는 사실은 인간성의 역설을 보여 준다.

"간음하지 말라."는 계명을 무시하고 사랑을 애정과 성욕에 따라 기분대로 악용하면, 자기 자신의 인격을 파괴할 뿐만 아니라 가정이 파탄되고 사회가 부패하게 된다. 결국에는 믿음에서 떠나 타락하고 비참한 운명의 사람이 되고 마는 것이다.

하나님께서는 사람에게 사랑하는 본능을 주셨다. 그러나 사랑도 절제하지 않으면 동물적 사랑으로 변하여 타락하고 불행을 초래하게 된다. 그러므로 사랑에도 질서가 있어야 한다. 하나님께서는 인간에게 육체와 본능을 주셨을 뿐만 아니라 영혼과 이성을 주셨다. 인간은 영적으로 하나님과 교통하고 이성을 통해 본능을 조절할 때, 하나님께서 주신 사랑의 본능이 인간의 행복을 위한 것임을 깨닫게 되고 행복을 누리게 된다.

제8계명

'재산의 규범' 에 관한 조항이다. 동서고금 어느 사회를 막론하고 도적질을 용납하는 사회는 없다. 이 계명의 순종 없이 사회의 기초가 든든할 수 없는 것이다. 십계명에서 도적질을 금지하고 있는 까닭은 단순히 사회, 경제적 차원의 문제가 아니라 더욱 깊은 신학적 이유에 근거하고 있다.

도적질이란 일하지 않고 부당하게 불로소득 하는 행위이다. 즉, 다른 사람이 애써 이루어 놓은 노력의 결과를 훔치는 셈이다. 이러한 행동은 근본적으로 하나님의 창조질서에 어긋난다. '일' 이란 본래 하나님의 창조 질서에 속하는 것이다.

대부분 사람들은 에덴동산은 일할 것도 없고 놀고먹는 곳이었을 것으로 생각한다. 사람이 일하면서 살아가는 것에 관하여, 일(노동)이란 타락한 인간에 대한 하나님의 형벌이라고 주장하는 사람들도 있다.

그러나 창세기 2장 15절의 "여호와 하나님이 그 사람을 이끌어 에덴동산에 두사 그것을 다스리며 지키게 하시고"라는 구절에서 '다스리다' 라고 번역된 말은 히브리어로 '아바드' 라는 단어이다. 이는 본래 '밭을 갈다', '땅을 경작하다' 라는 의미이다. 즉, 에덴동산도 토지를 경작하고 일하는 곳이었다.

도적질은 바로 이러한 하나님의 창조 질서를 파괴하는 행동이다. 자신은 일하지 않고 다른 사람들이 땀 흘려 이루어 놓은 일의 결과를 훔치는 짓이기 때문이다.

그런데 기독교인들조차도 제8계명을 범하기 쉬운 경우가 있다. 말라기 3장 8절에 보면 "사람이 어찌 하나님의 것을 도둑질하겠느냐 그러나 너희는 나의 것을 도둑질하고도 말하기를 우리가 어떻게 주의 것을 도둑질하였나이까 하는도다 이는 곧 십일조와 봉헌물이라."고 나와 있다.

말라기는 이스라엘 사람들이 하나님의 것을 도적질했다고 책망한다. 그것은 하나님께 바쳐야 할 십일조와 헌물이었다. 십일조와 헌물은 '하나님의 것' 이므로 온전한 십일조를 바치지 않고 헌물을 드리지 않는다면 하나님의 것을 도적질한 것과 같다는 말씀이다.

제9계명

좁은 의미에서 이 계명은 재판의 상황에서 거짓 증언하는 것을 금지한 조항이다. 넓은 의미에서는 모든 형태의 부정직한 말을 금지한 조항이기도 하다. 하나님은 거짓을 행하고 거짓을 말하는 사람들을 결코 용납하지 않으신다. 시편 기자는 "거짓을 행하는 자는 내 집 안에 거주하지 못하며 거짓말하는 자는 내 목전에 서지 못하리로다."(시 101:7)라고 말하고 있다.

예언자 스바냐는 "거짓을 말하지 아니하며 입에 궤휼한 혀가 없는 자"만이 구원받는, "이스라엘의 남은 자"가 될 것이라고 선포하였다(습 3:13). 요한계시록은 앞으로 도래할 '새 하늘과 새 땅' 에 거짓말하는 자들은 결코 들어갈 수 없다고 단언한다(계 21:27; 22:15). 거짓이 없는 진실을 말하는 사람들만이 새 하늘과 새 땅의 주인이 될 수 있는 것이다.

제10계명

'욕망의 규범' 에 관한 조항이다. 모든 계명은 탐욕과 연결되어 있다. 그러므로 탐욕을 버리는 것, 이것이 온전한 신앙생활의 원리다. 우리는 다른 죄들은 회개하지만 좀처럼 탐욕을 가졌음을 회개하지 않는다. 이처럼 탐욕의 죄악은 우리 속에 은밀하고 깊이 침투해 있다. 탐욕은 인간을 몰락시키는 가장 무서운 적이다. 그래서 사도 바울은 "탐욕은 너희 중에서 그 이름조차도 부르지 말라 이는 성도에게 마땅한 바니라."(엡 5:3)고 외친다.

십계명은 긍정 명령과 부정 명령으로 구성되어 있다. 많은 사람들이 '하지 말라' 는 명령을 어겼을 때는 죄책감을 느끼지만, '하라' 는 긍정 명령을 어겼을 때는 그와 같은 강도로 죄책감을 느끼지 못한다.

그러나 십계명이 우리에게 주는 메시지 가운데 하나는, 하나님을 사랑하고 이웃을 사랑하라는 긍정명령을 지키지 않는 것은, 곧 '살인하지 말라' 나 '도적질하지 말라' 는 명령을 지키지 않은 것과 다를 바가 없다는 사실이다.

더 나아가 십계명은 수백 가지에 달하는 율법 조항을 요약, 압축해 놓은 의미도 있지만 동시에 현재 우리가 겪고 있는 복잡한 윤리적 상황 속에서 행동 지침의 원리(principle)를 제공하기도 한다. 즉 십계명은 하나님의 명령의 원리들인 셈이다.

십계명이 신약 시대를 살고 있는 우리에게 주는 보다 본질적인 의미는 십계명 앞에 설 때마다 우리는 완전해지는 것이 아니라 죄인임을 더욱 깨닫게 되는 것이다. 그러므로 십계명 앞에 설 때마다 자기가 죄인임을 발견하고 그리스도에게로 나아가라는 것이다.

부 록

임원 교육

장로 | 권사 | 집사

장로

1. 초대 교회와 현대 교회 직분의 차이

교회 임원에 대해 살펴보면서 가장 주의할 점은 초대 교회의 직분과 지금의 직분이 다르다는 사실이다. 어떤 조직도 처음 시작할 때나 소규모일 때는 단순하다. 그러다가 시간이 흐르면서 그 규모가 커지고 제도화되면 직분도 많아지고 세분화된다. 교회도 마찬가지다. 초대 교회에는 직분이 목회자와 평신도 정도의 구분밖에 없었다. 그래서 성경에서 감독이라고 하면 지금의 연회감독이 아니라 그냥 목사라고 생각하면 된다. 양 무리를 가르치고 감독하고 그들의 신앙을 관리하고 다스리는 책임을 지고 있는 지도자들을 감독이라고 부른 것이다.

그리고 성경에서 집사라고 하면 지금의 집사를 생각하면 안 된다. 성경에 나타난 감독, 장로, 집사는 오늘날 한국 교회의 감독, 장로, 집사와는 전혀 다른 직분들이다. 그래서 성경에 나오는 감독을 지금의 감독으로, 장로를 지금의 장로로, 집사를 지금의 집사로 일대일로 대응시키는 것은 완전히 잘못된 일이다. 성경에서 집사라고 하면 지금의 집사만을 말하는 것이 아니라 장로, 권사, 집사, 이 모든 임원을 가리킨다.

최초의 평신도 직분인 집사는 사실 지금의 장로로 보면 더 적합하다. 사도들이 말씀 전하는 일과 기도하는 일에 전념하기 위해서 구제와 재정관리를 분담할 수 있는 일곱 집사를 선출할 때 우리가 잘 아는 스데반 집사도 있었다. 스데반 집사는 '믿음과 지혜와 성령이 충만' 한 초대 교회의 평신도 지도자였다. 또한 초대 교회 최초의 순교자가 되었다. 스데반은 지금으로 환산하면 장로이다. 장로의 자질은 주님을 위해 생명까지 바칠 수 있어야 하기 때문이다.

오늘날 교회의 기준으로 볼 때 1)집사는 일꾼, 2)권사는 말씀을 가르치고 양육할 수 있는 자, 3)장로는 교회와 주님을 위해서 생명도 바칠 수 있는 자로 믿음의 분량을 삼는다. 이 기준으로 보면 스데반은 교회와 주님을 위해서 생명을 바친 초대 교회 최초의 장로다.

그러나 이러한 직분에 대한 믿음의 수준과 분량이 현재 주어진 직분과 반드시 일치하는 것은 아니다. 장로의 직임은 얻었지만 실재 믿음의 수준은 집사인 사람도 있고, 집사지만 실재 믿음의 수준은 장로인 사람도 있다. 그래서 세상에서 얻은 직분이 본질이 아니라 하나님께서 달아 보시는 믿음의 분량이 본질이다. 물론 주어진 직분과 실재의 직분이 일치하는 사람도 있다.

지금까지의 설명을 토대로 초대 교회와 현대 교회의 직분을 굳이 대응시켜 보자면 다음과 같다.

초대 교회	현대 교회
감독, 장로, 목사[1]	목사
집사	장로, 권사, 집사

1) 신약성경에서 장로, 감독, 목사는 같은 직분을 나타내는 세 개의 이름이었다. 이처럼 초대 교회의 명칭은 현대 교회의 명칭과 달랐다. '장로' 는 교회의 지도자를 개인적으로 표현한 것이고, '감독' 과 '목사' 는 그들의 '직제와 의무' 를 표현한 것이다. 곧 장로는 사람을 나타내고, 감독과 목사는 그 사람의 직무를 나타냈다. 에베소교회의 지도자들은 아무런 차별도 없이 장로, 감독, 목사로

2. 장로직에 대한 성경적 근거

1) 구약에 나타난 장로직

구약에서 '장로' 라는 말은 히브리어로 '자켄(zagen)' 이다. 이 말은 '턱수염' 이라는 뜻을 가진 자칸(zagan)에서 파생되었는데, '노인, 선임자, 연장자, 나이 많은 사람, 어른' 이라는 뜻을 가지고 있다.

더 나아가 구약에서 장로는 나이가 많을 뿐 아니라 모든 면에서 성숙한 사람을 의미한다. 가족관계, 대인관계, 그리고 공동체에서 원만한 사람인 것이다. 또한 덕망이 있고 사회적인 영향력이 있으며 다른 사람을 지도할 수 있는 역량이 있는 사람이었다. 그러므로 나이가 많다는 사실뿐 아니라 젊은 이보다 경험과 지혜가 낫다는 사실 때문에 권위가 부여되었다.

이스라엘 역사에서 장로에 관해 최초로 언급한 부분은 출애굽기 3장 16절이다. 하나님께서 모세를 불러 이스라엘 백성을 인도하여 가나안 땅으로 들어가라는, 출애굽의 명령을 내리시면서 "이스라엘의 장로들을 모으고" 그 뜻을 전하고 그들과 함께 애굽 왕에게 가라고 하셨다. 아마도 구약 시대에 이스라엘의 주변 국가들인 애굽과 모압, 미디안에 있었던 장로 제도를 도입한 것이 아닌지 추정된다.

이스라엘 역사에 장로 제도를 본격적으로 제정하여 실시하기 시작한 것은 이스라엘 백성이 애굽에서 나와 광야 생활을 할 때였다. 당시 출애굽의 지도자 모세의 책임이 너무 크고 업무가 과중해서 모세 혼자 이 모든 일을 감당하기가 너무 힘들었다. 그래서 하나님께서는 모세의 협력자로서 장로 70

묘사되었다(행 20:17, 28; 딛 1:5~7; 벧전 5:1~4 참조). 다른 한편으로 감독은 보다 넓은 치리 체제의 중심인물로, 장로는 개체교회의 치리 책임자이다. 장로는 심방하여 병자를 안수기도(약 5:14)하고, 교훈하고 권면하며(롬 11:8; 살전 5:12), 말씀과 가르치는 데에 힘쓰고(딤전 5:17), 심령들을 돌아보는(히 13:7, 17, 24) 일들을 하였다.

명을 세우라고 명령하셨다. "여호와께서 모세에게 이르시되 이스라엘 노인 중에 네가 알기로 백성의 장로와 지도자가 될 만한 자 칠십 명을 모아 내게 데리고 와 회막에 이르러 거기서 너와 함께 서게 하라 내가 강림하여 거기서 너와 말하고 네게 임한 영을 그들에게도 임하게 하리니 그들이 너와 함께 백성의 짐을 담당하고 너 혼자 담당하지 아니하리라"(민 11:16, 17).

그리고 그들이 장로의 직무를 원만히 감당할 수 있도록 그들 각자에게 하나님의 영이 임하도록 하셨다. "모세가 나가서 여호와의 말씀을 백성에게 알리고 백성의 장로 칠십 인을 모아 장막에 둘러 세우매 여호와께서 구름 가운데 강림하사 모세에게 말씀하시고 그에게 임한 영을 칠십 장로에게도 임하게 하시니 영이 임하신 때에 그들이 예언을 하다가 다시는 하지 아니하였더라"(민 11:24, 25).

이와 같이 출애굽 시대의 장로들은 모세와 함께 모세의 지도 아래 그의 협력자로서 이스라엘의 짐을 나누어지는 자들이었다. 모세 한 사람이 졌던 무거운 책임을 장로들이 나누어짐으로써 장로들은 이스라엘 백성을 이끌어 나가는 역할의 일익을 담당했다.[2)]

사사 시대와 왕정 시대에도 장로들은 정치적 · 군사적인 법률문제들을 처리할 때에 지도자의 역할을 했다.[3)] 이스라엘 장로들은 사무엘에게 왕을 요

---

2) 출 12:21 "모세가 이스라엘 모든 장로를 불러서 그들에게 이르되 너희는 나가서 너희의 가족대로 어린 양을 택하여 유월절 양으로 잡고."
출 19:7 "모세가 내려와서 백성의 장로들을 불러 여호와께서 자기에게 명령하신 그 모든 말씀을 그들 앞에 진술하니."
출 24:1 "또 모세에게 이르시되 너는 아론과 나답과 아비후와 이스라엘 장로 칠십 명과 함께 여호와께로 올라와 멀리서 경배하고."

3) 삿 11:5 "암몬 자손이 이스라엘을 치려 할 때에 길르앗 장로들이 입다를 데려오려고 돕 땅에 가서."
삼상 30:26 "다윗이 시글락에 이르러 전리품을 그의 친구 유다 장로들에게 보내어 이르되 보라 여호와의 원수에게서 탈취한 것을 너희에게 선사하노라 하고."

구하였으며[4] 왕정이 확립된 이후에도 왕을 선택하는 권한은 장로들에게 있었으므로 다윗은 장로들이 헤브론에서 그에게 기름 붓기 전에 그들과 언약했다.[5] 왕은 위급한 상황이나 중대한 결정을 할 때 장로들에게 자문을 받았다.[6] 장로들은 이스라엘 백성의 포로기[7]는 물론 그 이후에도[8] 줄곧 이스라엘 백성들에게 영향력을 행사했다.

이스라엘 역사에서 장로들은 일반적으로 전쟁에서 지휘관 역할을 했고[9], 송사가 생기면 재판관이 되었으며[10], 때론 하나님 앞에 드리는 제사가 있으면 제사장과 함께 보조자의 역할을 했다.[11] 무엇보다 구약에서 장로들은 행정 문제에서 증인의 역할과 백성들에 대한 현명한 충고로 자문의 역할을 했다. 주로 '성문 앞' 광장에서 자문 역할을 했다.

오늘날 교회의 장로는 구약의 장로직의 모델을 따라 '목회자의 협력자'로서 목회자의 무거운 짐을 나누어서 지고, 전 교인의 신앙과 생활을 돌보고 지도하며, 시험을 받거나 어려움에 빠져 있을 때 그들을 자문해 주고 도와주는 '교회의 어른'이 되어야 한다.

2) 신약에 나타난 장로직

신약에서 '장로'라는 말은 '프레스뷔테로스(presbteros)'이다. 여기에서 영어로 장로를 나타내는 'presbyter'와 동의어 'elder'란 말이 파생되었다.

---

4) 삼상 8:4 "이스라엘 모든 장로가 모여 라마에 있는 사무엘에게 나아가서."
5) 삼하 5:3 "이에 이스라엘 모든 장로가 헤브론에 이르러 왕에게 나아오매 다윗 왕이 헤브론에서 여호와 앞에 그들과 언약을 맺으매 그들이 다윗에게 기름을 부어 이스라엘 왕으로 삼으니라."
6) 왕상 20:7,8; 21:8,11
7) 렘 29:1; 겔 8:1; 14:1; 20:1
8) 스 10:8,14
9) 수 8:10
10) 사 3:2~15; 29:21
11) 출 24:1,2

이 말은 원래 '보다 더 나이가 많은 사람', 곧 젊은이에 비해 '손윗사람, 연장자'를 의미했다.[12] 이는 단순히 나이가 더 많다는 의미뿐만 아니라 인생경험과 지혜가 더 많은 사람으로서 공동체의 추대를 받아 특별한 권위와 책임을 가지게 될 때, 그런 사람을 장로라고 불렀다.

신약 시대에도 유대인 사회에 장로 제도가 두루 퍼져 있었다. 팔레스타인은 물론 디아스포라(흩어진 유대인들) 사회에서도 회당을 중심으로 장로들이 있었다. 특히 디아스포라 사회에서는 장로회를 '게루시아'라 불렀고 장로를 '아르콘테스'라고 불렀는데, 그 뜻은 '다스리는 자'이다.

장로회 중에서 가장 중요한 역할을 했던 것은 예루살렘에 있었던 '산헤드린'이었다. 산헤드린은 '70인 장로회'였는데, 유대인 사회에서 최고 법정 역할을 했고 이른바 대법원과 같았다. 그들은 주로 율법을 해석했을 뿐만 아니라 율법을 범하는 자들에게 형벌을 내리는 사법적인 역할도 했다. 아무튼 장로들은 유대인 사회를 종교적 · 정신적 · 사회적으로 통솔하고 지도하는 사람들이었다.

후에 초대 교회가 유대인의 장로 제도를 도입한 것은 지극히 자연스러운 일이다. 초대 교회의 장로직은 본질상 그 전성기를 이루던 회당의 장로 제도를 그대로 계승한 것이다. 다만 초대 교회가 처했던 상황에 맞추어 적절하게 수정과 발전을 거듭했을 뿐이다. 사도행전에 따르면 예루살렘 교회에 이미 장로들이 있었다.

바울은 전도 여행을 마치고 예루살렘으로 돌아가기 전에 에베소교회의 장로들에게 고별설교를 하면서 하나님께서는 자기 피로 사신 교회를 치리케 하시려고 장로를 교회의 '감독자'로 삼으셨다고 했다. 그리고 앞으로 교회에 흉악한 이리와 어그러진 말로 유혹하는 자들이 일어날 것을 대비하여 교

12) 눅 15:25; 행 2:17; 딤전 5:1; 몬 1:9

회를 말씀으로 훈계하라고 부탁했다.[13]

여기에서 바울은 교회를 맡아 다스리며, 말씀으로 훈계하는 직분을 가리켜 '장로'라고 했으며, 그 직무를 가리켜 '감독(감독자)'이라고 했다.[14] 이렇게 볼 때, 장로는 교회를 감독하고 다스리며 보호하는 역할을 했다. 즉 초대교회 장로는 '다스리는 일'과 '가르치는 일'을 하였다.

더 나아가 야고보서에 보면 장로가 교회의 직분으로 열거되어 있으며, 그의 기능은 목회의 기능임을 알 수 있다. 장로는 교회의 대표자로 하나님 앞에서 교인의 고통을 짊어지는 거룩한 직무로서 치병과 위로의 임무를 행한다. 또한 이처럼 신자의 고통에 깊이 관여하여 그들의 시름을 덜어 주고 하나님의 능력을 나타내는 목회의 일을 한다.[15]

베드로전서에는 장로직이 더 발전된 형태로 나타난다. 베드로는 자신을 '같은 장로'라고 하면서 장로들을 분명히 목회의 기능을 가진 직분으로 본다. 그리고 장로들에게 권면하면서 그들을 '하나님의 양 무리를 치는'(벧전 5:2) 자들이라고 언급한다.

우리는 바울의 목회 서신에서 가장 발전된 형태의 교회조직과 직분을 보게 되는데, 벌써 그때에 '장로의 회'[16](감리교에서는 기획위원회, 장로교에서는 당회)가 있어서 신임장로를 안수했다. 바울은 디도에게 그레데 각 성에 장로들을 세우라고 권면하면서, 장로가 될 사람의 자격을 구체적으로 언급하고 있다. 그 당시 장로들은 '다스리는 일'과 '가르치는 일'을 맡았다.[17]

오늘날 교회의 목사는 신약 시대 사도와 장로의 직무를 모두 계승한 사람

---

13) 행 20:17~35

14) 행 20:28 "여러분은 자기를 위하여 또는 온 양 떼를 위하여 삼가라 성령이 그들 가운데 여러분을 감독자로 삼고 하나님이 자기 피로 사신 교회를 보살피게 하셨느니라."

15) 약 5:14 "너희 중에 병든 자가 있느냐 그는 교회의 장로들을 청할 것이요 그들은 주의 이름으로 기름을 바르며 그를 위하여 기도할지니라."

16) 딤전 4:14 "장로의 회에서 안수 받을 때에"

이고, 장로는 신약 시대 장로의 직무 중 다스리는 일을 계승한 사람이라고 볼 수 있다. 그러므로 오늘날 교회의 장로는 신약의 장로직의 모델에 따라 '목회자의 협력자' 로서 교회 질서를 유지하며, 교인들을 대표하여 교인들의 의견을 대변하는 '교회의 치리자, 교인의 대표자' 로서 일해야 한다.

3. 성경에서 규정하는 장로의 자격

1) 개인적으로 성결해야 한다

장로가 되려는 사람은 무엇보다도 먼저 개인 생활이 성결해야 한다. 성결은 모든 자격에 없어서는 안 될 기본 조건이다.

① 책망할 것이 없어야 한다(딤전 3:2; 딛 1:6, 7)

장로는 비난받을 것이 없는 사람, 흠 잡힐 데가 없는 사람이어야 한다. 여기서 책망할 것이 없어야 한다는 것은 완전해야 된다거나 죄가 없어야 된다는 말이 아니라, 교회에서나 사회에서, 윤리적으로 법적으로 다른 사람에게 비난받을 만한 결점이 없어야 한다는 뜻이다.

② 절제해야 한다(딤전 3:2; 딛 1:8)

장로가 되려는 사람은 자제력이 있어야 한다. 절제하는 사람은 식견을 흐리지 않고, 육체적 · 정신적 · 영적 방향 감각을 잃지 않는 사람이며, 언제나 안정되고 견실하며 명확한 생각을 가진 사람이다. 그리고 그리스도인으로서 행실을 더럽히지 않는 사람이다.

③ 근신해야 한다(딤전 3:2; 딛 1:8)

'근신' 이라는 말은 '맑은 정신의, 건전한 마음의, 차분한, 신중한, 단정한,

---

17) 딤전 5:17 "잘 다스리는 장로들은 배나 존경할 자로 알되 말씀과 가르침에 수고하는 이들에게는 더욱 그리할 것이니라."

분별력 있는, 결단력 있는' 이라는 뜻이다. 근신한 사람은 내적으로 하나님과의 관계와 다른 사람과의 관계에서 '자신에 대해 올바른 견해를 가진'(롬 12:4~8) 사람이다. 외적으로는 자신이 배운 진리를 자신의 삶에 적용하여 구현하는 사람이다.

④ 아담해야 한다(딤전 3:2)

'아담' 이라는 말은 '질서 있는, 잘 배열된, 잘 정돈된, 행실이 좋은, 예의 바른, 잘 행동하는, 존경할 만한' 이라는 뜻을 가지고 있다. 장로가 되려면 모든 면에서 질서 있고 규모 있으며 잘 정돈된 생활을 하고 있는 사람이어야 한다.

⑤ 의로워야 한다(딛 1:8)

장로가 되려는 사람은 실제적이고 도덕적으로 의로운 사람이어야 한다. 의롭다는 말은 하나님과 올바른 관계를 유지하고 사람과도 올바른 관계를 유지하는 것이다.

⑥ 거룩해야 한다(딛 1:8)

'거룩' 이라는 말은 '다르다', '구별되다' 라는 뜻이다. 즉 독실하고 경건하여 죄와 악이 없는 상태를 말한다. 거룩한 삶이란 격리된 삶이 아니라 구별된 삶이다.

2) 가정에 충실해야 한다

가정은 창조의 질서 가운데 하나님께서 친히 제정하신 사회의 기본 단위이다. 따라서 가정은 모든 사회관계에서 우선이며, 결혼은 인간관계의 최초 형태로 모든 인간관계에서 기초이다. 그래서 성경은 가정과 결혼의 신성을 강조한다.

① 한 아내의 남편이어야 한다(딤전 3:2; 딛1:6)

장로가 되려는 사람은 합법적인 결혼으로 가정을 이루고 한 여인만을 아내로 맞아 그에게만 충실해야 한다.

② 믿는 자녀를 두어야 한다(딤전 3:4; 딛 1:6)

장로가 되려는 사람은 우선 그 자녀들이 믿음으로 구원받도록 해야 한다. 그리고 단정하여 방탕하다는 비방을 받지 않고, 순종하는 자녀들로 양육해야 한다. 순종과 거룩한 삶을 통해 본이 되는 자녀로 길러야 한다.

③ 나그네를 대접해야 한다(딤전 3:2; 딛 1:8)

'나그네를 대접하라' 는 말은 '나그네를 사랑하라' 는 뜻이다. 장로의 가정은 항상 문호를 개방하여 손님 대접을 잘해야 한다. 장로는 친절하고 접근하기 쉬우며 차갑지 않아야 한다. 다른 사람들과 그들의 필요를 진정으로 돌보며 돕기 위해 일해야 한다.

3) 성숙한 신앙인이어야 한다

장로는 반드시 영적으로 성숙한 그리스도인이어야 한다. 영적으로 어린 사람에게 장로직을 맡기는 것은 대단히 위험한 일이고 교회를 위태롭게 하는 것이다.

① 가르치기를 잘해야 한다(딤전 3:2; 딛 1:9)

바울은 디모데에게 장로가 되려는 사람은 가르치기를 잘해야 (딤전 3:2) 한다고 했다. 디도에게는 미쁜 말씀의 가르침을 그대로 지켜야"(딛 1:9)한다고 일렀다. 즉 말씀을 잘 가르치는 장로가 되려면 먼저 말씀을 배우고 그 말씀대로 사는 사람이어야 한다.

② 새로 입교한 자여서는 안 된다(딤전 3:6)

장로의 역할은 어느 정도 그리스도인으로서 성숙할 것을 요구하는데, 그러한 성숙은 시간과 경험을 통해 이루어진다. 그러므로 갓 그리스도인이 된 사람이 장로의 일을 해낼 수 없는 것은 당연하다.

4) 존경받는 사회인이어야 한다

장로가 되려는 사람은 사회에서도 존경받고 선한 증거를 얻은 자라야 한다.

① 술을 즐기지 않아야 한다(딤전 3:3; 딛 1:7)

술을 즐기지 않아야 한다는 말은 모든 종류의 알코올음료에 대한 무조건적인 금주를 명하는 것은 아니다. 여기서 말하는 바는 술을 즐기거나 술 때문에 바른 판단을 하지 못하거나 행동하는 데에 실수를 하거나 중독되어서는 안 된다는 뜻이다. 더 나아가 인 박이는 것은 성령의 소욕을 거스르기 때문에 술, 음식, 담배, 나태, 쾌락, 게임, 도박 등 무엇이든 중독되는 것은 하지 말아야 한다.

② 구타하지 않아야 한다(딤전 3:3; 딛 1:7)

'구타하지 않는다.' 는 말은 '다투기를 좋아하지 않는다, 싸움을 하지 않는다.' 는 뜻을 가지고 있다. 신체의 폭력을 하나님께서 기뻐하시지 않는다는 것을 보여 주는 증거는 성경에 수없이 많다(마 5:38, 39).

③ 다투지 않아야 한다(딤전 3:3)

장로가 되려는 사람은 '다투기를 좋아해서는' 안 된다. 오히려 사람을 좋게 대하는 사람, 곧 평화로운 사람, 피스 메이커가 되어야 한다.

④ 돈을 사랑해서는 안 된다(딤전 3:3; 딛 1:7; 벧전 5:2)

장로가 되려는 사람은 돈을 사랑하지 말며, 더러운 이를 탐하지 않아야 한다. 이 말은 무조건 가난하라는 뜻이 아니라 하나님보다 돈을 더 마음에 두지 말라는 것이다. 돈과 하나님 두 주인을 섬길 수는 없다. 돈을 사랑하는 사람은 위엣 것을 생각하기보다 땅의 것을 더 생각하기 때문이다.

⑤ 자기 고집대로 하지 않아야 한다(딛 1:7)

'자기 고집대로 한다.' 는 말은 '자기 자신을 즐겁게 한다.' 는 뜻이다. 자기 고집대로 하는 사람은 자기 자신의 의견이나 권리를 완강하게 주장하며 남의 의견이나 권리, 관심을 무시한다. 이런 사람의 성격 안에는 자만과 교만, 남들을 멸시하는 것들이 혼합되어 있다.

⑥ 급히 분내지 않아야 한다(딛 1:7)

이 말은 '짧은 도화선을 갖지 않는다.' 는 뜻이다. 분을 내는 것이 다 죄는 아니다. 불의한 것에 대해서는 마땅히 분을 내야 하는, 의분도 있다. 그러나 분을 급히 내는 경우 대부분이 타당하게 분별하여 마땅히 분을 내는 것이 아니라 그저 다혈질의 감정으로 화를 내기 때문에 죄가 되고 문제가 일어난다.

⑦ 관용해야 한다(딤전 3:3)

장로는 누구에게나 관용하며 범사에 온유해야 한다. 주님께서 우리를 구원하실 때 보여 주신 것과 같은 용서와 사랑과 자비와 관용을 보여 주어야 한다.

⑧ 선을 좋아해야 한다(딛 1:8)

이것은 악이 아니라 선을 행하겠다고 하는 적극적인 소욕을 뜻한다. 마귀의 방법은 선을 악으로 갚는 것이다. 세상의 방법은 선을 선으로 갚는 것이다. 그러나 그리스도의 방법은 악을 선으로 갚는 것이다.

⑨ 외인에게서도 선한 증거를 얻은 자라야 한다(딤전 3:7)

장로는 교회 안에서뿐만 아니라 믿지 않는 사람들, 세상 사람들 앞에서도 흠이 없고 반듯하며 선한 증거를 얻은 자라야 한다. 교회 밖에서도 훌륭한 신망과 좋은 평판을 얻는 사람이어야만 교회에도 덕이 되고 선교에 디딤돌이 될 수 있다.

4. 장로의 자격과 직무(감리교 「교리와 장정」을 중심으로)[18]

감리교 '교리와 장정' 에는 장로에 대해 다음과 같이 규정하고 있다.

---

18) 기독교대한감리회 「교리와 장정」에서 장로의 정수와 장로안수를 받을 자격.

[116]제15조(장로의 정수) 장로는 입교인 30명에 1명의 비율로 선출한다. 다만, 입교인 수가 30명에

[117]제16조(장로의 자격) 장로의 자격은 다음 각 항과 같다.

① 신앙이 돈독하고 교인의 의무를 성실히 감당하며 전도할 능력과 열심이 있는 자로 40세 이상이 되고 67세 미만 된 이로서 권사로 5년 이상 연임하고 가족이 교회에 나오는 이

② 기획위원회의 천거를 받아 당회에서 출석회원 2/3 이상의 찬성으로 신천장로로 결의된 이

③ 신천장로 고시과정에 합격하고 지방 자격심사위원회의 심사를 거쳐 지방회에서 재적회원 과반수의 출석과 출석회원 2/3 이상의 찬성으로 품행 통과를 받고 장로증서를 받은 이

[120]제19조(장로의 직무) 장로의 직무는 다음 각 항과 같다.

① 감리사의 파송을 받은 교회에서 담임자를 도와 예배, 성례, 그 밖의 행사 집행을 보좌한다.

② 담임자를 도와서 교회 임원들의 활동을 지도한다.

③ 교인들을 심방하며 신앙을 지도한다.

④ 교회의 재정유지에 적극 참여한다.

⑤ 담임자가 부재하거나 유고시 담임자 또는 감리사가 위임한 범위 내에서 담임자의 직무를 대행할 수 있다.

⑥ 당회, 구역회, 지방회의 회원이 되며 평신도 연회 대표와 총회 대표로 선출될 수 있다.

⑦ 직무수행 결과를 당회, 구역회, 지방회에 보고한다.

미달하는 교회도 1명의 장로를 선출할 수 있다.

[118]제17조(장로안수를 받을 자격) 장로안수를 받을 자격은 다음 각 항과 같다.

① 장로증서를 받고 2년의 장로 진급과정을 4년 이내에 수료한 이

② 2년의 장로 진급과정을 수료할 때까지 지방자격심사위원회의 심사를 거쳐 지방회에서 재적회원 과반수의 출석과 출석회원 2/3 이상의 가표를 받은 이

권사

1. 권사 직분의 유래

권사는 초대 교회에 없었던 직분이다. 그래서 성경에 나오지 않는다. 단지 권사와 장로를 교회의 중직자로 볼 때 당시 초대 교회에서 중직을 감당했던 바나바 같은 사람을 권사의 모델로 볼 수 있다. 장로와 권사, 집사가 세분되지 않았던 초대 교회와 지금처럼 세분된 현대 교회의 직분을 딱 떨어지게 맞출 수는 없다. 단지 초대 교회에서 중직을 감당했던 사람들을 교회 임원으로 보고 롤 모델로 삼아야 한다.

권사(勸師, exhorter)란 권할 권(勸), 스승 사(師)자를 사용하여 권하는 사람, 권고자, 훈계자, 평신도 설교자라는 의미를 가진 '교회의 중직자' 이다. 즉 교회에서 권고하도록 허가받고, 공식적으로 절차를 거쳐 임명된 평신도 직분이다.

권사 직분은 미국 감리교회에서 사용하기 시작했다. 권사의 직무는 거의 감리회 초창기에서부터 감리교회에 존재하였다. 그러나 1939년 미국 감리교회가 연합되었을 때 권사의 직책과 직무는 「장정」에서 삭제되었다. 한국 감리교는 선교 초기에 견습(見習) 또는 권도사(勸道師)라 불렀다.

감리교의 권사는 남녀 모두 될 수 있지만, 장로교에서는 여자만이 권사가 될 수 있다. 대신에 장로교회에서는 안수집사가 있다. 성결교에서는 감리교와 마찬가지로 남녀 모두 권사가 될 수 있지만, 감리교와 다른 점은 안수 후에 임직한다는 것이다. 어떤 교단이든 권사는 교회에서 택함을 받고 임원회나 제직회의 회원이 되며, 교역자를 도와 말씀을 권면하고, 궁핍한 자와 어려움을 당한 교우를 심방하고 위로하며, 전도하고, 교회에 덕을 세우기 위해 힘쓰는 직분이다.

2. 권사의 성경적 근거

1) 권위자로서의 권사

성경에 권사라는 말은 없다. 그러나 그 의미를 담고 있는 '권위자(勸慰者)[19]', '권위하는 사람', '위로하는 자' 라는 용어는 있다(행 4:36[20]); 롬 12:8[21]); 고전 14:3[22]); 엡 6:22[23]). 이처럼 '권사' 와 같은 의미를 가진 '권위자' 는 헬라어로 '파라클레시스' 이다. 권사의 성경적 기원은 '파라클레시스' 라고 할 수 있다.

그런데 사도행전 4장 36절을 보면, '바나바' 라는 이름의 뜻이 '권위자' 로

---

19) 권위자란 사랑의 동기로(고전 14:3), 그리스도 안에서(빌 2:1), 지혜로 피차 가르치며(골 3:16), 자녀에게 하듯(살전 2:11) 권면하고 위로하여 선한 일에 힘쓰도록 하는 사람을 뜻한다. 권할 권(勸), 위로할 위(慰)

20) 행 4:36 "구브로에서 난 레위족 사람이 있으니 이름은 요셉이라 사도들이 일컬어 바나바라(번역하면 위로의 아들이라) 하니."

21) 롬 12:8 "혹 위로하는 자면 위로하는 일로, 구제하는 자는 성실함으로, 다스리는 자는 부지런함으로, 긍휼을 베푸는 자는 즐거움으로 할 것이니라."

22) 고전 14:3 "그러나 예언하는 자는 사람에게 말하여 덕을 세우며 권면하며 위로하는 것이요."

23) 엡 6:22 "우리 사정을 알리고 또 너희 마음을 위로하기 위하여 내가 특별히 그를 너희에게 보내었노라."

나와 있다. 이 점을 주목해 보면 바나바를 권사의 모델로 볼 수 있는 것이다.

'권위자' 란 '위로자' 란 의미도 가지고 있다(엡 6:22). 이사야 40장 1절에서는 "너희의 하나님이 이르시되 너희는 위로하라 내 백성을 위로하라" 고 말한다. 바로 이 위로자의 사명이 권사에게 있다. 권사는 목사의 목회를 협조하기 위해 목사의 손길이 미치지 못하는 곳까지 찾아가서 권면하고 위로하는 사명도 있는 것이다.

또한 자기가 맡은 부서와 선교회, 속회를 보살피며 성도 현황을 목사에게 보고하고 연락하는 의무도 가지고 있다.

2) 권사의 모델 바나바

권사의 롤 모델이 되는 '바나바' 를 통해 권사에 대한 성경적 근거를 살펴보고자 한다. 바나바는 사도행전 4장 36절에서 처음으로 등장한다. 사도 바울을 안디옥 교회로 초빙하여 함께 사역을 한 사람이 바로 바나바다. 바나바는 '모성적' 이며 부드럽고 관용성이 있는 사람이었고, 바울은 '부성적' 이며 사랑이 많은 동시에 징계할 것은 징계한다는 엄격성이 있는 사람이었다.

① 위로자

'바나바' 는 구브로 섬 출신의 레위인 요셉의 별명으로 '위로의 아들' 이라는 뜻이다. 사도행전 13장 15절에서는 분명히 '권면한다(파라클레시스)' 는 뜻이 있고, 바나바라는 별명을 가진 사람은 친절하고 동정심이 많으며 낙천적인 성품의 소유자라는 사실이 암시되어 있다.

2차 전도여행 때 바울은 마가를 데리고 가지 말자고 하고, 바나바는 마가를 데리고 가자고 하여 크게 다투었다. 이 사건을 보더라도 바울은 부성적이며 징계할 것은 징계한다는 엄격성이 있었다. 반면에 바나바는 모성적이며 부드럽고 관용성이 있었다. 주님의 몸 된 교회에는 이처럼 '부성적인 모습' 과 '모성적인 모습' 이 균형 있게 공존해야 한다.

② 헌신자

이것은 사도행전 4장 37절 기사를 통해 확증된다. "그가 밭이 있으매 팔아 그 값을 가지고 사도들의 발 앞에 두니라." 바나바는 초기에 기독교로 개종하여 자기 소유지를 팔아 그 값을 예루살렘의 사도들에게 바쳐 가난한 형제들의 구제 자금으로 내놓았다.

전에는 기독교의 박해자였던 사울(바울)이 예루살렘에 가서 제자들과 사귀고자 했지만, 다 두려워할 뿐만 아니라 예수의 제자가 되었다는 것을 믿지 않았다. 그러나 바나바는 그를 데리고 가서 사도들에게 그가 길에서 어떻게 주를 보았는지와 주께서 그에게 말씀하신 일과 다메섹에서 그가 어떻게 예수의 이름으로 담대히 말하였는지를 자세히 이야기하여 그를 변호함으로써 모든 의심과 두려움을 걷었다. 사울의 시중을 들고 사람들의 불안을 덜어주기 위해 그를 소개하는 수고를 아끼지 않았던 것이다(행 9:26, 27).

③ 착한 사람

바나바는 사도행전 11:24[24]에 "착한 사람"이라 되어 있고, "성령과 믿음이 충만한 사람"이라고 했다. 그 성품을 보면 교회 지도자들 중에서도 특히 아량이 넓은 자였으며, 영적으로도 담대한 은혜의 소유자였음을 알 수 있다. 이처럼 바나바는 본래부터 착한 사람인데다가 영적 은사까지 충만했으니, 그가 목회하는 임지에 새로운 역사가 일어날 것은 정한 이치이다. 즉, 안디옥 교회에서 그는 큰 역할을 했다.

④ 자신의 뜻보다 주님의 뜻을 헤아리는 자

"하나님의 은혜를 보고 기뻐하여 모든 사람에게 굳건한 마음으로 주와 함께 머물러 있으라 권하니"(행 11:23). 바나바는 주와 동거하라고 권면하였다.

---

24) 행 11:24 "바나바는 착한 사람이요 성령과 믿음이 충만한 사람이라 이에 큰 무리가 주께 더하여지더라."

그 결과 큰 무리가 주를 믿게 되었다.

⑤ 자신의 일보다 주님의 일을 먼저 하는 자

바나바[25]는 예루살렘 교회의 중진 지도자 가운데 한 사람임에도 불구하고, 자기보다 위대한 사울을 등용하는 것을 기뻐하였다. 사울이 받은 영적 은혜를 참된 것이라고 식별하는 영안을 가지고 있었던 것이다. 그래서 그들은 안디옥에서 1년간 큰 무리를 가르쳤다. "바나바가 사울을 찾으러 다소에 가서 만나매 안디옥에 데리고 와서 둘이 교회에 일 년간 모여 있어 큰 무리를 가르쳤고 제자들이 안디옥에서 비로소 그리스도인이라 일컬음을 받게 되었더라"(행 11:25, 26).

⑥ 성령과 믿음이 충만한 자

사도행전 11장 24절에서는 바나바에 대해 이렇게 말한다. "바나바는 착한 사람이요 성령과 믿음이 충만한 사람이라 이에 큰 무리가 주께 더하여지더라." 성령과 믿음이 충만하다는 말은 초대 교회가 최초로 일곱 집사를 세울 때도 해당되었던 기준이었다.[26] 사실 모든 임원, 모든 하나님의 사람을 세우는 기준은 성령과 믿음이 충만한 사람이다. 하나님의 영, 예수님의 영이신 성령님이 우리를 이끄시고 성령[27] 충만해야지만 주님의 일을 감당할 수 있다.

---

25) 바나바 사역은 사도행전 9장 26, 27절에 나오는 예루살렘 교회의 평신도 바나바를 모델로 한 성경적인 사역으로, 교회에 와서 서먹서먹하게 앉아 있는 새 신자를 교회에 발붙이게 하는 정착 프로그램이다. 바나바는 바울과 마가 등을 제자로 삼은 위대한 주님의 제자다. 바나바와 같이 한 영혼을 세우기 위해 새 가족을 찾아가고 만나며 소개하고 화목케 하며 교회에 정착시키는 사역이 바나바 사역이다.

26) 사도행전 6:5 "온 무리가 이 말을 기뻐하여 믿음과 성령이 충만한 사람 스데반과 또 빌립과 브로고로와 니가노르와 디몬과 바메나와 유대교에 입교했던 안디옥 사람 니골라를 택하여."

27) 성령을 의미하는 보혜사는 헬라어로 파라클레토스(Parakletos)다. 이 용어는 기본적으로 다섯 가지 의미가 있다. ① 변호자, ② 위로자, ③ 권면자, ④ 돕는 자, ⑤ 상담자. 여기서도 알 수 있듯이 보혜사 성령을 뜻하는 '파라클레토스'는 권위자를 의미하는 '파라클레시스'에서 파생된 단어로 '권면, 격려'를 뜻한다. 그러므로 모든 임원은 보혜사 성령의 다섯 가지 성품을 다 가지

3. 권사의 자격과 직무(감리교 「교리와 장정」을 중심으로)[28]

감리교 「교리와 장정」에는 권사에 대해 다음과 같이 규정하고 있다.

[113] 제12조(권사의 자격) 권사의 자격은 다음 각 항과 같다.

① 집사로 선출된 후 5년 이상 그 직을 연임한 35세 이상 되고 70세 미만 인 자

② 신앙이 돈독하고 감리회의 「교리와 장정」을 공부한 이

③ 기도회를 인도하고 다른 이에게 신앙적으로 권면할 능력이 있는 이

④ 감리회에서 제정한 권사과정고시에 합격한 이

⑤ 권사는 가급적 인가귀도 된 이로 한다.

⑥ 타 교파에서 이명 해 온 안수집사, 권사는 권사의 반열에 두고 담임자가 증서를 준다. 다만, 안수집사 · 권사 증서를 제출하여야 한다.

[115]제14조(권사의 직무) 권사의 직무는 다음 각 항과 같다.

① 담임자의 지도에 따라 기도회를 인도한다.

② 신자들을 심방하고 낙심한 이들을 권면하며 불신자에게 전도한다.

③ 속회를 분담하여 성경을 가르치며 신앙생활을 지도한다.

고 있어야만 한다.

28) 기독교대한감리회 「교리와 장정」에서 권사의 정수와 권사의 선출과 임명.

[112] 제11조(권사의 정수) 권사의 정수는 다음 각 항과 같다.

① 권사는 입교인 15명에 1명의 비율로 선출한다.

② 입교인 수가 15명에 미달하여도 1명의 권사를 선출할 수 있다.

③ 60세 이상 된 권사는 정수에서 제외하고 그 해당 수의 권사를 선출할 수 있다.

[114]제13조(권사의 선출과 임명) 권사의 선출과 임명 절차는 다음 각 항과 같다.

① 제12조 각 항의 자격을 구비한 집사 중에서 당회에서 신천권사를 선출한다. 다만, 무흠하게 직무를 수행한 권사에 대하여는 당회가 일괄하여 연임을 의결할 수 있다.

② 당회에서 신천권사를 선출하고, 소정의 과정을 거쳐 담임자가 증서를 준다.

③ 권사가 다른 구역으로 이명 하고자 할 경우에는 담임자가 교부한 이명증서가 이명 해 가는 담임자에게 송부되고 접수되어야 한다.

④ 자기가 수행한 직무를 정해진 서식에 따라 당회, 구역회에 보고한다.

20세기 가장 유명한 강해 설교가 중 한 명이 영국의 로이드 존스 목사다. 본래 촉망받는 의사였지만 '영혼의 의사'로 하나님의 부르심을 받고, 40세부터 런던 웨스트민스터 채플에서 한평생 설교자로 사역했다. 오직 말씀 중심의 강해 설교로 복음주의 설교의 대표자가 되었다.

로이드 존스 목사는 맥체인식 성경읽기표에 따라 하루도 빠짐없이 성경을 읽었다. 하나님의 부르심을 받던 날도 어김없이 맥체인식 성경읽기표에 따라서 성경을 읽었다. 그가 죽은 뒤 자손들이 존스 목사가 마지막으로 읽은 말씀을 보면서 "그래, 우리 아버지는 이렇게 사셨어. 이 말씀이 곧 우리 아버지의 모든 인생을 요약해 주는 것이야."라고 생각하고 그 말씀을 존스 목사의 묘비에 새겨 넣었다.

바로 그 말씀이 고린도전서 2장 2절이다. "내가 너희 중에서 예수 그리스도와 그가 십자가에 못 박히신 것 외에는 아무것도 알지 아니하기로 작정하였음이라."

이 말씀이 모든 성도들의 삶을 이끄는 진리의 말씀, 생명의 말씀이 되기를 바란다. 이러한 사도 바울의 고백과 로이드존스의 고백이 교회의 모든 임원들과 성도들의 입술과 삶의 고백이 되기를 소원한다.

집사

성 어거스틴이 이런 말을 했다. “나는 항상 시간 속에 살고, 시간과 더불어 살며, 시간을 잘 알지만 만약 누군가 나에게 시간이 무엇이냐고 묻는다면 나는 더 이상 시간이 무엇인지 알지 못한다.”

집사가 누구인가? ‘내 집 마련한 사람’ 이 집사인가? 집사가 뭐냐고 물으면 또 어떤 사람은 어거스틴처럼 “나는 항상 집사와 함께 살고, 집사라고 불리기도 하고, 많은 집사들을 알지만 만약 누군가 나에게 집사가 무엇이냐고 묻는다면 나는 더 이상 집사가 무엇인지 알지 못한다.”라고 대답할 수도 있겠다.

그런데 시간이나 영원이라는 주제는 형이상학이기 때문에 알아 갈수록 복잡하고 명확하게 말하기가 어렵지만 집사는 그렇지 않다. 우리가 조금만 성경을 열심히 보고 생각하고 연구하면 알 수 있다. 어찌 보면 지금부터 살펴보는 것도 한 번쯤은 들어보았을 것이다.

다만 체계적으로 정리가 안 되어 있어 잘 모르는 것이다. 우리가 어떤 물건이 있어도 정리정돈이 되고 어디에 두었는지 알아야지만 필요할 때 사용할 수 있는 것과 같다. 있기는 있지만 정리가 되어 있지 않고 어디에 있는지 알지 못하면 사용할 수 없고, 아예 없는 것과 마찬가지다.

성도에게 있어 생각과 행동의 절대적인 기준과 표준이 무엇인가? 하나님 말씀이다. 성경이다. 그래서 우리에게는 항상 성경의 근거가 중요하다. 종교개혁의 3대 슬로건 가운데 하나가 '오직 성서로만(Sola Scriptura)'[29]이다. 그러므로 성경에서는 집사에 대해 뭐라고 말하는지 세 가지로 나누어 살펴보도록 하자. 1) 첫째는 어떻게 해서 집사의 직분이 생겨나게 되었는지 그 기원이며, 2) 둘째는 성경이 말하는 집사의 자격 혹은 집사의 자질에 대해서이며 3) 셋째는 집사가 구체적으로 무엇을 해야 하는지에 관해서이다.

1. 집사 직분의 기원

우리는 성경을 통해 초대 교회가 대단히 단순한 조직을 갖고 있었다는 사실을 알 수 있다. 성경에 두드러지게 나타나는 직분 두 가지는 감독과 집사다. 빌립보서 1장 1절을 보라. "그리스도 예수의 종 바울과 디모데는 그리스도 예수 안에서 빌립보에 사는 모든 성도와 또한 감독들과 집사들에게 편지하노니." 교회의 직분이 감독과 집사라는 두 가지로 나온다.

감독은 지금의 목사와 같다. 당시에는 목사를 감독이라고 불렀다. 즉 양무리를 가르치고 감독하고 그들의 신앙을 관리하고 다스리는 책임을 지고 있는 지도자들을 감독이라고 불렀던 것이다. 물론 목사라는 말이 성경에 나온다. 성경 전체에서 '목사'라는 말은 에베소서 4장 11절에 딱 한 번 나온다. 그러나 이것은 오늘날 우리가 사용하는 목사의 개념과 같다고 말하기 어렵다.

29) 종교개혁의 3대 원리 - '오직 믿음(sola fide)', '오직 은총(sola gratia)', '오직 성서(sola scriptura)'

감독과 함께 초대 교회 지도자로 쓰임을 받은 사람들이 집사들이었다. 감독이 지도자의 역할을 감당하고 있었던 사람이라면, 집사는 감독을 돕는 조력자의 역할을 했다. 감독이 '교회의 입' 이었다면 집사는 '교회의 손과 발' 이었다.

집사를 헬라어로는 '디아코노스(diakonos)', 영어로는 '디컨(deacon)' 이라고 한다. 이 말은 '일꾼', '종', '섬기는 자', '봉사하는 자', '조력자' 를 뜻한다. 한문을 보면 잡을 집(執), 일 사(事), 집사(執事)라는 것인데 일을 잡아서 하는 사람으로 본다면 '주의 일을 맡아 하는 종' 이라는 뜻이다. 모든 집안일을 관리하고 처리하는 사람을 집사라고 한다. 하나님의 집인 교회의 일을 맡아서 하는 사람이 집사다.

사도행전 6장 1절부터 5절을 보면 교회에서 왜 집사의 직분이 세워졌는지 알 수 있다. "그때에 제자가 더 많아졌는데 헬라파 유대인들이 자기의 과부들이 매일의 구제(=봉사-저자 주)에 빠지므로 히브리파 사람을 원망하니 열두 사도가 모든 제자를 불러 이르되 우리가 하나님의 말씀을 제쳐 놓고 접대(=재정출납-저자 주)를 일삼는 것이 마땅하지 아니하니 형제들아 너희 가운데서 성령과 지혜가 충만하여 칭찬받는 사람 일곱을 택하라 우리가 이 일을 그들에게 맡기고 우리는 오로지 기도하는 일과 말씀 사역에 힘쓰리라 하니 온 무리가 이 말을 기뻐하여 믿음과 성령이 충만한 사람 스데반과 또 빌립과 브로고로와 니가노르와 디몬과 바메나와 유대교에 입교했던 안디옥 사람 니골라를 택하여."

즉 사도들이 목회자로서 오직 '기도' 하는 일과 '말씀 사역' 에만 전념하기 위하여 '구제', '봉사', '재정 관리' 의 일을 전담할 사람인 집사를 세우게 된 것이다. 역할 분담을 통해서 교회를 좀 더 효율적이고 건강하게 세우기 위하여 집사의 직분을 세운 것이다. 교회의 각 구성원들이 하나님의 부르심을 입어 '은사 배치' 된 셈이다.

2. 집사의 자격[30)]

집사의 자격으로는 초대 교회에서 최초로 일곱 집사를 선출한 기준이 절대적인 기준이다. 즉 한마디로 '믿음과 성령과 지혜가 충만한 사람' 이다. 사도 바울은 디모데전서 3장 8절부터 12절에서 좀 더 구체적으로 집사의 자격을 말하고 있다.

"이와 같이 집사들도 정중하고 일구이언을 하지 아니하고 술에 인박히지 아니하고 더러운 이를 탐하지 아니하고 깨끗한 양심에 믿음의 비밀을 가진 자라야 할지니 이에 이 사람들을 먼저 시험하여 보고 그 후에 책망할 것이 없으면 집사의 직분을 맡게 할 것이요 여자들도 이와 같이 정숙하고 모함하지 아니하며 절제하며 모든 일에 충성된 자라야 할지니라 집사들은 한 아내의 남편이 되어 자녀와 자기 집을 잘 다스리는 자일지니." 여기서 집사가 갖추어야 할 자질 혹은 자격을 일곱 가지로 말하고 있다.

1) 정중함(=단정함)

방탕과 반대되는 말로 '신중한 행동' 을 뜻한다. 즉 자기 제재에 엄격하고 정숙하며 기품과 규모 있게 행동함을 뜻한다. 예수 그리스도를 내 인생의 구주와 주님으로 모신 모든 그리스도인들은 주님께서 내 안에 계시고 내 삶의 주인이 되셨기 때문에 그의 삶이 그리스도 안에서 질서가 잡혀 있는 모습이다. 이 정중함과 단정함이 집사에게 요구되는 첫 번째 자격이다.

---

30) 감리교 「교리와 장정」에는 집사의 자격이 이렇게 나온다.
[109] 제 8조(집사의 자격) 집사의 자격은 다음 각 항과 같다.
① 입교인이 된 후 2년 이상 경과되고 70세 미만인 자
② 신앙이 돈독하고 감리회의 「교리와 장정」을 공부한 이
③ 감리교회에서 제정한 집사과정고시에 합격한 이

2) 일구이언(一口二言)을 하지 않음

이 말은 성경 전체에서 여기에만 나오는 말이다. 일구이언이란 '한 입으로 두 말을 하는 것' 이다. 즉 '이 사람에게는 이 말을, 저 사람에게는 저 말을 하는 것' 을 가리킨다.

초대 교회 집사들의 중요한 일 가운데 하나가 교인들을 돌아보고 심방하는 일이다. 심방을 많이 하다 보면 자연스럽게 여러 가지 이야기를 듣게 된다. 그러면 듣는 사람이 주의해서 신중하게 말을 해야 한다. 하나님께서 귀가 두 개고 입이 하나로 사람을 창조하신 이유는 듣기는 속히 듣되 말하기는 더디 하라는 것이다. 자나 깨나 입 조심 해야 한다. 이 사람에게 이 말을 저 사람에게 저 말을 하게 되면 교회가 분란이 일어나고 무너지게 된다.

그러므로 야고보서 3장 2절에서는 "우리가 다 실수가 많으니 만일 말에 실수가 없는 자라면 곧 온전한 사람이라 능히 온 몸도 굴레 씌우리라."고 했다. 교회의 분열과 분란의 80~90퍼센트가 말에서 비롯된다. 작은 키가 배의 향방을 결정하듯이 세 치 혀에서 비롯된 말이 교회의 향방을 바꿀 수 있다.

집사는 매순간 입술의 파수꾼을 세워 달라고 기도하며 일구이언하지 않아야 한다. 사실 집사는 교회의 재정과 같은 중요한 일들을 맡은 자로서 그 무엇보다 말에 신실성이 없어서는 안 된다. 말로 다 하는 사람이 있는데, 그러면 안 된다는 뜻이다. 언행일치(言行一致), 신행일치(信行一致)하는 사람을 집사로 세워야 한다.

3) 술에 인박히지 않음

이것은 감독에게도 경계된 조항이다. 집사들은 구제하기 위해 각 가정을 다녀야 하는데, 만일 그들이 술을 즐긴다면 자신이 맡은 일을 올바로 수행할 수 없을 뿐더러 바른 판단력과 자제력을 잃어버리게 된다. 더군다나 인박힌다는 말은 중독된다는 뜻인데, 술뿐만 아니라 무엇이든 중독되는 것은 다 나쁜 일이다. 무엇에 중독이 된다는 말은 그것의 노예가 된다는 의미이다. 이런 심령에는 성령님이 역사할 수 없다. 성령님이 이끄셔야 하는데 인박인 것이 그 사람을 이끌기 때문에 인박히는 것, 중독되는 것은 성령의 소욕을 거스르는 일이다. 술 중독, 담배 중독, 마약 중독, 게임 중독, 인터넷 중독, 섹스 중독, 일 중독 등 모든 중독은 성령에 사로잡히지 못하게 한다.

4) 더러운 이(利)를 탐하지 아니함

집사직의 기원을 생각해 볼 때 그들이 처음에 감당했던 일 중 하나가 재정 출납이었다. 교회 일과 구제를 하기 위해서 재정을 관리하고 지출했다. 특히 초대 교회에서는 있는 자와 없는 자가 교회를 통해 물질을 유무상통했는데, 그런 구제 사역이 집사의 손을 통해 오고갔다.

칼 마르크스가 바로 사도행전의 초대 교회를 보고 공산주의의 아이디어를 얻었다고 한다. 그런데 이처럼 물질을 취급하는 사람이 청지기로서의 신실성이 없고 자기의 이익을 탐하면 그 교회는 시험에 들고 무너지게 된다.

5) 깨끗한 양심에 믿음의 비밀을 가짐

'깨끗한 양심'은 '청결한 마음과 선한 양심'을 뜻한다. 이는 중생한 자의 양심으로 진리를 깨달은 대로 행하려 하고 그렇게 행하지 못했을 때에는 회개하는 양심을 의미한다. 성경은 믿음을 강조하기 전에 깨끗하지 못한 양심이 처리되어야 한다는 사실을 강조한다.

특히 바울은 자주 이 양심과 믿음을 같이 묶어서 강조했다. 아마 초대 교회 성도들 가운데 믿음이 있는 척하면서 비양심적인 일을 많이 했던 사람이 있었던 모양이다. 사실 양심이 없으면서 믿음이 있노라고 하는 사람이 더 무서운 사람이다. 믿음이 있는 척, 영적인 척, 거룩한 척, 선한 척하면서 회칠한 무덤처럼 더 악하고 더러운 일을 할 수 있기 때문이다.

그러므로 깨끗한 양심, 회개의 바탕 위에 참으로 주님을 신뢰하는 믿음의 비밀을 가지고 있는 자가 아니면, 어떤 순간이나 어떤 사건을 계기로 잘못을 저지르게 된다. 그래서 집사를 세울 때는 말만 번지르르하고 말로 다 하는 자가 아니라 그가 정말 회개한 흔적이 있는가를 보아야 한다. 깨끗한 양심에 믿음의 비밀을 가진 자라야 집사의 자격이 있다.

6) 시험하여 본 후 책망할 것이 없어야 함

무턱대고 집사로 세우지 말고 이러한 자질들이 그에게 있는가를 시험하는 기간을 갖는 것이 굉장히 중요하다. 시험하여 본다는 뜻은 금을 제련하여 불순물을 제거하듯이 참과 거짓을 구별해 내는 것을 말한다. 이러한 철저한 검증 과정이 없이 직분자를 남발하여 세우면 안 된다.

아브라함도 믿음의 조상으로 세워지기 전에 이삭을 바치라는 시험, 즉 테스트를 받았다. 예수님도 공생애 전에 40일 금식 후에 사탄에게 시험을 받으셨다. 자격이 되지 않는 사람, 그릇이 안 되는 사람, 진실성이 검증되지 않은 사람을 책임 있는 위치에 세우면 오히려 그 교회는 망하게 된다. 그렇게 시험하여 본 후에 책망할 것이 없어야 한다는 것은 집사로 임명받을 사람이 아무런 결격 사유가 없다고 교회 성도들로부터 인정을 받을 때에야 비로소 직분을 주라는 말이다.

7) 경건한 가정생활

① 정숙하며, ② 모함하지 아니하며, ③ 절제하며, ④ 모든 일에 충성되며, ⑤ 한 아내의 남편(한 남편의 아내)이며, ⑥ 자녀와 자기 집을 잘 다스리는 자이어야 한다. 인간 사회의 최소 단위이자 하나님이 최초로 제정하신 가정에서 먼저 경건하고 가정 천국을 이루는 자를 집사로 세워야 한다.

3. 집사가 해야 할 일

1) 예배 생활

① 주일 성수: 무슨 일이 있어도 주일을 지킨다는 믿음을 가지고 생활하라. 쉰다고 안식이 주어지는 것은 아니다. 주일을 성수할 때 참된 안식을 누리게 된다. 우리가 주일을 지키면 주일이 우리를 지킨다. ② 새벽예배, 수요예배, 금요성령집회, 주일 오후예배에 참석하라.

2) 영성 생활

하나님께서 은혜의 수단으로 주신 것이 있다. 우리는 이 은혜의 수단을 활용하여 하나님의 은혜를 누리고 성숙한 신앙인으로 자라 갈 수 있다.

① 기도 생활: 기도는 영적 호흡이고 하나님과의 대화다. 기도하지 않으면 하나님과 친밀한 관계를 유지할 수 없다. 매일 기도하는 습관을 가져야 한다. 예수님도 기도하는 습관을 가지고 계셨다. 특별한 기도 시간, 특별한 기도 장소가 없는 사람은 기도하지 않는 사람이다.

특히 새벽기도가 중요하다. 현대 생활은 바쁘기 때문에 어떤 특별한 인생의 위기가 있는 경우가 아니고서는 낮 시간이나 밤에 시간을 내서 기도하기 어렵다. 따라서 새벽에 기도하지 않으면 실제로 기도하지 못한다. 새벽기도 하지 않으면서 기도한다는 말은 거짓말이다.

② 성경 읽기: 우리가 육신의 생명을 유지하기 위해 밥을 먹어야 하는 것처럼, 영적으로 생명을 유지하고 성장하기 위해서는 성경 말씀을 먹어야 한다. 성경을 읽을 뿐만 아니라 묵상하고 암송하라. 하루를 시작할 때 텔레비전이나 신문을 보기 전에 가장 처음 시간을 하나님의 말씀 읽기로 보내기로 결심하라.

40년, 50년 동안 밥을 먹었다고 해서 먹을 만큼 먹었으니 오늘부터는 밥을 안 먹어도 되는 것이 아니다. 육체의 건강은 지금까지 평생 살아오면서 먹은 음식뿐만 아니라 오늘 먹어야 할 음식을 통해 유지된다. 영적인 양식 또한 지금까지 축적된 것뿐만 아니라 오늘 우리에게 필요한 오늘의 만나가 필요하다. 그래야 영적인 건강을 유지할 수 있다. 예전 것으로 살려면 하루 지나면 썩어져 없어지는 만나처럼 어불성설이다.

그리고 사람과 대화하기 전에 가장 처음 시간을 하나님과 대화하는 기도로 시작하라.

③ 영성 훈련: 우리의 신앙 성장을 돕는 여러 훈련 프로그램들이 있다. 제자훈련, TD, 복음학교, 중보기도학교, 아버지학교, 어머니학교, 전도폭발, 세미나 등등 각종 특별집회에 갈망하는 마음으로 참여하라.

3) 헌금 생활

하나님이 원하시는 것은 돈이 아니라 우리의 마음이다. 하나님은 부족함이 없으신 분이다. 우리의 헌금을 받아서 투자하실 분이 아니다. 그런데 우리의 물질이 있는 곳에 우리의 마음도 있다. 우리가 물질을 드린다는 것은 우리가 정말 하나님의 공급하심을 믿는다는 믿음의 표현이다. 하나님은 돈을 받기 전에 먼저 우리의 마음을 받으신다. 하나님은 우리의 전심(全心)을 원하신다.

① 십일조 헌금: 십 분의 일을 드리는 것은 나머지 십 분의 구도 하나님의 소유지만 처음 것을 드려서 물질의 주권이 하나님께 있다고 인정하는 것이다. 나머지 십 분의 구도 하나님의 것이지만 하나님의 은혜로 우리가 사용한다는 의미인 것이다.

하나님은 십일조를 하는 사람들에게 약속의 말씀을 주셨다. 십일조를 가지고 자신을 시험해 보라고 하셨던 것이다. 십일조를 하지 않고 사는 것보다 십일조를 하고 사는 것이 더 여유가 생긴다.

② 감사 헌금

③ 절기 헌금

④ 기타 헌금(선교, 장학, 건축, 구제, 목적헌금 등)

4) 속회 참석

속회란 교회 내의 작은 교회다. 대그룹에서는 깊은 교제를 하기 어렵다. 소그룹에 참여하지 않는다는 것은 신앙생활의 진면목을 경험할 수 없다는 말과 같다. 속회에 참석하면 어려울 때 서로 붙들어 주는 힘이 된다. 속도원들끼리 서로 중보 기도하는 기도의 동역자가 돼라.

5) 봉사 생활

집사는 봉사가 기쁨이 된 사람들이다. 집사의 다른 이름은 봉사자다. 교회의 다섯 가지 사명 중에 하나가 봉사, 즉 디아코니아다. 봉사하는 사람이 되었을 때 진정한 의미에서 집사가 된다고 할 수 있다. 하나님 나라의 원리는 섬김을 받는 자보다 섬기는 자가 복이 있다. 교회는 그리스도의 몸이다. 그리스도인 한 사람 한 사람은 그 몸의 지체다. 각 지체는 지체마다 역할이 있다. 지체로서의 역할을 해야 한다.

스코틀랜드의 종교 개혁자 존 녹스(John Knox)의 무덤에는 "여기 사람을 두려워하지 않는 한 사람이 누워 있다."고 쓰여 있다. 건강한 믿음이란 마땅히 두려워해야 할 바를 두려워하고, 두려워하지 말아야 할 바를 두려워하지 않는 것이다. 존 녹스는 기껏해야 썩어질 육신밖에 죽이지 못하는 사람을 두려워하지 않고, 오직 몸과 영혼을 능히 멸하실 수 있는 하나님만을 두려워했기 때문에 그의 사명을 끝까지 감당할 수 있었다. 우리는 항상 하나님 앞에서 산다는 '코람데오(Coram Deo)'의 '신전 의식'을 가지고 오직 여호와 하나님만을 두려워하여 집사의 사명을 잘 감당해야 한다.

참고문헌

1. 국내 및 번역문헌

김광식.「組織神學」, 1. 서울 : 대한기독교서회, 1985.
_____.「組織神學」, 2. 서울 : 대한기독교서회, 1990.
_____.「組織神學」, 3. 서울 : 대한기독교서회, 1994.
_____.「組織神學」, 4. 서울 : 대한기독교서회, 1997.
_____.「組織神學」, 5. 서울 : 대한기독교서회, 2003.
_____.「現代의 神學思想」. 서울 : 대한기독교서회, 1985.
_____.「기독교 사상」, 서울 : 종로서적, 1992.
김균진.「기독교 조직신학」, 1. 서울 : 연세대학교 출판부, 1984.
_____.「기독교 조직신학」, 2. 서울 : 연세대학교 출판부, 1987.
_____.「기독교 조직신학」, 3. 서울 : 연세대학교 출판부, 1987.
_____.「기독교 조직신학」, 4. 서울 : 연세대학교 출판부, 1993.
_____.「기독교 조직신학」, 5. 서울 : 연세대학교 출판부, 1999.
_____.「하나님은 어디에 계신가?」. 서울 : 대한기독교서회, 2001.
_____.「20세기 신학사상」, 1. 서울 : 연세대학교 출판부, 2003.
김득중.「신약성서개론」, 서울 : 컨콜디아사, 1986.
김영한.「現代神學의 展望」, 서울 : 大韓基督敎出版社, 1995.
김용의.「십자가의 완전한 복음」, 고양 : 예수전도단, 2010.
김중기.「신앙과 윤리」, 서울 : 종로서적, 1986.
그리스도교대사전편찬위원회.「그리스도교 大事典」, 서울 : 대한기독교서회, 1972.
기독교대백과사전편찬위원회.「基督敎大百科事典」, 1~16. 서울 : 기독교문사, 1984.
나용화.「핵심 조직신학 개론」, 서울 : 기독교문서선교회, 2002.
서중석.「복음서해석」, 서울 : 대한기독교서회, 1991.
성기호.「이야기 신학」, 서울 : 국민일보사, 1997.

성서문학연구위원회 편. 「그리스도교의 교리」, 서울 : 한국 기독교문학연구소 출판부, 1980.
송기득. 「신학개론」, 서울 : 종로서적, 1986.
연세대학교 종교교재편찬위원회 편. 「성서와 기독교」, 서울 : 연세대학교 출판부, 1985.
이애실. 「어? 성경이 읽어지네!」, 서울 : 성경방, 2008.
이재철. 「새신자반」, 서울 : 홍성사, 2003.
이종성. 「신앙과 신학」, 서울 : 대한기독교서회, 2000.
_____. 「이야기로 푸는 조직신학」. 서울 : 대한기독교서회, 2003.
_____. 「조직 신학 개론」, 서울 : 종로서적, 1992.
이현주. 「젊은 세대를 위한 신학강의」, 1. 서울 : 다산글방, 1991.
장정개정(편찬)위원회 편. 「교리와 장정(2007년)」, 서울 : 기독교대한감리회 출판국, 2007.
제자원 편. 「그랜드 종합 주석」, 1~20. 서울 : 제자원, 1991-1993.
한국 철학사상연구회. 「철학대사전」, 서울 : 동녘, 1989.

Adler, Mortimer J. 「열 가지 철학적 오류」(*Ten Philosophical Mistakes*), 장건익 옮김. 서울 : 서광사, 1990.
Althaus, Paul. 「敎義學槪論」(*Grundriss der Dogmatik*), 尹聖範 옮김. 서울 : 大韓基督敎書會, 1963.
Barth, Karl. 「교회교의학」(*Die Kirchliche Dogmatik*), 1-1. 박순경 옮김. 서울 : 대한기독교서회, 2003.
_____. 「칼 바르트 교의학 개요」(*Dogmatik im Grundriss*), 신경수 옮김. 고양 : 크리스찬다이제스트, 2001.
Berkhof, Louis. 「벌콥 조직신학」(*Systematic Theology*), 상. 고영민 옮김. 서울 : 기독교문사, 1999.
_____. 「벌콥 조직신학」(*Systematic Theology*), 하. 고영민 옮김. 서울 : 기독교문사, 1999.
Calvin, Jean. 「기독교 강요」(*Institutio Christianae religionis*), 상. 원광연 옮김. 고양 : 크리스찬다이제스트, 2003.
_____. 「기독교 강요」(*Institutio Christianae religionis*), 중. 원광연 옮김. 고양 : 크리스찬다이제스트, 2003.
_____. 「기독교 강요」(*Institutio Christianae religionis*), 하. 원광연 옮김. 고양 : 크리스찬다이제스트, 2003.
Ebeling, Gerhard. 「信仰의 本質」(*Das Wesen des christlichen Glaubens*), 허혁 옮김. 서울 : 大韓基督敎書會, 1969.
Erickson, Millard J. 「복음주의 조직신학」(*Christian theology*), 상. 신경수 옮김. 서울 : 크리스찬다이제스트, 1995.

_____. 「복음주의 조직신학」(*Christian theology*), 중. 신경수 옮김. 서울 : 크리스챤다이제스트, 2000.

_____. 「복음주의 조직신학」(*Christian theology*), 하. 신경수 옮김. 서울 : 크리스챤다이제스트, 1995.

Feuerbach, Ludwig. 「기독교의 본질」(*Das Wesen des Christentums*), 박순경 옮김. 서울 : 종로서적, 1982.

Grenz, Stanley & Olson, Roger E. 「신학으로의 초대」(*Who needs theology? : an invitation to the study of God*), 이영훈 옮김. 서울 : 한국기독학생회 출판부, 1999.

Hall, Terry. 「성경 파노라마」(*Bible Panorama*), 배응준 옮김. 서울 : 규장, 2008.

_____. 「성경 익스프레스」(*Bible Express*), 배응준 옮김. 서울 : 규장, 2008.

Hirschberger, Johannes. 「서양철학사」(*Geschichte der Philosophie*), (上). 강성위 옮김. 대구 : 이문출판사, 1983.

_____. 「서양철학사」(*Geschichte der Philosophie*), (下). 강성위 옮김. 대구 : 이문출판사, 1987.

Kierkegaard, Søren. 「죽음에 이르는 병」(*Sygdommen til Døden*), 朴煥德 譯. 서울 : 汎友社, 1975.

Lamprecht, Sterling Power. 「서양철학사」(*Our Philosophical Traditions*), 김태길, 윤명로, 최명관 옮김. 서울 : 을유문화사, 1997.

Lochman, Jan Milic. 「사도신경 해설 : 교의학적인 관점에서」, 吳永錫 譯. 서울 : 대한기독교출판사, 1984.

Moltmann, Jürgen. 「오시는 하나님 : 기독교적 종말론」(*Das Kommen Gottes : christliche Eschatologie*), 김균진 옮김. 서울 : 대한기독교서회, 1997.

_____. 「삼위일체와 하나님의 나라」(*Trinitaet und Reich Gottes*), 김균진 옮김. 서울 : 대한기독교출판사, 1982.

Nee, Watchman. 「영에 속한 사람」(*The Spiritual man*), 제1권. 한국복음서원 번역부. 성남 : 한국복음서원, 2009.

Ott, Heinrich. 「神學解題 : 組織神學 入門」(*Die Antwort des Glaubens*), 김광식 옮김. 서울 : 韓國神學硏究所, 1974.

Pannenberg, Wolfhart. 「신학과 철학」(*Theologie und Philosophie*), 정용섭 옮김. 서울 : 한들출판사, 2001.

_____. 「판넨베르크의 조직신학」(*Systematische Theologie*), 1. 김영선 · 정용섭 · 조현철 공역. 서울 : 은성, 2003.

Pascal, Blaise. 「팡세」(*Les Pensees*), 申相楚 譯. 서울 : 乙酉文化社, 1979.

Ratzinger, Joseph Cardinal. 「그리스도 信仰 어제와 오늘」, 張益譯. 왜관 : 분도출판사, 1983.

Sargent, Tony J. 「위대한 설교자 로이드 존스」〔*The Sacred Anointing : The Preaching of Dr. Martyn Lloyd-Jones*〕, 황영철 역. 서울 : 한국기독학생회 출판부, 1996.
Schleiermacher, Friedrich. 「종교론 : 종교를 멸시하는 교양인을 위한 강연」〔*Über die Religion*〕, 최신한 옮김. 서울 : 한들, 1997.
Stott, John R. W. 「기독교의 기본 진리」〔*Basic christianity*〕, 황을호 옮김. 서울 : 생명의말씀사, 2003.
Towns, Elmer L.「52주 평신도 조직신학」〔*What the faith is all about : a study of the basic doctrines of Christianity*〕, 신준희 · 이상화 공역. 서울 : 엠마오, 1995.
Wesley, John. 「그리스도人의 完全」〔*A plain account of Christian perfection*〕, 鄭行憲 옮김. 서울 : 展望社, 1979.
Westermann, Claus. 「구약 · 신약 성서개설」〔*Abriß der Bibelkunde, Altes Testament-Neues Testament*〕, 방석종 · 박창건 옮김. 서울 : 종로서적, 1984.
稻垣良典. 「信仰과 理性」. 朴永道 譯. 서울 : 曙光社, 1980.
易經委員會 역. 「雜阿含經」, Ⅰ. 서울 : 東國大學校附設 東國譯經院, 1985.

2. 외국문헌

Aquinas, Thomas. *Summa Theologica*. trans. Fathers of the English Dominican Provins. ; rev. Daniel J. Sullivan 2vols. Chicago : Encyclopaedia Britannica, Inc., 1952.
Aristoteles. *Metaphysics*. trans. Hugh Tredennick. Cambridge : Harvard University Press, 1926.
Barth, Karl. *Church Dogmatics*. Vol. 1, trans. G.W. Bromilay and T.F. Torrance. Edinburgh : T&T. Clark, 1975.
_____. *The Humanity of God*. Atlanta, Georgia : John Knox Press, 1960.
Brunner, Emil. *Our faith*. trans. John W. Rilling. New York : Charles Scribner' s Sons, 1954.
Carey, John Jesse. edit. *Kairos and logos*. Macon : Mercer University Press, 1984.
Cochrane, Arthur C. *The existentialists and God : being and the being of God in the thought of Soren Kierkegaard, Karl Jaspers, Martin Heidegger, Jean-Paul Sartre, Paul Tillich, Etienne Gilson, Karl Barth*. Philadelphia : Westminster Press, 1956.
Copleston, Frederick Charles. *A history of philosophy*. vol.1~9, Westminster : Newman Press, 1950~1974.

Ford, David F. *The Modern Theologians*. New York : Basil Blackwell, 1989.

Hamilton, Kenneth. *The System and the Gospel*. London : SCM Press, 1963.

Hick, John and Brian Hebblethwaite. *Christianity and other religions* : selected readings. Philadelphia : Fortress Press, 1980.

Kant, Immanuel. *Critique of pure reason*. translated and edited by Paul Guyer, Allen W. Wood. Cambridge : Cambridge University Press, 1997.

_____. *Immanuel Kant's Moral and Political Writings*, ed. Carl J. Friedrich. New York : The Modern Library, 1949.

Russell, Bertrant. *Religion and Science*. London : Oxford University Press, 1960.

Tillich, Paul. *Biblical Religion and the Search for Ultimate Reality*. Chicago : The University of Chicago Press, 1955.

_____. *The Future of Religions*. Edited by Jerald C. Brauer. New York : Harper & Row, 1966.

_____. *A History of Christian Thought : From It's Judaic and Hellenistic origins to existentialism*. Edited by Carl E. Braaten. New York : Simon and Schuster, 1972.

_____. *My Search for Absolutes*. New York : Simon & Schuster, 1967.

_____. *Perspectives on 19th and 20th Century Protestant Theology*. Edited and with an Introduction by Carl E. Braaten. New York : Harper & Row, 1967.

_____. *Systematic Theology*. Vol. 1. Chicago : The University of Chicago, 1951.

_____. *Systematic Theology*. Vol. 2. Chicago : The University of Chicago, 1957.

_____. *Systematic Theology*. Vol. 3. Chicago : The University of Chicago, 1963.

_____. *What is Religion?* Edited by James Luther Adams. New York : Haper & Row, 1969.

Turnbull, Ralph G. *Baker's Dictionary of Practical Theology*. Baker Book House, 1978.

Wittgenstein, Ludwig. *Lectures and conversations on aesthetics, psychology, and religious belief*. edit. Cyril Barrett. Berkeley : University of California Press, 2007.

기독교 신앙의 기초

크리스천 스트럭처

Christian Structure

초판 1쇄 2011년 8월 31일

이 재 근 지음

발 행 인 | 신 경 하
편 집 인 | 손 인 선

펴 낸 곳 | 도서출판 kmc
등록번호 | 제2-1607호
등록일자 | 1993년 9월 4일

(100-101) 서울특별시 중구 태평로1가 64-8 감리회관 16층
(재)기독교대한감리회 출판국
대표전화 | 02-399-2008 팩스 | 02-399-4365
홈페이지 | http://www.kmcmall.co.kr
디 자 인 | 디자인 화소 02-783-3853

값 12,000원

ISBN 978-89-8430-538-0 03230